刘萌雪
赵建涛　屈高翔◎著

巧用

ChatGPT

轻松学演讲

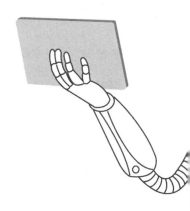

北京大学出版社
PEKING UNIVERSITY PRESS

内 容 提 要

本书从基础的演讲知识入手，到演讲稿的写作技巧，再到系统地指导读者如何有效地利用ChatGPT进行演讲稿写作和演讲练习，最后通过实际的行业案例进行深入的学习和实战应用。使读者不仅可以系统地学习演讲的相关知识，还能对如何利用ChatGPT进行有效的演讲有更为深入的理解。

本书分为23章，主要内容包括演讲的基础知识，讲述基本的演讲原则和技巧；演讲稿的写作，引导读者了解如何撰写吸引人的演讲稿；演讲的表达，讲解演讲的身体语言和音调控制；演讲的实战技巧，实例演示如何在实际场合中有效地发表演讲；详细介绍ChatGPT的功能和应用方法，教你如何编写提示词，使用ChatGPT写演讲稿，使用ChatGPT练习演讲，并使用ChatGPT应对演讲挑战；以及探索国内大模型的应用与技巧迁移。最后，还提供了各行业的演讲稿案例。

本书内容通俗易懂，案例丰富，实用性强，特别适合希望提升演讲能力的读者阅读，也适合需要进行公众演讲的职业人士。另外，本书也适合作为相关培训机构的教材使用。

图书在版编目(CIP)数据

巧用ChatGPT轻松学演讲 / 刘萌雪，赵建涛，屈高翔著. — 北京：北京大学出版社，2024.3

ISBN 978-7-301-34351-7

Ⅰ.①巧… Ⅱ.①刘… ②赵… ③屈… Ⅲ.①人工智能－应用－演讲 Ⅳ.①H019-39

中国国家版本馆CIP数据核字(2023)第160429号

书　　　名	巧用ChatGPT轻松学演讲	
	QIAOYONG ChatGPT QINGSONG XUE YANJIANG	
著作责任者	刘萌雪　赵建涛　屈高翔　著	
责 任 编 辑	王继伟	
标 准 书 号	ISBN 978-7-301-34351-7	
出 版 发 行	北京大学出版社	
地　　　址	北京市海淀区成府路205号　100871	
网　　　址	http://www.pup.cn　　新浪微博：@北京大学出版社	
电 子 邮 箱	编辑部 pup7@pup.cn　　总编室 zpup@pup.cn	
电　　　话	邮购部 010-62752015　发行部 010-62750672　编辑部 010-62570390	
印 刷 者	大厂回族自治县彩虹印刷有限公司	
经 销 者	新华书店	
	880毫米×1230毫米　32开本　10印张　288千字	
	2024年3月第1版　2024年3月第1次印刷	
印　　　数	1-4000册	
定　　　价	69.00元	

作为OpenAI研发的人工智能语言模型，ChatGPT在全球范围内引起了广泛关注，并且展现出了巨大的潜力。它运用深度学习的方法，学习了大量的文本数据，并且在文学创作、新闻生成、对话系统、教育等各个领域中展示出了其强大的语言生成能力。此外，它不仅能理解和生成自然语言，还能针对特定的上下文生成高质量的内容，这使得它在很多情况下，都能像人类一样进行高质量的语言交流。特别是在我们的演讲学习和实践中，ChatGPT成了一款无可替代的工具。

ChatGPT对于提升我们的演讲技巧具有无法忽视的作用。首先，它可以在我们构建演讲稿时提供新的思路。通过向ChatGPT询问问题或提供关键词，它就可以生成连贯、相关、有深度的内容，极大地丰富了我们的思路。同时，当我们在练习演讲的时候，ChatGPT也可以提供即时的帮助，为我们找到可以改进的方向。另外，由于ChatGPT对各种主题都有一定的理解，因此它能提供不同的视角和新的见解，让我们的演讲更富深度和广度。总之，ChatGPT是一个能够全方位提升我们演讲技巧的工具，无论是在演讲的准备阶段还是实践阶段，它都能提供极大的帮助。

笔者的使用体会

在演讲实践中，ChatGPT的运用效果显著。其独特的语言生成能力在构建演讲稿时展现出了巨大优势，能提供丰富的思路和创新的观点，助力演讲者进行高效的内容创作和文本构建。

ChatGPT还能在实际的演讲练习过程中提供即时的帮助和建设性的

改进建议。这种即时的反馈机制使得演讲者能够在实际环境中不断优化和改进自己的演讲技巧，进而提升演讲的质量和影响力。

ChatGPT 结合了强大的知识理解和语言生成能力，使得它能在演讲准备阶段提供更深入的内容和更广泛的视角。这种独特的优势不仅可以提高演讲稿的内容质量，还有助于演讲者在实际演讲中及时调整和优化自己的表现，进而提升整体的演讲效果。

这本书的特色

● 实践指导：本书以丰富的案例和实战经验指导读者如何利用 ChatGPT 提升演讲技巧。

● 理论与实践并重：不仅介绍演讲的基础知识，同时也结合 ChatGPT 工具进行实践应用。

● 各行业适用：提供各行业的演讲案例，以满足不同领域读者的需求。

● 适合所有水平：无论你是初学者，还是有一定经验的演讲者，都能从中受益。

● 在线互动体验：我们为本书创建了专门的在线网站 http://www.yanjiang.chat，它接入了 ChatGPT 的 API 接口，为读者提供在线的演讲稿写作和演讲练习环境，让读者能实时体验并实践 AI 辅助下的演讲准备过程。

本书包括什么内容

本书的内容分为四大部分，第一部分（第 1 章至第 4 章）介绍演讲的思维和技巧，第二部分（第 5 章至第 9 章）介绍如何借助人工智能工具 ChatGPT 进行高效的演讲写作和练习，第三部分（第 10 章）探索国内大模型的应用与技巧迁移，第四部分（第 11 章至第 23 章）通过案例展示如何使用 ChatGPT 写作不同场合的演讲稿。

本书通过理论知识的介绍、ChatGPT 的实际应用及真实案例的分析，全面地指导读者提升演讲的能力。

　　读者在阅读本书的过程中遇到问题，可以通过邮件与笔者联系。笔者常用的电子邮箱是tato447@qq.com。

本书读者对象

- 对提升演讲技巧感兴趣的人士。
- 公开演讲、商业陈述、教学或其他需要进行演讲的职业人士。
- 对ChatGPT和人工智能应用感兴趣的读者。
- 教育工作者和学生，特别是参加公共演讲和口才训练相关课程的学生。

目录

第 1 章

演讲的基础知识

如同有效的沟通一样，优秀的演讲在日常生活和工作中发挥着关键作用。从给人留下深刻印象的自我介绍到影响决策的商业汇报，演讲的力量无处不在。本章将探讨演讲的基础知识，包括演讲的定义和类型及演讲的三大原则。这些内容将提供一个全面的视角来理解和应用演讲的艺术。

> ⚠ **注意：** 本章的重点在于理解演讲的三大原则，以便帮助读者进行有效的演讲准备。

1.1 演讲的定义及类型

本节主要关注演讲的定义和演讲的类型，介绍什么是演讲及不同类型的演讲，让大家更好地理解、准备并执行有效的演讲。演讲不仅是一种语言艺术，也是一种实际的沟通工具，可以帮助我们在各种公共或私人场合表达自己的观点、分享信息或说服他人。因此，深入理解演讲的基本概念和种类，对于我们掌握和提升自己的演讲技巧有着至关重要的意义。

1.1.1 演讲的定义

演讲是指在特定环境中，演讲者以口头语言为主要手段，身体语言为辅助手段，针对具体问题清晰、完整地表达自己的观点和看法，澄清事物或表达感情，对听众进行宣传鼓动的一种语言交流活动。

1. 演讲是思想表达的礼物

演讲是一种思想的表达，即演讲者将自己脑海中的内容和想说的话语用声音形式来进行表达。这种表达形式是需要设计和准备的，不是张口就来，随意发挥。因此，演讲是一种有准备的思维传递形式。而这种形式是具有目的性和表达冲动性的，应被听众接受，所以表达的目的性尤为重要。

有人说，演讲是人类沟通的有效途径之一，而在沟通的过程中需要遵循一定的法则。因此，演讲者将思想作为礼物进行传递时，消除恐惧的首要方法是具有表达的欲望。表达欲望是演讲者首先要具备的条件，主动表达和被动表达在演讲中有着不同的效果。主动表达在一定程度上会激励演讲者不断前进，激发演讲者的表达欲望；而被动表达会阻碍演讲的进行，因此被动性演讲也是滞动性演讲。更有趣的是，主动性演讲可以帮助演讲者克服恐惧和不安，这也是从内心克服恐惧的有效途径之一。

2. 演讲对于沟通的重要性

我们每天都要进行大量的沟通，每个人在一天中的有效沟通和无效沟通基本同等重要。沟通和谈话可能发生在不同的场合，但不论何时何地，谈话的内容都有可能改变我们的生活，影响我们的家庭、事业等。既然谈话内容如此重要，那么每一次的谈话和沟通都应当作一次演讲来看待，因此，如何演讲对于每个人来说都非常重要，因为谈话产生的影响源自谈话的内容、形式和方法。

内容是最首要的影响因素，对演讲起着决定性作用。演讲内容是沟通的关键，决定着沟通的质量和水平。同时也决定着传递的信息，因此在演讲和沟通时，内容的质量是最重要的因素。沟通的形式对我们来说同样重要，不同的沟通形式会直接影响沟通的效果，常见的沟通形式有面对面沟通、电话沟通、文字沟通、视频沟通等，不同形式的沟通会产生不同的影响。沟通的方法也很重要，有效的沟通可以带来资源价值和人脉价值。良好的沟通需要通过明确的意图、简洁的话语及易于理解、接受和记忆的方法来传递信息。

3. 感觉的培养和话题的重要性

在《高效演讲》一书中有一个有趣的案例，提到了关于沟通的研究。研究表明，经过一天的交谈后，我们晚上头一沾枕头，当天谈话的内容有 90% 就会被我们忘记，我们的听众也是一样。然而，沃伦·比蒂（Warren Beatty）说过："你的听众可能会忘记你说过什么，但永远不会忘记你的话带给他们的感觉。"这种感觉的培养对于演讲者来说非常重要，但同时也非常难以做到。我们常犯的一个错误是，在演讲之前假定听众对我们的演讲非常感兴趣，但事实并非如此。我们都是听众，当我们扮演听众的角色时，我们会关注自己最感兴趣的事情。而在演讲的开始阶段很难引起听众的注意。什么情况下我们会记住对方的谈话内容呢？一种情况是对我们有益的谈话内容，另一种情况是谈话内容很有趣，第三种情况是谈话内容很独特。因此，谈话的话题对沟通来说尤为重要。

4. 提高表达能力

沟通存在于日常的人际关系之中，我们发现，高效的沟通往往需要有明确的目标和结果，致力于某个特定目标，往往能够获得不一样的沟通效果。研究发现，每天我们会花费 75% 到 90% 的时间在沟通上，但60% 的情况属于日常交流，没有达到高效沟通。由于没有足够的训练，因此沟通质量还需要进一步提高。

1.1.2 演讲的类型

演讲的类型可以通过不同的方式进行界定和分类。下面将对几种常见的演讲类型进行扩展说明。

1. 内容分类

根据演讲的内容不同，可以将演讲分为政治演讲、生活演讲、法律演讲、学术演讲、教育演讲、军事演讲、商业演讲、公共关系演讲和外交演讲等。这些分类主要基于演讲所涉及的领域和主题。

2. 形式分类

从形式上来看，演讲可以分为即兴演讲、照读式演讲、背诵式演讲和提纲式演讲等。即兴演讲是即时发挥，没有事先准备；照读式演讲是按照事先准备好的稿件进行表达；背诵式演讲是将演讲稿完全记住并背诵出来；提纲式演讲是根据一个大纲进行发言，不依赖完整的稿件。

3. 目的分类

演讲可以根据其目的进行分类，如说服性演讲、鼓动性演讲、传授性演讲和娱乐性演讲等。说服性演讲旨在通过论据和逻辑推理来改变听众的观点和行为；鼓动性演讲旨在激发听众的情感和行动力；传授性演讲旨在传授知识和技能；娱乐性演讲则以娱乐和轻松的方式吸引听众。

4. 场合分类

根据演讲发生的场合不同，可以将演讲分为集会演讲、课堂演讲、法庭演讲、教堂演讲、战地演讲、广播演讲和电视演讲等。每种场合的演讲都有其特定的要求和限制条件，演讲者需要根据具体场合进行相应的调整和准备。

5. 情调分类

根据演讲的情调不同，可以将演讲分为激昂型演讲、深沉型演讲、严谨型演讲和活泼型演讲等。这些分类主要基于演讲者在表达过程中所展现的情感和语气。

通过对演讲类型的不同分类，可以更好地调整语言表达方式、内容和形式，以适应不同类型演讲的需求和效果。不同类型的演讲有着各自的特点和目标，演讲者需要在准备和呈现过程中灵活运用相应的技巧和方法，以提升演讲的效果和影响力。

1.2 演讲的三大原则

本节将重点探讨成功演讲背后的三大原则：设定明确的演讲目标、更有效地与听众建立联系及提炼并突出关键信息。首先，我们会探讨如何设定明确的演讲目标，并深入理解这些目标在整个演讲过程中的重要性。其次，我们将探讨如何更有效地与听众建立联系，以便他们能更好地理解和接受我们的信息。最后，我们将探讨如何提炼并突出关键信息，以便让听众更好地理解和记住这些信息。对这三个原则的理解和运用，将有助于我们打造更具影响力的演讲，并能够与听众进行更深入的交流。

1.2.1 设定明确的演讲目标

演讲的最终目标是实现预期的结果和产生深远的影响。只有确立了明确的目标，我们才能更准确地将信息传递给听众。没有明确目标的演讲犹如在茫茫沙漠中迷失方向，看不到希望。而设定了目标的演讲则如同顺水行舟，有方向地驶向理想的彼岸。

1. 有效的演讲成果

与聊天不同，演讲需要达到特定的目的，因此它更注重效果和影响。不同的演讲可能有不同的目标。有些演讲旨在改变听众的认知体系，给听众带来启示和感悟，促使他们产生思想转变，例如健康讲座、知识讲座和动员讲座等。另一部分演讲则致力于为听众拓展知识领域，使他们在听完演讲后能够增加相关领域的知识，更新对待事物的理解和感受，例如书籍分享、美食制作和经验分享等。

演讲的一个预期结果是引导听众在听完演讲后采取下一步行动，如签订合同、达成协议或购买产品等，例如课程销售、产品介绍和好物分享等演讲。因此，针对不同的演讲目的，适合采用不同的演讲方式，从而产生不同的演讲效果。带着明确的目标去准备演讲，往往会取得更好的成果。

2. 演讲的宏观目的与微观目的

演讲的宏观目的主要是指演讲的意义和总体目标。它为演讲提供了一个大方向，而确定宏观目的有助于明确演讲的主题。微观目的则更具体，关注于演讲者希望听众在特定环境下实现的具体行动或认知改变。例如，文学家鲁迅和学者闻一多的演讲主要目的是揭露社会问题、鼓舞听众并推动社会进步；而教育家曲啸、李燕杰、刘吉等人的演讲则旨在引导青年树立理想和道德观念等。

3. 演讲目的的统一性

虽然演讲的宏观目的与微观目的在某种程度上存在差异，但它们并非对立，而是相辅相成的。微观目的是宏观目的的具体化，有助于我们更好地理解和实现更大的目标。在特定的语境和目标下，宏观目的和微观目的可以协同作用，共同推动演讲的成功。

通过以上讨论，我们可以得出结论：演讲的目的对于成功至关重要。无论是宏观目的还是微观目的，都对演讲的成功产生决定性影响。在准备演讲时，我们需要明确这两种目的，并结合它们来制定具体的演讲计划和策略，以便更有效地传递信息，更好地影响听众，实现演讲的预期效果。

1.2.2 更有效地与听众建立联系

许多演讲者在进行演讲时，常常犯下一个常见的错误，那就是过于关注自己的观点和认知，而忽视了听众的需求和感受。因此，在准备演讲内容时，以听众为中心的思维方式是至关重要的。我们需要试图了解听众为何要听我们的演讲，他们希望从中得到什么，以及他们关心什么。这就是我们所说的与听众建立统一战线。下面将深入探讨如何从听众的角度出发，与他们建立深刻的关联，以达到最佳演讲效果。

1. 理解听众的需求

在开始演讲之前，我们需要做的是理解听众的需求。那么，什么是理解需求呢？理解需求的意思是要明确听众想在此次演讲中收获什么，以及通过倾听演讲能够如何改变他们的生活。这对于听众来说是非常重要的。这与上一小节所讨论的演讲目标密切相关，因为听众来听我们的演讲都是带着目的或目标而来的，比如想改变生活、获得新认知、确定方案等。以开展一个书籍分享讲座为例，演讲者需要针对想要售卖的书籍进行讲解。在演讲开始前，需要了解听众的年龄阶段、想购买什么类型的书籍，或者他们想通过阅读获得什么和改变什么。带着听众的需求去准备演讲，常常会事半功倍。

2. 与听众建立统一战线

在完成对听众需求的调研后，我们需要与听众建立统一战线。这样往往能够产生共情效果。演讲者应该将自己置身于听众的角度，从他们的需求和感受出发，思考问题并准备演讲内容。这就要求我们不仅要站在演讲者的角度去了解听众需求，还需要了解他们的个人背景、兴趣爱好及最终目标。将听众视为自己的朋友，消除距离感和陌生感。这样演讲的内容会更贴近听众，更有针对性和吸引力。那么，如何建立统一战线呢？演讲者可以在准备演讲前设计一个问卷或进行访谈，通过提前询问的方式收集听众的个人信息、想法、目标等，丰富演讲的准备素材。

3. 让听众时刻关注你

在与朋友聊天时，了解他们的需求、爱好和想法后，如何让他们与你保持互动呢？答案就是时刻保持互动的激情。这种激情能够让他们时刻关注你，专注于你们的聊天。同样地，提高听众的注意力，让他们随时跟随你的思维，对于演讲者来说也是非常重要的一个环节。当听众时刻关注我们并与我们互动时，这不仅是对演讲者的鼓励和肯定，还能确保信息准确传达，使演讲效果加倍。

1.2.3　精练并突出关键信息

在进行任何形式的演讲时，我们都必须掌握一个基本原则：明确地传达关键信息。这不仅要求我们有条理地组织演讲内容，更需要我们能够精练、清晰地阐述自己的主张，确保在有限的时间内将最重要的信息有效地传达给听众。

1. 传达重点信息的必要性

在准备演讲时，我们必须清楚地知道自己想要传达的重点信息是什么，我们需要从大量信息中挑选出那些对于我们的主题来说最重要、最能打动听众的观点，并确保它们在演讲中被突出。例如，如果我们的演讲主题是环保，那么我们可能会选择"可持续发展"作为核心要点，并围绕它来组织我们的演讲内容，包括保护环境的重要性、资源的合理利用及如何减少废物产生等方面的内容。

2. 提炼要点的技巧

在演讲中，我们需要明确自己想要听众记住的核心信息。这可能是我们演讲的主题，也可能是演讲中的某个关键观点。为了提炼出这些要点，我们需要深入理解自己的主题，明确自己想要传达的信息，并试着将它们简洁、清晰地表述出来。最后，在演讲中多次重复这些要点，以便听众能够记住它们。

3. 在有限的时间内传达核心信息

在演讲中，通常只有有限的时间来传达信息。这就要求我们必须尽可能地压缩内容，确保要点能够在短时间内被听众理解和记住。为了做到这一点，可以在演讲中多次重复要点，或者提供与要点相关的生动例子。例如，在上述关于环保的演讲中，我们可以在开头就明确提出我们的要点——可持续发展，并在演讲过程中多次强调这一点，同时给出相关的例子和建议。

4. 要点的重要性

在演讲中，能否有效地传达要点，往往直接影响到听众对演讲内容的理解和接受程度。清晰、简洁的要点不仅能减轻听众的理解负担，提高信息的接收效率，还能帮助我们引导听众的思路，激发他们的兴趣，从而提升演讲的影响力。因此，我们在准备和进行演讲时，一定要重视要点的提炼和传达。

　　清晰性地传达要点是一项非常重要的演讲技巧，也是我们在进行演讲时必须关注和掌握的关键环节。无论演讲主题是什么，无论听众是谁，都需要以明确、清晰的要点为中心，组织和进行演讲，确保我们的核心信息能够有效地传达给听众。只有这样，演讲才能产生真正的影响，实现我们的目标。

第 2 章

演讲稿的写作

　　任何成功的演讲，都离不开精心的策划和准备。演讲稿的写作是这个过程的核心部分。无论你是要向公众介绍一个新的想法，还是要在一个重要的会议上发言，都需要一个高效且有说服力的演讲稿。本章将引导你了解如何选择一个引人入胜的演讲主题，如何设计一个吸引人的开场白，如何在主体部分有效地表达和论证观点，以及如何通过结尾实现演讲的目的。

⊡ **注意：** 本章的重点是构建有效的演讲稿，而不是提供特定领域的演讲内容或技巧。

2.1　如何选择演讲主题

　　本节我们主要探讨如何选择一个演讲主题，因为它是整个演讲过程中最基础也最关键的一步。我们将深入讨论主题选择的重要性，如何确定合适的演讲主题，以及如何避免选择不合适的主题。掌握这些内容，将使我们能够更准确地把握听众的需求和兴趣，从而提高我们的演讲质量和效果。只有对主题有深入的理解和热爱，才能引领听众进入我们的思想和情感世界，并激发他们的共鸣。

2.1.1　主题选择的重要性

演讲的主题是演讲者与听众建立联系的关键环节，它是演讲成功与否的重要决定因素。选择合适的主题可以使你的演讲具有吸引力、易于理解，并能产生持久的影响。相反，一个不合适的主题可能会使你的演讲变得乏味、难以理解，甚至让听众对你的演讲失去兴趣。

让我们看一个反面的例子：在某次会议上，一个演讲者选择了一个他非常熟悉，但与听众关系不大的专业技术主题。尽管他的讲述详尽准确，但大部分听众在演讲过程中显得心不在焉，甚至有些人在中途离开。这是因为这个主题对他们来说太过专业、难以理解，也缺乏兴趣点。

让我们再看一个正面的例子：在一次企业年会上，一位演讲者选择了"如何保持工作和生活的平衡"这样一个主题。他对这个主题有深入的理解，而且这也是大多数听众都非常关心的问题。结果，他的演讲引发了广泛的共鸣，听众在演讲结束后还进行了热烈的讨论和交流。

这两个例子清楚地说明了选择合适的主题对于演讲成功的重要性。当我们选择一个与听众有关，能够引起他们兴趣和共鸣的主题时，我们的演讲就更有可能取得成功。

2.1.2　确定演讲主题的方法

选择演讲主题的一个重要步骤是了解你的听众。你需要明确知道你的听众是谁，他们对什么感兴趣，他们的知识水平如何，他们的价值观是什么。了解这些信息可以帮助你选择一个适合他们的主题。

一种有效的方法是通过调查问卷来了解你的听众。你可以设计一份简短的问卷，包括听众的基本信息（如年龄、性别、职业、受教育程度等）及他们的兴趣和期待的问题。这些信息可以帮助你更好地了解听众的需求和兴趣，从而选择一个符合他们需求和兴趣的主题。

如果可能的话，你还可以通过与你的听众进行直接交流来了解他们。

比如，如果你是在一个小型的研讨会上发言，你可以提前与一些参与者聊天，了解他们对此次活动的期待和需求。这种直接的交流可以让你更深入地了解你的听众，从而选择一个更符合他们需求和兴趣的主题。

在确定主题之后，你还需要对你的主题进行深入的研究，确保你对它有深入的理解和独特的见解。这样，你的演讲才能有足够的深度和广度，最终真正吸引并引起听众的兴趣。

2.1.3 避免选择不合适的主题

在选择演讲主题时，确实存在一些陷阱，我们需要谨慎避免。以下是一些可以参考的标准和建议，帮助你避免选择不合适的主题。

（1）避免选择过于复杂或专业的主题：如果你的听众不是该领域的专家，他们可能会对复杂的概念和术语感到困惑。尽管一个好的演讲者可以将复杂的概念讲解得浅显易懂，但如果你选择的主题本身就过于深奥，那么你可能需要花费大量的时间去解释基础知识，这可能会让你的演讲失去焦点和吸引力。

（2）避免选择与听众不相关的主题：你的演讲应该与你的听众有关，能够满足他们的需求和兴趣。如果你的主题与你的听众没有任何关系，那么他们可能会对你的演讲失去兴趣和关注。

（3）避免选择有争议的主题：除非你的目的就是引起争议，否则你应该避免选择可能会引发争议或对立的主题。演讲是一种交流和分享的方式，而不是辩论或战斗。你的目标应该是启发和激励你的听众，而不是引发他们的反对或质疑。

（4）避免选择你自己不熟悉的主题：如果你对自己的主题不熟悉，就可能无法准确地传达信息，也无法回答听众的问题。在选择主题时，应该选择你熟悉和热爱的主题，这样你才能以饱满的热情和信心来进行演讲。

以上几点仅供参考，需要根据具体情况来选择你的演讲主题。总之，一个好的主题应该是与听众相关的、你熟悉并热爱的，能够启发和激励听众的。

2.2 设计一个引人入胜的开场

本节将探索如何设计一个引人入胜的演讲开场。一个好的开场能够立即吸引听众的注意力，激发他们对接下来演讲内容的兴趣。我们将从三个方面对此进行讨论：明确开场的目的、学习吸引听众注意力的开场方法，以及在开场时需要注意的事项。掌握这些知识将有助于你在演讲开始时就赢得听众的好感和兴趣，这对于接下来的演讲内容能否顺利进行，以及最终能否达到你的演讲目标，都至关重要。

2.2.1　开场的目的

演讲的开场是至关重要的，其目的不仅仅是引导听众进入主题，而且还要激发他们的兴趣，并在最初的几分钟甚至几秒钟内建立起与他们的联系。这一阶段，你的目标是捕捉他们的注意力，让他们有强烈的愿望继续听你讲下去。同时，你也需要用开场设定演讲的基调，告知听众他们可以从你的演讲中获得何种价值和收获。

为了确认你的开场是否达到了预期的目的，你可以观察听众的反应。当他们的身体前倾时，意味着他们被你的话题所吸引，开始进入演讲的节奏。这种非言语的反馈是一种积极的信号，表明他们正在专注于你的话语，乐于投入你为他们准备的内容中。

此外，听众的眼神也是一个重要的反馈信号。如果他们的眼神集中并注视着你，那么很可能你的开场已经成功地引起了他们的兴趣。这是一种深度参与的信号，表明他们正在理解并思考你的话语，期待你下一步的演讲。

请记住，开场不仅仅是开启演讲的一个环节，更是一个机会，让你在最初的时刻就抓住听众的心，引领他们进入你为他们精心准备的演讲旅程中。用你的言辞、热情和专业，让他们感受到这场演讲将带给他们的价值，让他们愿意跟随你一同开始这场有意义的探索之旅。

2.2.2 引人入胜的开场方法

要想在演讲开始时就吸引听众的注意力，下面的一些方法或许能够帮助你：

1. 直接与听众对话

将"你（你们）"作为演讲的开头，是一种极佳的建立亲密关系的策略，使听众感受到你是在与他们直接对话，而非在台上单向传达。这种方法让听众感到他们是演讲的参与者，而非仅仅是旁观者。

启用"直接与听众对话"的策略能立刻抓住听众的注意力。例如，"你是否有过这样的经历——在一个重要会议的紧张时刻，有人走上前来，讲了一个令全场哄堂大笑的笑话？"这样的开场不仅能引起听众的共鸣，也会让他们期待你的下文。

这种开场方式还增添了演讲的个性化色彩，使听众感受到你在关注他们的需求和情感。比如，"在座的各位可能都曾经历过亲人生病的痛苦，那么在这些时刻，我们应该如何给予他们最需要的关爱和支持？"这样的言辞让听众感到你理解他们的生活实况，从而引发他们的兴趣和参与感。

"直接与听众对话"的开场方式也能激发听众的好奇心。当你抛出一个问题或引导听众思考时，他们自然会想要探求答案。例如，"你有没有想过，一个简单的决定是如何改变你的一生的？"这类问题会激起听众的好奇心，让他们期待演讲的余下内容。

此外，这种开场方式还可以引导听众想象特定的场景，使他们更投入你的演讲。比如，"请设想一下，当你走进那个房间时，你看到了什么？"通过这种方法，你能创造出生动的场景，帮助听众更容易理解你的主旨。

在采用"直接与听众对话"的策略时，需要确保你的语言真挚而自然，不给听众一种你是故意用这种方式来吸引他们注意的感觉。同时，演讲过程中要持续与听众互动，让他们始终感觉自己参与其中。

总的来说，"直接与听众对话"是一个极其有效的开场策略，它能在演讲伊始就吸引听众的注意力。通过这种方式，你不仅建立了与听众的密切联系，也使他们感到你是在与他们进行一场深入的对话，而不只是单方面地传递信息。这种互动的开场会大大增强听众的关注度和参与感。

2. 利用有说服力的数据支持

利用有说服力的数据支持是让演讲更具吸引力的有效手段。通过引用具有深度和权威性的数据，不仅可以增强你的观点的可信度，而且能够迅速吸引听众的注意力。

在寻找数据时，要选择与你的主题紧密相关的，并且能够明显支持你的观点的数据。如果你的演讲主题是环保，那么全球变暖、塑料污染和物种灭绝等方面的数据会非常有效。重要的是，你所使用的数据必须有权威和可靠的来源，比如科学研究报告、政府发布的数据等。

之后选择一些震撼性的数据以引发听众的注意力。例如，"每年有800万吨的塑料垃圾进入海洋，相当于每分钟倒入一辆垃圾车的塑料。"这个统计数据令人震惊，并且易于记忆，有助于增强听众对演讲的记忆和关注。

在解释这些数据时，应避免使用过多的技术性语言，而应用通俗易懂的方式来讲解。如果可能的话，可以使用图表、图片或其他视觉元素来展示数据，这样可以帮助听众更好地理解和记住这些信息。

以下是一些具体的案例。

（1）演讲主题：心理健康。

数据引入：根据世界卫生组织的数据，全球有超过三亿人患有抑郁症，这意味着在我们周围的每13个人中，就有1个人正在经历抑郁症的困扰。

（2）演讲主题：创业成功率。

数据引入：美国商务部的数据显示，新成立的企业中，只有50%可以在五年内生存下来，而只有30%能够在10年内继续运营。

（3）演讲主题：人工智能对就业的影响。

数据引入：麦肯锡全球研究所预测，到2030年，人工智能和自动化技术将导致全球约4亿人失业。

这样的开场白，能够迅速吸引听众的注意力，让他们对你的演讲充满期待。而且，在整个演讲中不断引入新的、有趣的、权威的数据，可以进一步增强演讲的吸引力和说服力。

3. 通过巧妙设计的问题激发听众的参与

向听众提出精心设计的问题是一种有效策略，可以激发他们的思考并积极参与。这些问题可以是开放性的或具有挑战性的，具体取决于你的演讲主题和目标。关键在于，这些问题的目的是唤起听众的好奇心，并驱使他们专注于你即将展开的演讲。

在选择开场问题时，务必确保问题与你的演讲主题紧密相关，从而能够有效地将听众的注意力引向你要传达的信息。此外，问题应具备足够的挑战性，以激发听众的思考和求知欲，而不是让他们感到问题平淡无奇或易于回答。

如何确保问题足够吸引人？一个有效的问题应该能够触动听众的情感，激发他们的好奇心。试着站在听众的立场上，思考他们可能对哪些问题感兴趣。此外，通过提出假设性的问题或设定特定的场景，可以激励听众主动在心中探寻答案。

在提出问题之后，你需要确保演讲的其余部分提供了对这些问题的答案，以满足听众的求知欲。这样，你的演讲不仅更吸引人，而且更有说服力。

以下是一些示例，展示了如何在演讲中提出引人深思的问题。

（1）演讲主题：时间管理。

开场问题："如果你每天只需改变一个日常习惯就能节省一小时，你愿意了解更多吗？"

（2）演讲主题：心理韧性。

开场问题："你是否曾经经历过巨大的压力，感觉很难应对？如果是的话，有什么方法可以帮助我们在面对挑战时更加从容呢？"

（3）演讲主题：创新思维。

开场问题："假设你是苹果公司的联合创始人，你将如何在几年内创造一款能改变世界的产品？"

通过在演讲开始时提出深思熟虑的问题，你不仅能激发听众的好奇心，还能引导他们更专注于你的演讲。确保你的演讲内容能回应这些问题，将进一步提高听众的参与感和满足感。掌握正确的提问技巧，并确保问题与演讲主题紧密相连，你的演讲就会更具影响力和吸引力。

4. 利用令人震惊的信息或观点

利用令人震惊的信息或观点是一种迅速吸引听众注意力的有效方法。这些信息或观点不仅可以激发听众的兴趣，还可以加强你的论点，使你的演讲更具说服力。

首先，你需要找到与你的演讲主题紧密相关的令人震惊的信息或观点。确保这些信息或观点是基于真实事实的，并且可以从权威和可靠的来源得到验证，这样可以增强演讲的说服力和可信度。

其次，你需要清楚、精确地解释这些令人震惊的信息或观点。避免使用复杂的技术性语言，而是用易于理解的语言来讲解。你也可以运用讲故事的方式来表达这些信息或观点，这样可以增强听众的共鸣。

以下是一些具体的案例。

（1）演讲主题：网络安全。

震撼性信息：据统计，全球每天发生大约 30 亿次的网络攻击事件，这意味着每秒钟都有超过 3 万次的攻击尝试。

（2）演讲主题：健康饮食。

震撼性信息：一项研究发现，摄入过量的糖分会使人的寿命缩短 7 年，这个影响相当于每天吸烟 20 支香烟。

（3）演讲主题：无人驾驶汽车的前景。

震撼性信息：一项预测显示，到 2050 年，无人驾驶汽车有可能将交通事故减少高达 90%，从而挽救数百万人的生命。

通过在演讲开头使用令人震惊的信息或观点，你可以迅速吸引听众的注意力，增强他们对演讲的兴趣。只要你确保这些信息或观点是真实且与主题相关，你的演讲就会更具影响力和说服力。

5. 通过"想象力"引导听众深入参与

邀请听众打开想象的大门，不仅可以吸引他们的注意力，还能让他们在你的演讲中更加投入。你可以引导他们构想一个场景、一个故事或一个梦寐以求的目标。

首先，"想象"这个词本身就是一种强有力的联系，可以帮助你与听众建立更紧密的情感连接。当听众被邀请加入你的叙述时，他们更容易专注于你的信息并与之产生共鸣。此外，利用想象力不仅能够激发听众的创造力，还能增强他们的思维能力，从而帮助他们更直观地理解你要传达的信息。

在引导听众进行想象时，要确保为他们提供清晰且具体的情境或故事。这样，他们就能更自然地融入并亲身感受那个场景。同时，通过让听众设想一个理想的结果，你可以激发他们对改善现状的渴望和采取行动的动力。

以下是一些具体的案例，展示了如何在演讲中巧妙地运用"想象"这一策略。

（1）演讲主题：环保。

引导听众想象的开场："请想象一下，你正漫步在绿树成荫的小道上，四周是鸟语花香。但突然，你意识到这片自然美景正遭受污染和破坏。那么，你能做些什么来守护这片珍贵的绿洲呢？"

（2）演讲主题：创新教育。

引导听众想象的开场："设想一下，有个孩子兴高采烈地冲进教室，他对这个世界充满了好奇和探索的欲望。现在，请思考我们的教育系统如何能够培养他的创造力和独立思考能力。"

（3）演讲主题：企业发展。

引导听众想象的开场："想象一下，在不远的将来，我们的公司已经成为行业的领军者，我们的产品和服务受到客户的广泛赞誉。那么，我们应该如何共同实现这一宏伟蓝图呢？"

通过在演讲开始时邀请听众开启想象，你能够有效地吸引他们的注意力，并鼓励他们更积极地参与演讲。但要确保你提供的场景或故事既清晰又具体，这样听众才能更容易地投入其中。熟练掌握这种引导想象的技巧，你的演讲将更具感染力和影响力。

6. 以真实的脆弱感开启演讲

开场时展示真实的自我，尤其是那些不那么完美的部分，是一种非常有效的策略，因为它能迅速拉近你和听众之间的距离。人们倾向于对诚实和未加修饰的情感表达产生共鸣，而展示自己的脆弱和不完美之处能够促进演讲者和听众之间的情感连接，从而激起听众的共情和理解。

首先，你可以选择在演讲一开始就分享一些个人的经历或感受。比如，你可以这样开场："我必须承认，当我今天站在这里时，我感到非常紧张，甚至刚才我都不小心打翻了我的水杯。"这种真实而未加掩饰的情绪表达，无论是紧张、忧虑还是恐惧，都能让听众看到你的人性，感受到你不只是一个演讲者，而是一个有真实感受的人。

其次，分享一些个人的弱点或恐惧也是一个好策略。你可以讲述自己对某些事物的恐惧，比如蛇或昆虫。例如，你可以说："我对蛇和所有爬行的生物都感到害怕。记得有一次，我在车库发现了一条色彩缤纷的绳子，当我走近一看，吓坏了，那竟是一条蛇！"通过这种情感的共享，听众可以与你的恐惧产生共鸣，感受到你的真实和脆弱。

以下是一些具体的案例，展示了如何在开场时以脆弱感提升演讲魅力。

（1）演讲主题：应对压力。

坦诚的开场："我想首先和大家分享的是，压力曾让我崩溃，以至于有时候我会整夜难以入睡，甚至失去食欲。"

（2）演讲主题：挑战自我。

坦诚的开场："我要承认，我深受恐高症的困扰。每当我站在高处，我就会感到眩晕，完全失去自我控制。"

（3）演讲主题：逆境中的成长。

坦诚的开场："我想与大家分享，我曾在失败中经历了人生中最黑暗的时期，那时我每天都在怀疑自己，不断地问自己是否真的足够好。"

通过这种坦诚和展示脆弱的方式，你不仅能立刻抓住听众的注意力，还能赢得他们的信任和同情。当你在演讲伊始就展现真实的自我时，你就在树立一个真诚的形象，这将使你的演讲更具人性化，也更有说服力。

7. 借助故事的力量，点燃听众的情感与想象

人类对故事的热爱源自本能。一个精彩的故事不仅能够帮你与听众建立情感联系，还能以一种令听众印象深刻的方式传达你的信息。重要的是，一个优秀的故事需要有吸引人的角色、引人入胜的情节，以及富有启发性的信息或寓意。

讲故事是沟通的艺术，它可以唤醒听众的想象力，引发共鸣。通过将核心信息融入一个动人的故事，不仅可以吸引听众的注意力，还能帮助他们从新的角度理解你的信息。更进一步，讲故事允许你展现自己独特的个性和表达风格，从而使你的演讲更加生动、个性化。

在构建故事时，选择与演讲主题密切相关的内容，简洁但内容丰富的故事更有助于保持演讲的节奏和连贯性。在故事结束时，引导听众思考故事与演讲主题之间的联系，以及它是如何强化你的主要观点的。

以下是一些具体的案例，展示了如何在演讲中有效地使用故事。

（1）演讲主题：创业之路。

开场故事："曾经有位年轻创业者，充满热情，决定将自己的创意转化为现实。起初，他面对重重难关，但他从未退缩。经过持之以恒的努力和不懈的信念，他最终创建了自己的事业。今天，我想和大家一起探讨成为成功创业者的关键要素，以激励每一个怀揣梦想的人。"

（2）演讲主题：逆境与成长。

开场故事："有一个小女孩，出生在一个贫困的家庭，每一天对她来说都是为了生存而奋斗。尽管生活艰难，但她从未放弃希望。通过自己的努力和坚持，她改变了自己的命运，成就了非凡的事业。今天，我将与大家分享如何在逆境中寻找力量，以及如何面对生活的挑战并最终战胜它们。"

（3）演讲主题：文化的桥梁。

开场故事："有位年轻人，他选择离开舒适的家，去一个完全陌生的国家学习和生活。在那里，他结识了来自各种文化背景的人，开始真正体会到文化多样性的价值。通过不断学习和交流，他不仅适应了新环境，还与很多人结下了深厚的友谊。接下来，我将和大家讨论如何跨越文化的鸿沟，以及如何用理解和尊重去构建持久的人际关系。"

运用故事的力量，你可以在演讲伊始就吸引听众的注意力，使他们全神贯注地投入你的演讲之中。确保所讲的故事与你的主题紧密相关，并引导听众思考故事，加深对演讲内容的理解。掌握了讲故事的技巧，你的演讲将更加引人入胜，更具影响力。

在构建故事的过程中，提供足够的背景信息是关键，这样听众才能完全融入情境。同时，刻画角色的情感和动机，可以让听众与角色产生情感上的共鸣。确保你的故事带有明确的寓意，这样听众便能从中获得深刻的见解和启示。

2.2.3 开场的注意事项

演讲的开场绝不只是激发听众的兴趣那么简单。除了建立强烈的吸引力，很多时候开场也应当提供一个清晰的路线图，向听众展示他们将会在接下来的演讲中经历怎样的旅程。例如，你可以构建如下这样的路线图。

（1）预告演讲时长：向听众明确指出演讲预计进行的时间，以帮助他们管理自己的期望和时间。这不仅能让他们了解到这场演讲需要投入的精力，同时也展示了你对他们时间的尊重。

（2）预览议程安排：提供一个简洁而清晰的议程预览，让听众知道你将要讲述的主题或关键点。这为他们提供了一个框架，帮助他们理解和记住你的演讲内容。

（3）设定互动规则：如果你计划在演讲中进行互动，比如问答或小组讨论，你需要在开始时明确这些互动的规则。这样可以保持演讲的流畅，并且让听众明白何时和如何参与。

以上只是几个例子，实际上，开场部分的注意事项还有很多。重要的是，你要明白开场不仅是激发兴趣，更是为听众提供一个指南，帮助他们明确自己在演讲中的角色和期待。通过精心设计开场，不仅可以吸引听众的注意力，更可以为他们提供一次清晰、有条理的演讲体验，引导他们沿着你设定的路线，享受你精心准备的演讲之旅。在激发听众兴趣的同时，也需要为听众提供一些指引信息，如预告演讲时长、预览议程安排、设定互动规则等。

2.3 如何在主体部分论证观点

本节将专注于如何在演讲的主体部分进行有效的论证。论证观点是演讲中最重要的部分，因为这将直接影响听众对你观点的接受度和理解程度。本节将从论证内容的构建及论证过程中需要注意的事项两个方面进行讲解。学习和掌握这些知识，可以帮助你构建出有逻辑、有说服力的演讲，让你的观点得到听众的理解和接受，从而使演讲达到预期的效果。

2.3.1 论证内容的构建

构建有说服力的论证是一个多阶段的过程，涉及确定主要论点、收集和整理支持材料，以及按照逻辑顺序排列这些材料。以下是构建和组织论证内容的关键步骤。

（1）确定主题和主要论点：首先，需要明确你的演讲主题和主要论点。主题是演讲的核心内容，而主要论点则是你想要听众接受的关键观点。你的主题和主要论点应该是清晰简洁且直接的，让听众能够迅速理解你要表达的观点。

（2）收集和整理资料：确定主题和主要论点后，你需要收集和整理支持你的论点的资料。这些资料可以是研究数据、专家引述、案例研究，甚至是个人经验和观察。最重要的是，你的资料必须是可信的，并且与你的主题和主要论点直接相关。收集了资料后，你需要对其进行整理，确定哪些资料最能有效地支持你的主要论点，并决定在演讲中使用它们的顺序。

（3）构建论证：将收集到的证据按照论证的逻辑顺序整理出来，构建出你的论证。通常，你可以从提出主要论点开始，然后逐一介绍支持这个论点的证据。你的证据应该从最有力的开始，然后依次引出其他的支持性证据。

（4）解释证据：在提供证据之后，你需要解释这些证据如何支持你的主题和主要论点。这一步是非常关键的，因为仅仅提供证据是不够的，你需要让听众理解这些证据是如何支持你的论点的。

（5）概括与转向：在提出和解释每个证据之后，应该对你的论点进行简短的总结，然后告诉听众你接下来要讲什么。这样可以帮助听众跟上你的思路，让他们知道接下来会讲什么。

以上就是构建和组织论证内容的主要步骤。值得注意的是，有效的论证不仅需要有逻辑的顺序，还需要有吸引人的语言和有感染力的表达。此外，你还需要适时地调整论证步骤和内容，以适应你的听众和演讲的环境。比如，你可能需要在一个更正式的环境中使用更严谨的论证方式，而在一个更随性的环境中使用更个人化和故事化的论证方式。

让我们来看一个论证内容的构建的例子。假设你正在准备一个关于全球变暖的演讲，你的主要论点是：人类的活动是导致全球变暖的主要原因。

首先你会明确这个主要论点，并向听众介绍全球变暖的概念和问题的严重性。然后你开始收集支持你的主要论点的证据，这些可能包括科学研究报告、专家的论文，以及一些有关化石燃料消耗、工业排放和森林破坏的数据。

在你收集到足够的证据后，开始整理这些证据，决定哪些证据最有力，并在演讲中展示这些证据。例如，首先你可能会使用一些科学研究的数据来证明全球气温的上升，接着通过引用专家的论文来证明这种气温上升与人类的活动有直接关系。然后你可能会引用一些关于化石燃料消耗和工业排放的数据，以及一些关于森林破坏的例子，进一步证明人类的活动是导致全球变暖的主要原因。

在你展示了所有的证据之后，你需要解释这些证据如何支持你的主要论点。例如，你可以解释这些数据和例子是如何揭示人类活动对全球变暖的影响的，以及为什么这些活动是导致全球变暖的主要原因。

最后，你需要在展示每个证据并解释之后，进行简短的总结，并告诉听众你接下来会讲什么。这样，你的听众可以清楚地了解你的主要论点，以及你的论证步骤，从而更容易接受你的观点。

通过这样的论证内容的构建，你的演讲将更具有说服力，听众也更可能接受你的观点。这样的论证方法不仅可以用于演讲，也可以用于写作、辩论等各种需要说服力的情境。

2.3.2 论证的注意事项

在进行论证时，我们不仅要关注论证的内容和结构，还要注重提高听众对论点的理解和记忆。只有这样，我们的演讲才能真正达到说服和影响听众的目的。以下是一些关键的注意事项。

（1）定期总结：在演讲过程中，应该定期对你的主要论点进行总结。这有助于听众跟上你的思路，同时也可以加强他们对你的主要论点的记忆。你可以在引入新的证据或转向新的主题之前，对已经讲述过的内容进行简短的回顾。

（2）论据分类：在论证过程中，应该尽量将论据归类为三个核心要点，以便有效地支持自己的观点。因为如果论据类型过多，听众可能会难以跟上你的演讲思路。

（3）清晰表达：在演讲中，应该尽量让你的观点清晰明了。避免使用过于复杂或专业的词汇，以便听众能够更好地理解你的观点。同时，也要注意语言节奏和音调，以增强表达效果。

（4）互动反馈：在论证过程中，可以引入一些互动环节，让听众参与到演讲中来。例如，提出问题让听众思考论点，或者让他们回答问题以确认他们理解了论点。

2.4　如何通过结尾实现演讲目的

本节将探讨如何有效地结束演讲以实现预期的目的。一个令人印象深刻的结尾不仅可以巩固你的观点，而且可以激发听众的共鸣，甚至促使他们采取行动。我们将分析结尾的目的，探讨各种结尾的方法，并提供一些在结束演讲时需要注意的事项。通过学习本节内容，你将能够理解并掌握如何通过精心设计的结尾，使你的演讲留给听众深刻的印象，从而达到演讲的目的。

2.4.1　结尾的目的

演讲的结尾是整个演讲中至关重要的部分，它的设计和表达直接影响听众对演讲的最终印象。演讲的结尾主要有三个目的：引发听众的情感共鸣、激发听众的思考及驱动听众采取行动。

1. 引发听众的情感共鸣

引发听众的情感共鸣是建立你和听众之间联系的有效方法。情感的共鸣可以增强演讲的吸引力，让他们更投入地听你的演讲。可以通过分享感人的故事、有深度的个人感受或有共鸣的经历来达到这个目的。

例如，你正在做一个关于环保的演讲。在结尾部分，你可以分享一次户外旅行中看到被污染的河流、死去的动物时所感受到的悲伤和无助。这个故事会触动听众的心弦，让他们对你的主题产生更深的情感共鸣。

2. 激发听众的思考

演讲的结尾是激发听众思考的绝佳时机。你可以提出一些引人深思的问题，分享一些未解决的挑战，以激发听众的思考和探索。例如，在一个关于人工智能（AI）的演讲中，你可能会在结尾提出这样的问题："人工智能在未来将如何影响我们的日常生活？我们应该如何应对这些可能的改变？"这样的问题会引导听众思考你的主题，并激发他们的好奇心。

3. 驱动听众采取行动

演讲的结尾是驱动听众采取行动的最佳时机。这个行动可能是参与某个活动、购买某个产品，或者改变某种观念。你可以在结尾提供明确的行动建议，呼吁听众采取某些具体的行动。例如，如果你的演讲主题是鼓励听众支持本地企业，那么结尾可以是："我鼓励你们在未来一周内，至少去一次本地的商店购物，体验一下他们的服务。"

2.4.2　结尾的方法

一个好的结尾不仅是演讲内容的高潮，也是你最后一次吸引和影响听众的机会，所以务必让它引人入胜、使人印象深刻。这就像在一部好电影的结尾加上一个惊人的转折或悬念，会让人永远记住。当你的演讲结束时，你的听众应该感到受到启发，充满了行动的动力。

这就像乔布斯在斯坦福大学的演讲中所做的那样。他不仅通过自己的亲身经历引发了听众的情感共鸣，还通过提出引人深思的问题激发了听众的思考。最后，他以"Stay hungry, stay foolish."（求知若饥，虚心若愚）作为结尾，这不仅是一个强烈的行动号召，也是一个深入人心的结尾。

同样，马丁·路德·金的"I have a dream"（我有一个梦想）演讲也是一个经典的例子。他通过描绘自己的梦想来引发听众的情感共鸣，激发他们的思考，并最终驱动他们采取行动。他的演讲结尾充满力量，至今仍被人们所谈论。

总之，一个好的演讲结尾不仅要能回归你的主题，并强化你的主要论点，还要能引发听众的情感共鸣、激发他们的思考，并驱动他们采取行动。并且，使用小故事、比喻、语录和想象等方法，可以帮助你更好地达到这些目标。

以下是一些可以用来精彩地结束演讲的具体方法。

1. 使用小故事

讲述一个小故事可以帮助你引发听众的情感共鸣，也可以提供一个具体的示例来说明你的论点。选择的故事应该与你的主题和主要论点紧密相关。

例如，你正在做一个关于工作与生活平衡的演讲。在结尾部分，你可以讲述一个关于工作狂人如何通过调整工作方式，找到工作与生活的平衡，并因此变得更快乐和生产力更高的故事。这个故事不仅引发听众的情感共鸣，也强化了你的论点。

2. 使用比喻

比喻是一种有效的表达方法，可以帮助听众更好地理解和记忆你的主要论点。可以在结尾部分使用比喻来强化论点，或者提供一个新的视角来看待话题。

例如，在一个关于团队合作的演讲中，你可以将团队比喻为一台机器："每个人都像机器的一部分，只有当每个部分都在正确的位置上时，机器才能正常运行。同样，只有当每个团队成员都在正确的位置上时，我们的团队才能达到最高效率。"

3. 使用语录

引用一些有深度的、与你的话题相关的语录也是一种有效的表达方法。语录可以帮助你引发听众的共鸣，或者提供一个权威的支持来强化你的论点。

例如，如果你的演讲是关于勇气的，你可以在结尾引用马丁·路德·金的名言："我们必须接受有限的失望，但不能失去无限的希望。"这个引用不仅强化了你的主题，也可能引发听众的情感共鸣。

4. 使用想象

通过引导听众进行想象，可以帮助他们更好地理解你的主题，同时也能激发他们的创新思维。你可以让听众想象一下如果他们采纳了你的建议并采取行动，将会带来怎样的结果。

例如，你正在做一个关于环保的演讲。你可以让听众想象一下，如果他们减少塑料的使用，我们的世界将会发生怎样的变化。通过这种方式，你不仅能引发听众的情感共鸣，还能激发他们采取实际行动。

总之，无论你选择哪种结尾的方法，你都需要保证它能够强化你的主题，突出你的主要论点，并尽可能地影响你的听众。记住，一个精彩的结尾应该是对你的演讲的一个总结，它应该回归你的主题，并强化你的主要论点。

2.4.3　结尾的注意事项

演讲的结尾是演讲的重中之重，因为这是你最后一次向听众传达信息和观点的机会。有一些注意事项可以帮助你更好地结束演讲。

首先，你的结尾应当明确而有力。不要让听众猜测你的演讲是否快要结束，而应该明确地表示你的演讲已经接近尾声，可以使用一些传统的结尾短语，如"总结一下""最后"等。此外，结尾也应该强化你的主要论点，这可以通过重申你的主题、总结你的主要论点，或者提出一个强有力的结论来实现。

其次，处理提问环节的方式也很重要。如果你的演讲包含了提问环节，这个环节应当放在结尾之前，而不是放在最后。这是因为如果你在提问环节之后结束你的演讲，你可能会在一个"还有其他问题吗？"的尴尬场面中结束你的演讲，这是一种很糟糕的结束方式。相反，你应当在提问环节之后，再给出一个简洁明快的结尾，强调你的主题，总结你的主要观点，或者呼吁听众采取行动。

最后，记住结尾是你最后一次对听众产生影响的机会，因此应该尽量使其有力并引人深思。你可以通过提供一个强有力的呼吁、引发听众的情感共鸣，或者提出一个引人深思的问题来实现这个目的。

第 3 章

演讲的表达

对于一个优秀的演讲者来说，有效地表达自己的观点和思考是至关重要的。表达并不仅仅限于言语，它涵盖了声音的控制、身体语言的运用及演讲的语言技巧等多个方面。这些元素共同构建了一个成功演讲者的形象。本章将深入探讨如何通过这些技巧，有效地表达自己的观点和感受。

[!] **注意：** 虽然这一章着重讨论了演讲的各种表达技巧，但请记住，技巧并不是万能的。最有效的演讲往往来源于真诚和热情。

3.1 声音的控制和运用

本节将专注于声音的控制和运用。首先，我们将探讨声音在演讲中的重要性，以帮助你理解为什么要关注你的声音。其次，我们将介绍声音的三大要素，为你提供一个全面理解声音控制的基础框架。最后，我们将分享一些提高声音表达能力的训练方法，帮助你实践并提升这项技能。这一节的内容对于那些想要提高自己的公众演讲技巧（尤其是在声音运用方面）的人非常有帮助。

3.1.1 声音在演讲中的重要性

在演讲中，声音不仅仅是传递信息的工具，更是表达情感、塑造形象、引导听众的强大媒介。你的声音不仅能告诉听众你在说什么，还能体现出你的自信程度、激情及性格特质。

首先，一个清晰、悦耳的声音有助于提升演讲者的专业形象，使听众更愿意投入注意力进行聆听。声音的质感和韵律能够构建一种愉悦的听觉体验，使演讲的信息更容易被接受和理解。

其次，通过声音的变化，演讲者可以有效地展现自己的情绪和态度。例如，激昂的音调可以激发听众的热情，平缓的音色可以让人们安静下来思考，低沉的语调则可以增加演讲的权威性。

最后，声音的节奏和强弱对于演讲的效果也起着至关重要的作用。适当的停顿、恰到好处的加速和减速、强烈和柔和的音调交替，都能够引导听众的注意力，使演讲更具动感和节奏感。

因此，我们可以看出声音在演讲中的作用不可忽视。它是一种独特的个人标识，是情绪的载体，更是演讲成功的关键因素之一。无论是个人还是职业的演讲者，都需要关注和培养自己的声音，以便更有效地将自己的观点和情感传达给听众。

3.1.2 掌握声音的三大要素

声音表达中的三个最关键的要素是音色、音量和语调，它们在塑造优质的演讲声音中起着至关重要的作用。

（1）音色。音色也可以理解为声音的"颜色"。它可以被视为你的声音的独特特质，就像指纹一样。音色可以揭示出许多关于你的信息，包括你的年龄、性别，甚至是你的健康状况。在演讲中，音色可以影响听众对你和你的信息的看法。一个温暖、丰富的音色可以吸引听众，使他们更愿意聆听你的话语。因此，了解和控制你的音色是提升演讲技巧的关键。

（2）音量。音量指的是你的声音的响度，是在演讲中保持听众注意

力的关键因素。通过适当地调整音量，你可以强调关键观点、创造动态
和节奏，以及营造紧张或放松的氛围。然而，要注意避免过大的音量导
致的嘈杂，或者过小的音量导致的听力困难。

（3）语调。语调，也被称为音高，是指你的声音在音阶上的高低。通
过改变语调，你可以表达不同的情感，如兴奋、疑问或命令等。在演讲中，
使用动态的语调可以使你的演讲更具生动性和吸引力。

掌握这三个要素并熟练地应用到演讲中，将帮助你更好地传达你的
信息，更有效地吸引和保持听众的注意力。

3.1.3 提高声音表达能力的训练方法

声音可以传达我们的情绪、想法和态度，对于提升演讲的效果至关
重要。下面我们将详细讨论提高声音表达能力的训练方法，包括音色训练、
音量训练和语调训练。

1. 音色训练

音色训练是指通过练习和技巧的应用，改善和塑造声音的质感、色
彩和表达能力。以下是一些进行音色训练的建议。

（1）声音发出和呼吸控制。练习正确的呼吸和声音的发出方式对于
塑造音色至关重要。深呼吸和放松身体，使用腹式呼吸，以便从腹部产
生声音。避免紧张和过度使用喉咙或声带。

（2）发声技巧。掌握发声技巧可以改变声音的质感和音色。尝试调
整嘴唇、舌头和颚的位置，以改变声音的共鸣点。练习音阶、音程和各
种音符，以提高音色的灵活性和准确性。

（3）调整共鸣空间。声音的共鸣空间是影响音色的重要因素。通过
调整喉咙、口腔和鼻腔的形状和大小，可以改变声音共鸣的位置和方式。
尝试在不同的共鸣点产生声音，例如在喉咙、鼻腔或头部，以获得不同
的音色效果。

（4）听觉训练和模仿。倾听并模仿其他歌手、演讲者或乐器演奏者
的音色有助于发展自己的声音特点。注意他们的发声技巧、共鸣空间和

表达方式，并尝试将其应用到自己的声音中。

（5）姿势和身体语言。保持正确的姿势和身体语言可以改善音色的稳定性和流畅性。确保站姿或坐姿端正，并放松身体，以便声音能够自由流动。

音色训练需要持久的练习，但要确保在练习过程中保护你的声音。避免过度用力、过度练习或使用不正确的发声技巧，以防止声带损伤。保持良好的水分摄取和适当的休息，是保护声带健康的重要措施。

2. 音量训练

音量是声音的强度，它直接影响到声音是否能被听见。为了训练音量，可以尝试在不同的环境中朗读。例如，可以尝试在安静的环境中大声读出，或者在嘈杂的环境中小声读出。这将帮助你理解如何在不同的环境中调整你的音量。

在音量训练过程中，录音并回放自己的练习是一种很好的方法。录音可以让你听到自己的声音，并帮助你更好地理解你的音量是否适当。可以试着对比在不同环境和不同音量下你的声音的清晰度和力度，找出最适合你的音量水平。

3. 语调训练

语调是指语言中的音高和音调变化，它对于有效的沟通和表达非常重要。以下是一些进行语调训练的方法。

（1）听觉训练。注意和模仿优秀的语言模型，例如演讲者、演员或播音员的语调。倾听他们的语音表达方式，注意他们的音高变化、音调上升和下降的位置及语气的变化。努力模仿并练习他们的语调。

（2）录音和回放。使用录音设备记录自己的语音，并进行回放和分析。听取自己的语调和音高变化，注意是否单调、缺乏表情或有不恰当的语气。识别需要改进的区域，并尝试在不同情境下调整语调。

（3）句子强调。练习在句子中强调不同的词或短语，以改变语调和句子的重点。尝试通过改变音高、音调和速度来表达不同的重点和情感。

（4）情感表达。练习使用不同的语调来表达不同的情感，例如喜悦、悲伤、惊讶、愤怒等。尝试通过改变音高、音调和节奏来实现这些情感的表达。这有助于丰富你的语言表达能力。

（5）阅读练习。选择各种文本，如新闻文章、诗歌、故事等，用不同的语调朗读出来。注意每个词、短语和句子的语调和韵律，使其更加生动和富有表现力。

（6）视频学习。观看有关语言表达和语调的教学视频。许多在线平台都会提供有关语音语调训练的教程和指导，可以从中学习和练习。

（7）口语练习。与他人进行口语交流，并注意语调的运用。尝试在不同的交流场景中使用适当的语调，如询问问题、回答问题、讲述故事等。

重要的是要不断练习和观察自己的语调，并接受他人的反馈以改进。随着时间的推移，你会逐渐发展出更加自然、富有表达力和引人注目的语调。

3.2　身体语言的理解运用

本节将深入探讨身体语言的理解和运用。首先，我们会解析身体语言的定义和种类，为你提供一份详尽的身体语言指南。其次，我们将揭示身体语言在演讲中的重要性，让你明白如何利用这个强大的非言语沟通工具来增强你的演讲效果。最后，我们会提供一些高效使用身体语言的训练方法，帮助你在实践中提升这一技能。这一节的内容能够为希望通过使用身体语言提高自己的演讲能力的人提供强有力的支持。

3.2.1　解析身体语言的定义和种类

身体语言是一种非言语的沟通方式，通过姿势、动作、面部表情和眼神等来传递信息和情感。它在演讲中起着至关重要的作用，可以增强你的表达力，与听众建立连接，并有效地传达你的意图。

（1）姿势和动作。姿势和动作是身体语言中最基本的元素之一，包括站立的姿势、手势的运用、身体的移动等。不同的姿势和动作可以传递不同的信息，如自信、紧张、活跃或放松。合适的姿势和动作可以增强你的演讲效果，帮助你与听众建立联系。

（2）面部表情。面部表情是身体语言中最丰富和直观的部分之一。微笑、眉毛的抬起、眼睛的眨动等都可以传递出丰富的情感和意图。通过面部表情，可以表达自信、兴奋、认真或悲伤等不同的情绪，从而更好地与听众产生共鸣。

（3）眼神交流。眼神交流是身体语言中最直接和重要的方式之一。通过眼神交流，你可以与听众建立联系，传递关注和尊重的信息。保持眼神接触可以表明你的自信和专注，同时也能够感知听众的反馈和情感状态。

了解和运用不同种类的身体语言有助于提升演讲的效果。不同的姿势、面部表情和眼神交流可以在不同的情境下产生不同的效果。因此，熟练掌握这些身体语言的种类，可以帮助你在演讲中更好地与听众沟通，并增强你的演讲表达力。

3.2.2　揭示身体语言在演讲中的重要性

身体语言在演讲中扮演着至关重要的角色。它是一种强大的非言语沟通工具，能够增强演讲的表现力、吸引听众的关注并增强信息的传递效果。

首先，身体语言可以帮助你与听众建立联系。当你运用适当的姿势、动作和面部表情时，你的身体语言能够传递出自信、开放和有亲和力的信息。这样的表达方式能够吸引听众的注意力并建立起与他们之间的情感连接。身体语言可以使你的演讲更具吸引力和说服力，促使听众更愿意接受你的观点。

其次，身体语言能够增强演讲的表达力。通过合适的手势、肢体动作和面部表情，可以更好地展示出你的观点和情感。例如，你可以用手势强调关键词或概念，通过肢体动作来支持你的演讲内容，以及使用面部表情来表达情绪和态度。这样的身体语言可以使你的演讲更加生动有趣，让听众更容易理解和记住你的信息。

最后，身体语言可以增强演讲的说服力。当你的言辞与身体语言一致时，你的演讲会更加令人信服。如果你的语言表达着自信和确定性，而你的身体语言却显得紧张或不自信，这将会给听众留下不一致的印象。相反，如果你的身体语言与你的言辞相呼应，则将增强你的说服力，并使你的演讲更加有力和可信。

综上所述，身体语言在演讲中的重要性不可忽视。它能够帮助你与听众建立联系，增强演讲的表达力和说服力。因此，作为演讲者，我们应该重视并积极运用身体语言，以提升我们的演讲技巧和效果。

3.2.3　高效使用身体语言的训练方法

要高效地运用身体语言，在演讲中展现出自信、吸引力和说服力，以下是一些训练方法，可以帮助你提升身体语言的运用能力。

（1）观察和学习。观察成功的演讲者和公众人物的身体语言，学习他们如何运用手势、肢体动作和面部表情来支持他们的演讲。观察他们的姿势和动作如何与言辞相呼应，以及如何与听众建立联系。从中汲取灵感，并注意自己在演讲中的身体语言的差距和改进的空间。

（2）镜前练习。在镜子前练习你的姿势、手势和面部表情。观察自己的身体语言，注意是否表达出你想要传达的信息和情感。练习时可以模拟不同的演讲情绪，例如自信、兴奋、认真等，以让自己更加熟悉和自如地运用身体语言。

（3）录像回放。使用录像设备录制你的演讲练习，并回放观看。仔细观察自己的身体语言，注意是否与你的言辞相协调，是否能传递出你想要的情感和意图。识别出需要改进的地方，并尝试进行调整和修正。

（4）合理操控空间。利用舞台上的空间来支持你的演讲效果。运用合适的姿势和动作，向不同的听众传递信息。注意利用舞台前后、左右等不同的区域来增强你的表达力，但也要避免过度活动而分散听众的注意力。

（5）实践和反馈。在真实的演讲场景中实践你的身体语言技巧，并

寻求他人的反馈。观察听众的反应，看看你的身体语言是否达到了预期
的效果。通过不断的实践和反馈，逐渐提高自己的身体语言表达能力。

练习和训练身体语言需要时间和耐心，但它是提升演讲效果和说服
力的重要组成部分。通过不断的练习和自我反思，可以逐渐掌握高效使
用身体语言的技巧，使演讲更具影响力和吸引力。记住，身体语言是一
项技能，需要持续的练习和改进。

3.3 演讲的语言技巧

本节将专注于讲述演讲的语言技巧。首先，我们会探讨如何选择恰
当的词汇和语气，这对于传达信息至关重要。其次，我们会讲解如何利
用修辞手法增强演讲效果，使演讲更有说服力。最后，我们会介绍一些
有效的方法，帮助你熟练掌握演讲的语言技巧。这一节的内容对于那些
希望通过提升自己的语言技巧来增强演讲能力的人非常有用。

3.3.1 选择恰当的词汇和语气

在演讲中，选择恰当的词汇和语气是影响你的演讲效果和与听众建
立连接的关键因素之一。以下是一些方法，帮助你选择恰当的词汇和语气，
以达到更好的演讲效果。

（1）理解听众。在准备演讲时，要充分了解你的听众，包括他们的
背景、知识水平和兴趣，根据听众的特点选择相应的词汇和语气。如果
你的听众是专业人士，你可以使用专业术语和正式的语气。如果你的听
众是非专业人士或普通大众，就要使用更加通俗易懂的词汇和亲和的语气。

（2）适当的词汇选择。要选择简明扼要、具体生动的词汇，以便清
晰地传达你的观点和信息。避免使用晦涩难懂的术语或过于复杂的词汇，
以免让听众感到困惑或不易理解。同时，选择具有感染力和情感共鸣的
词汇，以便更好地吸引听众的关注和引发共鸣。

（3）强调关键词汇。在演讲中，要有意识地强调关键词汇，以突出

你的主要观点和重要信息。通过改变语音的音量、语速或语调，将关键词汇从整体信息中凸显出来，让听众更容易理解和记住。

（4）语气的掌握。语气是指你在演讲中使用的语调和语音的特点。要根据演讲的目的和情感需要，灵活运用语气。你可以使用自信和坚定的语气来表达你的观点，使用活泼和兴奋的语气来激发听众的热情，使用平静和沉稳的语气来传达严肃的信息。适应演讲内容和情感需要，选择合适的语气可以让你的演讲更有说服力和吸引力。

记住，选择恰当的词汇和语气是一个与听众建立联系和传达信息的关键方面。通过深入理解听众、选择适当的词汇和灵活运用语气，可以提高你的演讲效果，与听众建立共鸣，并让你的演讲更具影响力和说服力。不断地练习和反思，可以帮助你更好地掌握选择恰当的词汇和语气的技巧。

3.3.2　利用修辞手法增强演讲效果

修辞手法是一种艺术性的语言运用，可以增强演讲的表现力和说服力。通过巧妙地运用各种修辞手法，可以让你的演讲更加生动、引人入胜，并打动听众的心弦。以下是一些常见的修辞手法，可以帮助你增强演讲的效果。

（1）比喻。比喻是一种通过将一个事物与另一个事物进行类比来传达信息或创造形象的修辞手法。通过运用生动的比喻，可以使抽象的概念更具体，让听众更容易理解和记住。例如，你可以说："知识是人类的火把，照亮前行的道路。"这样的比喻能够生动地表达出知识的重要性和启迪作用。

（2）排比。排比是一种通过将一系列并列的短语、句子或思想组织起来，以增强语言的节奏感和重复效果的修辞手法。排比能够使演讲更加有力、有节奏感，引起听众的共鸣。例如，"我们要勇敢面对挑战，努力奋斗，坚持不懈。我们要团结合作，相互支持，共同进步。"这种排比的表达方式使演讲更加生动而引人入胜。

（3）反问。反问是一种以问句形式提出观点或问题，但并不期待直接回答的修辞手法。通过使用反问，可以激发听众的思考，引起他们的注意，并强调你要传达的信息。例如，"难道我们不应该追求更美好的未来吗？难道我们不应该为了我们的梦想而努力奋斗吗？"这样的反问可以引起听众的共鸣和思考。

（4）夸张。夸张是一种夸大和放大的修辞手法，以增强表达效果和吸引听众的注意力。通过使用夸张，可以使演讲更加生动有趣，同时也可以突出某种情感或观点。例如，"这个问题困扰了我们整整一生！"通过夸张表达出问题的严重性和长期影响。

（5）修辞问答。修辞问答是一种提出问题并立即回答的修辞手法。它可以用来强调某个观点或引起听众的思考。通过巧妙的设计和演绎，可以使演讲更加生动有趣，并引发听众思考。例如，"我们想知道，是什么推动了人类社会的进步？答案很简单：创新！是创新推动着社会不断向前发展。"这种修辞问答的方式可以引起听众的思考和共鸣。

使用这些修辞手法可以使你的演讲更富有表现力和感染力。但要注意，修辞手法应当适度使用，不宜过度，以免给听众带来疲劳或理解上的困扰。灵活运用这些修辞手法，结合你的演讲主题和目的，将有助于提升你的演讲效果，并让你的观点更深入人心。

3.3.3　熟练掌握演讲的语言技巧的方法

要熟练掌握演讲的语言技巧，需要持续地练习。以下是一些有助于提高演讲效果的语言技巧。

（1）阅读和扩大词汇量。广泛阅读各种文学作品、报纸、杂志、专业书籍等，可以扩大你的词汇量并提高语言表达的丰富性。通过阅读，你可以学习到不同领域的专业术语和表达方式，丰富你的词汇库，使你的演讲更加生动有趣。

（2）学习和运用修辞手法。修辞手法是演讲中增强表达力和说服力的重要工具。学习不同的修辞手法，如比喻、排比、反问等，了解其使用方法和效果，将其灵活运用于演讲中，可以提升你的表达能力和演讲的艺术性。

（3）口头练习和朗读。口头练习是提高演讲语言技巧的有效方法之一。通过口头练习，你可以熟悉演讲的流畅性和节奏感，增强对词汇和语法的运用能力。另外，朗读经典文学作品或演讲稿件，可以帮助你感受到语言的韵律和表达方式，提高口语表达的自信和流利度。

（4）录音和自我反思。使用录音设备记录你的演讲，然后仔细听取并进行自我反思，注意语速、语调、停顿和发音的准确性。找出需要改进的地方，并努力加以改正。通过反复练习和自我反思，逐渐提高你的演讲语言技巧。

（5）参加演讲训练和辅导。参加演讲训练课程或找到一位专业的演讲辅导员，可以帮助你系统地提升演讲的语言技巧。他们可以为你提供个性化的指导和反馈，帮助你发现并改进自己的弱点，进一步提高演讲的表达能力。

通过以上方法，不断练习和改进，可以逐渐熟练掌握演讲的语言技巧。记住，关键在于持之以恒地进行练习和自我反思。只有不断地提升自己的语言技巧，才能在演讲中更自如、更有说服力地表达自己的观点和情感。

第 4 章

演讲的实战技巧

演讲并不只是关于言语的表达，还包括了如何处理一系列的现场情况。面对听众时，我们可能会紧张、自信心不足，甚至遇到意外情况。如何妥善处理这些情况并保持演讲的连贯性，是每一个演讲者都需要掌握的实战技巧。本章将讨论这些演讲实战技巧，帮助你更好地把握演讲的全局，增强你的演讲自信和应变能力。

!注意：虽然我们会讨论一些常见的处理策略，但每个人的情况都是独特的，应根据自己的特性和具体情况灵活应用。

4.1 认识自己：建立自信

本节将聚焦于"认识自己：建立自信"。首先，我们会引导你进行自我评估，明确识别你的优势和不足，以便你更好地了解自己的起点。其次，我们将深入探讨如何发掘个人特色，找到你独一无二的演讲风格。最后，我们将为你提供实用的自信心建设方法，协助你提升自信，更自信地站在台上。这一节的内容对于希望建立自信、找到并展现自我风格的演讲者特别有价值。

4.1.1 自我评估：分析优势和不足

任何成功的演讲，都源于对自我深入的理解和认识。作为演讲者，我们首先需要进行自我评估，分析我们的优势和不足。这个过程是演讲的初步准备工作，也是我们建立自信的基础。

优势和不足的分析并不只是对演讲技巧的检视，还包括语言运用能力、知识储备、人格特质等多个方面。为了帮助自己更全面地进行自我评估，可以从以下几个角度进行思考。

（1）语言运用能力。你是否具备清晰、流畅的口头表达能力？是否擅长用语言勾勒出生动、有趣的画面，以引发听众的共鸣？考虑你在语言运用方面的优点，并对可能的不足进行深思。

（2）知识储备。你是否具有深厚的专业知识或广泛的知识面？你是否能准确无误地传递信息，而不会因为知识的缺乏而犯错误？思考你在哪些领域拥有优势，同时也对你的知识盲区进行认识。

（3）人格特质。你的性格是如何影响你的演讲方式的？你是一个富有热情、充满活力的演讲者，还是更擅长冷静、理性的讲述？理解你的性格如何影响你的演讲方式，可以帮助你找到最适合自己的演讲风格。

进行这样的自我评估并不意味着我们必须去纠正所有的不足。相反，我们需要做的是利用我们的优点，同时认识并尊重我们的局限性。你可能并不是一个生来就擅长公众演讲的人，但你可以通过认识自己，找到最适合自己的方式，发挥你的优点，用你的方式来进行有效的演讲。

最后，要明白，优势和不足并不是静止不变的。随着我们的成长和经验的积累，它们可能会发生变化。因此，我们应该持续进行自我评估，以便能及时调整策略，适应新的环境和挑战。

4.1.2 发掘个人特色：找到自己的风格

一场成功的演讲不仅仅在于内容的精彩程度和深度，还在于演讲者如何以独特的方式传达这些内容。找到自己的风格，即找到一种独特的表达方式，使听众在你的演讲中感受到你的个人特色。

如何找到自己的风格呢？这需要通过反思和实践来不断发掘。下面是一些有助于你发掘个人特色的建议。

（1）反思过往的经验。思考你之前的演讲，哪些方面让你感到自在和得心应手？哪些环节获得了听众的积极反馈？这些都可能是你的个人特色所在。

（2）学习他人，但不模仿。你可以从其他优秀的演讲者那里学习技巧和策略，但是要记住，你的目标不是成为他们的复制品。欣赏他们，学习他们，然后将学到的东西融入你自己的风格中。

（3）实践并反馈。通过不断的实践，你可以测试不同的演讲方式和技巧。观察听众的反应，分析哪些元素最能引发他们的共鸣，哪些元素能够使你的演讲更具感染力。

（4）尊重自己的独特性。你可能有一些非传统的演讲方式，或者你在某个小众领域拥有深厚的专业知识。这些都可以成为你的个人特色。不要害怕与众不同，相反，你应该欣然接受这些特点，并把它们转化为你的优势。

找到自己的风格是一个持续的过程，这需要时间、实践和耐心。但是，一旦你找到了自己的风格，你的演讲将会更有力量，更能打动听众的心。记住，你的目标不是成为别人，而是成为最好的自己。

4.1.3　自信心建设：如何提升自信

自信对于一个演讲者来说是至关重要的。如果你自己都不信任你的想法，那么你怎么能期望听众信任你呢？但是，我们都知道，建立自信并不是一夜之间可以完成的事情，它需要我们在日常生活和工作中不断地进行锻炼和实践。

以下是一些有效的策略，可以帮助你提升自信心。

（1）深入学习。对你要演讲的主题进行深入的研究和学习，以确保你能准确、清晰地传达信息。有较深层的知识辅助，会让你在演讲过程中更加自信。

（2）勇于实践。找机会进行公开演讲，无论规模大小。每次的演讲经历都会让你从中学习到新的东西，无论是成功还是失败。这些经历会让你更加适应演讲，从而增强自信。

（3）正向思考。将焦点放在你的优点和成就上，而不是你的不足和失败上。这并不意味着忽视你的弱点，而是要以一种积极的心态看待自己，这样可以帮助你在挑战面前保持自信。

（4）身体语言的使用。保持直立的姿势，保持眼神接触，以坚定而明亮的声音说话，都是展示自信的体现。而且，这样的身体语言不仅可以向听众展示你的自信，还可以提醒自己保持自信。

（5）接受反馈。不管是来自同事、朋友还是专业教练的反馈，都是你提升自信的重要途径。通过反馈，你可以了解到自己的优点和需要改进的地方，从而提升自信。

记住，每个人都有自己独特的演讲风格，你不必担心与他人相比。你的目标是提升自我，成为一个更好的演讲者，而不是与他人竞争。只要你保持积极的态度，勇于实践，你就能不断提升自信，成为一个令人信服的演讲者。

4.2　如何应对紧张

本节将专注于解答"如何应对紧张"的问题。首先，我们将讲述充分准备的重要性，强调预防是最好的解决方案，帮助你在演讲前做好万全准备。其次，我们将指导你如何活用紧张，将紧张的情绪转化为激励自己的动力。最后，我们将分享一些如何利用幽默化解紧张的方法，以便你能够在压力下更轻松地应对。这一节的内容对于那些希望学会如何有效应对演讲中的紧张感的人非常有益。

4.2.1　充分准备：预防是最好的解决方案

充分的准备对于任何一场成功的演讲来说都是必不可少的。一场看似自由流畅的演讲背后，通常都有大量的准备工作。对于演讲者来说，充分的准备不仅可以提升我们的自信，而且可以帮助我们应对紧张，因为预防总是最好的解决方案。

那么，如何做好演讲的准备工作呢？这里有一些有效的策略。

（1）深入研究主题。确保你对你的演讲主题有深入、全面的理解。这包括阅读相关的书籍、研究、报告，甚至进行访谈或实地考察。对于你的主题有深入理解的知识，会让你在演讲过程中更加自信。

（2）设计你的演讲结构。一个清晰的演讲结构可以帮助你在演讲过程中保持清晰和有条理。你应该预先规划你的开场、主要观点和结论，使你的信息有序且连贯。

（3）练习演讲。找一个安静的地方，尽可能模拟真实的演讲环境进行演讲练习。你可以对着镜子，或者找一些朋友或同事作为听众，重复多次，直到你能流畅地、不看稿地进行演讲。

（4）准备应对问题。想象可能会被提出的问题，并准备好你的回答，这可以帮助你在面对听众提问时不会感到惊慌失措。

（5）熟悉你的环境。如果可能的话，提前去熟悉你的演讲环境。了解你将在哪里演讲、你的听众将坐在哪里，以及你需要使用的设备等。这将帮助你在演讲当天感到更加自在。

充分的准备是成功演讲的关键。当你知道你已经做好了所有可以做的准备时，你将感到更加自信，更能够控制你的紧张情绪。记住，预防总是最好的解决方案。

4.2.2　活用紧张：将紧张转化为动力

许多人认为，紧张是演讲时的敌人，需要尽可能地避免。然而，事实是，紧张是一个完全正常的生理反应，每个人在某些情况下都会感到紧张，特别是在进行公开演讲时。更重要的是，我们可以学会利用这种紧张，将其转化为驱动我们更好表现的动力。

以下是一些策略，可以帮助你将紧张转化为动力。

（1）接受你的紧张。首先，你需要接受你的紧张，而不是试图抵抗它。承认紧张的存在，并告诉自己这是一种正常的反应，可以帮助你更好地处理它。

（2）利用紧张产生的能量。紧张的时候，你的身体会产生额外的能量。你可以利用这种能量提高你的警觉性，更加专注于你的演讲。

（3）将焦虑转化为期待。尝试将你的思绪从"我很紧张"转变为"我很期待这次演讲"。这种转变可以帮助你将紧张看作是一种积极的、兴奋的感觉，而不是消极的、恐惧的感觉。

（4）深呼吸。深呼吸是一个非常有效的缓解紧张的方法。它可以帮助你放松身体，平静心态，从而更好地控制你的紧张情绪。

（5）练习正念。当你感到紧张时，试着把注意力集中在当前的时刻，而不是过去的失败或未来的担忧。这样可以帮助你更好地处理紧张情绪，更专注于你的演讲。

紧张是一个人在面临挑战时的自然反应。如果我们能够学会接受并利用它，就可以将它转化为推动我们更好地进行演讲的动力。所以，下次你感到紧张的时候，不要害怕，试着用上述策略，将你的紧张转化为你的优势。

4.2.3 利用幽默化解紧张：轻松应对

幽默是一种强大的工具，可以帮助我们减轻紧张感，增强与听众的联系，并使我们的演讲更加吸引人。正确地使用幽默，可以在压力较大的演讲环境中创造轻松愉快的气氛，同时也可以增强自信心。

以下是一些使用幽默化解紧张的策略。

（1）自嘲。有时，适当的自嘲可以显得非常亲切，让听众觉得你是个有自知之明并且不装腔作势的人。它也可以让你在紧张时感到轻松。但记住，自嘲需要适度，过度的自嘲可能会削弱你的权威。

（2）轻松的语言和故事。讲一些与主题相关，又带有趣味性的轶事和故事，可以使听众在理解你的观点的同时感到轻松愉快。同时，这种故事性的表达也可以使你的演讲更加生动，更能引起听众的共鸣。

（3）反应快、幽默的回答。如果你具备快速反应的能力和富有趣味性的想象力，你可以用一些幽默的回答来回应听众的问题或评论，这不仅可以解决问题，同时也可以增加互动性，化解紧张的气氛。

（4）对环境的幽默观察。如果你在演讲前或演讲中发现了一些有趣的、与众不同的事物，可以将它们融入你的演讲中，这种对环境的幽默观察，会给你的演讲增加新鲜感，同时也可以吸引听众的注意力。

但是，使用幽默也需要注意一些问题。首先，你的幽默必须适合你的听众群体，避免冒犯他们。其次，你的幽默需要服务于你的演讲主题，不能离题或牵强附会。最后，你需要找到一种对你来说自然而真实的幽默风格，而不是强迫自己去模仿他人。

4.3 / 掌握处理意外情况的策略

本节将深入讨论如何掌握处理意外情况的策略。首先，我们将分享一些应对突发状况的技巧，帮助你在出现意外时能够灵活应对。其次，我们会介绍一些快速反应策略，让你在面对挑战时能够冷静对待并快速做出反应。最后，我们将讨论如何进行心态调整，让你在出现失误时能够快速恢复，不受影响地继续你的演讲。这一节的内容对于那些希望在演讲中应对各种意外情况或提高应变能力的人非常有帮助。

4.3.1 意外应对技巧：处理突发状况

不论是在演讲还是在生活中，我们都可能会遇到一些意外的情况。这些突发状况可能会打乱我们的计划，甚至让我们失去平衡。然而，作为一名演讲者，我们需要学会在这些突发状况发生时保持冷静，并灵活应对。

以下是一些处理突发状况的实用技巧。

（1）保持冷静。当突发状况发生时，首先要做的事情就是保持冷静。你需要告诉自己，无论发生什么，你都有能力处理好这个状况。保持冷静，不让意外打乱你的节奏是至关重要的。

（2）迅速评估情况。在保持冷静的同时，你需要迅速评估这个突发状况对你的演讲的影响。你需要决定这个问题是否需要立即处理，或者是否可以暂时忽略并在演讲结束后再处理。

（3）寻找解决方案。如果这个突发状况需要立即解决，你需要迅速找到一个解决方案。这可能需要你临时调整你的演讲内容，或者采取一些应急措施。

（4）充分利用幽默。如前所述，幽默是一个强大的工具，可以帮助你和听众共同度过这个突发状况。你可以使用一些轻松的语言或笑话来缓解这个紧张的气氛。

（5）勇敢面对。最后，请记住，无论遇到什么问题，最重要的是勇敢地面对。不要因为一个小插曲就放弃你的演讲，相信你的听众会理解并支持你。

应对突发状况并没有一套固定的公式，因为每个情况都是独特的。然而，以上这些策略可以帮助你更好地应对这些突发状况，让你在演讲中始终保持冷静。记住，作为演讲者，我们不仅仅是信息的传递者，还需要具备处理突发状况的能力。

4.3.2 快速反应策略：面对挑战

在公开演讲中，我们无法预测所有可能发生的事情。有时候，听众可能会提出预料之外的问题，技术可能会出现故障，甚至你可能会突然忘记接下来要说什么。在这种情况下，我们需要具备快速反应的能力，以便能够有效地应对这些挑战。

以下是一些有助于提升快速反应能力的策略。

（1）深入理解你的主题。如果你对你的主题有深入的理解，就能更好地应对听众的问题，甚至是一些非常深入或特别的问题。此外，对你的主题有深入的理解也能让你在忘记演讲内容时，能够迅速找到一个新的切入点，继续你的演讲。

（2）提前预设问题和解决方案。虽然我们无法预测所有可能发生的事情，但可以提前预设一些可能出现的问题及其解决方案。这样，当这些问题真的发生时，你就能够迅速给出答复。

（3）练习即兴演讲。即兴演讲有助于提高思维敏捷性，使你能够迅速做出反应。你可以选择在家中进行即兴演讲练习，或者参加辩论比赛等活动，以提高你的即兴演讲能力。

（4）保持心态平稳。快速反应需要我们在面对问题时保持清醒的头脑。因此，保持心态平稳，不让紧张或焦虑影响我们的思考，是非常重要的。

（5）积极面对反馈。任何形式的反馈都是一个宝贵的学习机会。如果你犯了一个错误，或者未能回答听众的一个问题，那么不要感到沮丧。相反，你应该从中吸取教训，找出自己需要改进的地方。

快速反应是一个需要不断练习的技能，但一旦你掌握了它，就会发现无论遇到什么挑战，都有能力解决。这将极大地增强你的自信心，让你在任何情况下都能进行出色的演讲。

4.3.3 心态调整：从失误中快速恢复

即使是经验丰富的演讲者，在演讲中也难免会遇到一些失误，如忘词、遗漏重要信息或技术故障等。关键在于，我们如何调整心态，快速从失误中恢复，重新找回自己的节奏。

以下是一些帮助你从失误中快速恢复的心态调整策略。

（1）接纳失误。首先，你需要认识到失误是演讲中常见的一部分。即使你准备得再周全，也难以避免所有的失误。所以，当失误发生时，不要对自己过于苛责，要明白每个人都可能犯错，这是首要的一步。

（2）保持积极态度。即使出现失误，也要保持积极、乐观的心态。记住，你的目标是向听众传递信息和启发思考，而不是展示完美的演讲。

将注意力从失误转移到如何更好地完成演讲上，这会帮助你更快地恢复状态。

（3）轻松应对。对于一些小错误，你可以用幽默的方式来化解，使气氛更为轻松。这不仅可以缓解你的紧张情绪，还可以让听众觉得你是一个自信且善于应对困难的人。

（4）学习并改正。每次失误都是一个宝贵的学习机会。分析你的失误，了解为什么会出现这个失误，然后找出改正的方法。记住，失败是成功之母，每一次的失误都是向成功迈进的一步。

（5）练习自我鼓励。学会在心中为自己喝彩。当你遇到挫折或困难时，要对自己进行鼓励，告诉自己你有能力解决这个问题，这会大大提升你的自信心，帮助你更快地恢复状态。

总的来说，从失误中快速恢复并不容易，但是通过调整心态，我们可以将这些失误转化为成长的机会。记住，无论遇到什么困难，只要我们有决心和毅力，总能找到解决方法。

▼

第 5 章

了解 ChatGPT

人工智能的发展带来了许多变革，其中自然语言处理模型无疑是最具颠覆性的一种，它正在改变我们与技术的交流方式。ChatGPT，一种基于 GPT 模型的聊天机器人，被视为一种创新的工具。本章将全面探索 ChatGPT，了解它的定义、特点、工作原理、基本使用方法及其在各领域中的应用情况。

[!] **注意：** 本章内容主要聚焦于了解 ChatGPT，但国内自然语言模型的原理也是类似的。

5.1 什么是ChatGPT

本节将从探讨 ChatGPT 的定义、特点和工作原理开始，然后简要介绍 GPT 模型的发展历程，再深入回顾自然语言处理的发展历程。我们也会比较 ChatGPT 与其他智能语音助手的区别，并展望 ChatGPT 的未来发展方向。通过这些内容，我们可以更好地理解 ChatGPT 并明白它将如何被用来改善我们的演讲。

5.1.1 ChatGPT的定义与特点

ChatGPT 就像是一个聊天派对上的超级明星。不管你说什么，无论是关于美食的闲聊，还是关于量子物理的深度探讨，它都能侃侃而谈，让你感到惊讶的是，它甚至能理解和回应你的幽默感。但不要被它的风度所迷惑，因为它的大脑其实是一个超级强大的语言模型。

这个语言模型就像是它的超能力，让它可以理解和生成人类语言，保持连贯的对话。

1. ChatGPT 的定义

ChatGPT 是一个由 OpenAI 团队开发的一种人工智能语言模型。Chat 代表聊天机器人（Chatbot），而 GPT 则是 Generative Pre-training Transformer 的缩写，中文可以翻译为生成式预训练 Transformer 模型。简单来说，ChatGPT 就是基于 GPT 模型的聊天机器人。

现在我们来看看 ChatGPT 自己如何回答这个问题。

> 🔟 **用户：**
> ChatGPT 的定义是什么？

> ⑤ **ChatGPT：**
> ChatGPT 是一个由 OpenAI 训练的人工智能语言模型，基于 GPT（生成式预训练 Transformer）架构。这是一种深度学习模型，特别用于理解和生成自然语言。它被训练用来处理各种任务，包括回答问题、写作、总结和翻译等。
>
> 具体来说，GPT（包括 GPT-4，这是目前版本的 ChatGPT 基础）使用了一种称为"Transformer"的模型架构。这种架构利用了自注意力机制（Self-attention Mechanism）来理解输入文本中的各个部分的上下文关系。
>
> 模型是通过大量的文本数据进行训练，从而学习语言模式和语义。这种训练方式使其能够生成连贯、有意义的文本。但值得注意的是，尽管它能够提供详细和富有洞见的回答，但 ChatGPT 并没有意识或理解能力，它只是根据其训练数据生成回答。

此外，ChatGPT 的知识是有限的，它的训练数据只包含到 2021 年 9 月，因此它可能不了解之后发生的事件或信息。

2. ChatGPT 的特点

ChatGPT 是一个令人惊叹的技术产物。从与人进行生动、自然的对话，到处理复杂的学术问题；从在全世界积累了巨大的用户基础，到尊重和理解人类的价值观；从广泛探讨各种话题，到提供个性化的服务，ChatGPT 的能力已经超越了许多人对聊天机器人的预期。不仅如此，它甚至能够创作出小说、诗歌和代码。但同时，我们也要意识到，ChatGPT 仍然是一个人工智能模型，它并不完美，我们需要以批判性的思维去接受它的回答。

为了更好地理解 ChatGPT，让我们深入探讨它的一些主要特性。

（1）富有人情味的对话者。ChatGPT 并不只是一个冰冷的机器，它的回答更像是一个真实的人。它不会仅仅机械地回答你的问题，而是能够理解对话的内容，并根据这些内容生成回应。这使它的回答自然、连贯、有趣，有时甚至会出人意料地富有创造性。

（2）善解人意的乖孩子。ChatGPT 不仅聪明，而且知道什么行为是适当的，什么行为可能会引起困扰。这些行为规范，都是基于人类的反馈进行强化学习得来的。

（3）学术达人。ChatGPT 的知识覆盖了各个领域，无论你的问题涉及科学、艺术、体育、文化，还是历史、未来，它都能和你进行深入的讨论，甚至在特定的领域（如医学、法律等）中，ChatGPT 也有能力提供专业知识。

（4）私人智能助手。ChatGPT 为每个用户提供个性化的服务，它可以根据你的对话历史理解你的喜好，生成符合你需求的回答。它就像一个为你私人定制的智能助手，随时待命。

（5）创新的艺术家和编程高手。ChatGPT 的才华远不止于此。想要写一段引人入胜的小说，或者一首深情的诗歌？或者需要一段特定的代码？只需要向 ChatGPT 提出你的需求，它就能创造出令人惊叹的作品。

（6）谨慎的伙伴。尽管 ChatGPT 具有强大的能力，我们仍需要对其输出保持警惕。例如，对于需要深度理解和推理的问题，ChatGPT 有时可能会给出错误或误导性的答案，这一现象被称为"AI 幻觉"。因此，我们需要以批判的眼光看待它的回答，并进行独立思考。

因此，在使用 ChatGPT 时，你可以把它看作是一个有趣、知识渊博的朋友，同时记住对其给出的信息保持适当的怀疑态度，尤其是在处理需要深度理解和推理的问题时。现在你已经了解了 ChatGPT 的主要特性，接下来让我们一起深入探讨 ChatGPT 的工作原理。

5.1.2　ChatGPT的工作原理

理解 ChatGPT 是如何运作的至关重要，这就像只有理解了汽车的驱动原理，才能更好地驾驶它一样。本节将深入解析这个神奇的 AI 的工作原理，以便我们可以充分利用它来改善我们的演讲技巧。

1. ChatGPT 的视角：围棋高手

可以把 ChatGPT 想象成一位围棋高手。高手需要根据棋盘上已有的棋子，预测下一步应该怎么走，这与 ChatGPT 的工作方式有着惊人的相似性。虽然 ChatGPT 并不一定理解整个游戏或语境的全部情况，但它能够根据规则和经验预测接下来的可能发展。

2. ChatGPT 的思考方式：自注意力机制

ChatGPT 使用了一种叫作自注意力（Self-attention）的技术，这就像围棋高手在思考下一步棋时的考虑方式。当 ChatGPT 阅读一段文字时，它可以决定应该关注这段文字中的哪些部分，从而让 ChatGPT 能更好地理解语境。

自注意力机制的运作方式就像围棋高手分析棋局一样，它逐步推演可能的走势，记住了文本中的每一个字，对最近的字更感兴趣，对过去的字则逐渐忽略。

3. 生成回答：ChatGPT 的"下棋"策略

当你向 ChatGPT 提问时，你提供的文字就像是摆在棋盘上的一局棋。ChatGPT 会逐字阅读你的提问，并通过自注意力机制理解你的问题，然后一字一字生成回答，每次生成一个新的字时，它都会重新考虑你的问题及已经生成的回答，就像是一步步下棋一样。

4. ChatGPT 的局限性：聪明的新手

虽然 ChatGPT 是由亿篇文本学习而来，具有丰富的知识，但有时候会犯错误，就像一个只知道围棋规则，但不懂人间世故的棋手。它的答案有时会显得奇怪，因为它并不真正理解这些语言背后的含义。然而，尽管有这些限制，它仍然是一个非常强大的工具，可以在许多方面帮助我们，包括学习演讲技巧。

正如之前所提及的，ChatGPT 这个语言围棋大师的强大能力依赖于 GPT（生成式预训练 Transformer）模型的驱动。然而，GPT 的强大并非一蹴而就的，而是经过了不断的迭代和改进才达到了现在这种程度。在接下来的章节中，我们将一同回顾 GPT 模型的发展历程，以深入理解这个语言围棋大师如何一步步成长为现在的模样。

5.1.3　GPT模型的简介

ChatGPT，正如我们一直所强调的，是一个语言处理和生成的大师。它深入了解语言的文本，并能帮助我们进行创作和演讲改进。那么，为何 ChatGPT 能拥有如此强大的能力？这必须感谢它的原动力——GPT 模型。下面我们将一同走进 GPT 模型的世界，理解其工作原理和发展历程，从而更好地利用 ChatGPT 来提升我们的演讲技巧。

1. GPT 模型是什么

让我们首先解析一下 GPT 模型的全称——Generative Pre-training Transformer，它的每个组成部分都揭示了这个模型的独特特性。

Generative——生成的，表明这个模型具有创造新内容的能力。例如，当我们向 ChatGPT 提出问题时，它并不是从某个预设的数据库中查找答案，而是"生成"一个回答。这个答案是基于模型从大规模文本数据中学习和理解的语言模式来生成的。

Pre-training——预训练的，这意味着在模型执行特定任务前，会先进行一般性的训练。对于 ChatGPT 来说，预训练过程涉及让模型阅读和理解大量的文本数据，从而学习和掌握语言的基本规律和结构。有了这样的预训练基础，模型在生成特定任务的答案时，能够更好地构造出符合语言模式的回应。

Transformer——直译为"变压器"或"变形金刚"，实际上是一个设计精良的深度学习网络架构，该模型在自然语言处理（NLP）任务上取得了重大突破，特别是在处理序列数据（如文本）方面。它能捕捉到单词间的关系和顺序，对于理解和生成语言至关重要。其核心特性是自注意力机制，该机制能处理单词间的关联性，无论这些词在句子中的位置如何，都能高效地捕获到这种关联性。

因此，我们可以这样理解 GPT 模型：GPT，全称 Generative Pre-training Transformer，是一种由 OpenAI 开发的自然语言处理模型。它通过理解和生成语言的能力，可以预测下一个词的可能性，并生成连贯的文本。通过先预训练学习语言模式，然后针对特定任务进行微调，GPT 在处理文本任务，如机器翻译、问答系统、文本生成等方面表现出色。

因此，"ChatGPT"可以被理解为一个预训练的生成型聊天机器人，它采用了 Transformer 模型来处理和理解语言的复杂性和顺序关系。在实践中，这意味着你可以与 ChatGPT 进行自然的、类似人类的对话，它可以理解你的问题，并根据自身学习的语言模式生成回答。

2. GPT 模型的工作原理

GPT 模型的基本工作原理主要包括以下几个步骤。

（1）自注意力机制：GPT 模型使用了自注意力机制来理解语境。自注意力机制能让模型在处理每个词时，对其上下文中的相关词进行特别关注。这种方式使 GPT 在理解语境和处理长距离依赖的任务上非常有效。

（2）模型预训练：GPT模型通过在大量的文本数据上进行训练来学习语言。这些文本包括书籍、文章、网页等各种来源的内容。其目标是学习预测给定一段文本后面可能出现的下一个词。

（3）生成文本：一旦模型被训练好，就可以生成新的文本。当给定一段启动文本（也称为"提示"或"Prompt"）时，GPT会根据其学到的知识，生成最可能接在后面的词，然后继续生成下一个词，以此类推，直到生成一个完整的文本片段或达到指定的词数限制。

（4）微调：在特定任务的处理上，GPT模型可以进行微调。这意味着在预训练的基础上，模型可以在特定任务的数据上进行额外训练，以便更好地完成该任务。比如让GPT模型学习特定的对话数据来进行额外训练，以便更好地生成与人类的对话，通过这种针对性的额外训练便产生了对话模型ChatGPT。

所以，当我们之前谈论ChatGPT的工作原理时，实际上是在谈论一个特别的应用场景，也就是它如何生成与人类的对话。而当我们讨论GPT的工作原理时，是在谈论更基础的机制，这个机制使GPT模型能够学习和生成语言。

这也就是为什么我们在介绍ChatGPT的工作原理之后，还需要深入了解GPT模型的工作原理。因为理解GPT模型的工作原理，对于我们全面理解ChatGPT及最大限度地利用它，是至关重要的。

3. GPT 模型的发展历程

我们已经深入了解了GPT模型的工作原理，包括它如何学习和生成语言。有了这些基础知识，我们就可以更深入地探索GPT模型的发展历程了。接下来，我们就像追溯一个围棋大师的成长历程一样，看看这个"语言围棋大师"是如何从一个初学者逐步成长为世界级高手的。

（1）GPT模型的诞生。2018 年，人工智能公司OpenAI开启了一场语言处理的革命，他们创造出了第一个GPT模型。这个模型就像一位刚刚接触围棋的初学者，虽然初出茅庐，但是已经能根据棋局的局面预测下一个可能的走势。这个模型在语言世界里也是这样，通过前面的词汇，它可以预测下一个词的可能性。

（2）GPT-2 模型的进阶。2019 年，OpenAI 推出了 GPT-2。这个模型可以被视为一个围棋的进阶选手，它的预测能力显著增强，能够掌握更复杂的棋局。然而，就像新晋高手可能因冒进而输掉游戏一样，GPT-2 的强大能力也引发了一些质疑，例如可能被用来生成假新闻。

（3）GPT-3 模型的成长。2020 年，OpenAI 继续推出了 GPT-3。这个模型就像一位围棋职业选手，它的理解和预测能力在许多任务上超越了之前的模型，甚至在某些任务上达到了人类的水平。然而，就像一位围棋职业选手需要花费大量时间来研究和分析棋局一样，GPT-3 的训练和使用也需要大量的计算资源。

（4）GPT-3.5 模型的爆发。2022 年，OpenAI 推出了 GPT-3.5。这个模型就像一个围棋大师，它已经掌握了扎实的技能基础，并且开始探索新的可能性，如生成对话。就像一位善于深入思考的围棋大师开始预测并回应对手的每一步棋。它还掌握了新技巧——生成更自然、连贯、有趣甚至富有创造性的对话，这就是我们所熟知的 ChatGPT。在社交媒体上，ChatGPT 的表现无疑是出类拔萃的，注册用户数在短短 2 个月内就超过了 1 亿。这个"新技巧"的出现，就像围棋大师掌握了一个新的独门绝技，使 GPT 的影响力进一步扩大。

（5）GPT-4 多模态大模型。2023 年，OpenAI 推出了 GPT-4，就像围棋大师进化到了全新的层次，成了一位超级大师，GPT-4 不仅可以精准地处理语言输入，还可以处理图像输入，并能准确地理解图像并生成相关的文本输出。就像围棋超级大师能从多个维度深入洞察棋局一样，GPT-4 也具有卓越的学习和理解能力。

所以，GPT 模型可以被看作一个在语言世界中不断进化的围棋大师，从基本的预测和学习，到深度理解和创新，它不断提升自己，不断突破极限，最终成了一个强大的语言工具，推动了自然语言处理技术的发展。

为了更清晰地描绘 GPT 模型的发展历程，让我们来看下面这张表格（表 5.1）。

表 5.1　GPT 系列模型的发展历程

版本	发布日期	参数数量	主要特性	应用范围
GPT	2018 年 6 月	1.17 亿	自回归语言模型，使用了 Transformer 架构	文本生成、文本理解
GPT-2	2019 年 2 月	15 亿	提升了模型规模，生成的文本连贯性和逼真性显著提升	文本生成、翻译、写作辅助等
GPT-3	2020 年 6 月	1750 亿	模型规模进一步提升，部分任务达到人类水平	从简单的问答到复杂的文章生成、编程辅助等
GPT-3.5 Turbo (ChatGPT)	2022 年 11 月 30 日	1750 亿	引入了强化学习和人类反馈机制，专注于生成对话	对话生成、客服机器人、写作辅助等
GPT-4	2023 年 3 月 15 日	未公布	多模态输入输出，增强的学习能力	图像识别，长篇幅文本生成，专业领域学习能力提升

5.1.4　自然语言处理的发展历程

了解了 GPT 模型，我们可以更深入地领会到其背后的 Transformer 架构的强大之处，但这些创新并非突然出现，而是在自然语言处理技术日积月累的基础之上逐步实现的。在我们详细探讨 GPT 模型的发展历程后，我们将会追溯自然语言处理的发展历程，揭示这两者之间的联系，并理解自然语言处理如何逐步发展为我们今天看到的形态。

早在 1950 年，科学家艾伦·图灵就在他的论文 *Computing Machinery And Intelligence* 中，第一次提出"机器思维"的概念，他大胆假定机器将产生思考能力，并给出了测试方法：假如一台机器通过电传打字机与人沟通，如果有超过 30% 的人无法在 5 分钟内分辨出与自己交谈的是人还是机器，即可认为该机器具备了人类智能——思考能力。这就是我们今天所知的"图灵测试"。

图灵向全世界提出了这个挑战，引发了科学界对人工智能的无尽探索。在那个年代，科学家们努力想要创建出一个有智能的机器，他们思考着：什么才是真正的智能？创造力？会使用工具？然而，他们很快发现，比这些都更具代表性的，是掌握了语言的能力。

毕竟，就连古老的神话传说《西游记》都告诉我们，动物和妖精的最大区别就是能否说话。因此，让机器能与人类进行自然对话，成了创建人工智能的最重要的任务之一。从此，自然语言处理便成了人工智能领域的重中之重。现在让我们一起回到过去，回顾一下自然语言处理的发展历程，探索这个领域如何从无到有，逐步发展，并最终赋予了ChatGPT强大的语言理解和生成能力。

自然语言处理的发展历程可以分为"初期"和"发展"两大阶段。在统计模型被广泛应用之前，自然语言处理主要依赖规则驱动的方法，这些方法主要依赖语言学家手工编写的规则和词典来处理文本。而统计模型的引入使自然语言处理转向数据驱动的方法，这种方法使用机器学习技术从大量的文本数据中学习语言规则。后来，深度学习的发展进一步推动了自然语言处理的进步，使模型能够处理更复杂的语言模式和结构。

1. 自然语言处理的初期阶段

（1）笨鸟先飞（1950 年）。"图灵测试"的提出，标志着自然语言处理的起点。当时的技术和设备初级而又充满希望，虽然比较笨拙，却为未来的研究开启了新的篇章。

（2）神秘密码（1950—1960 年）。在此阶段，科学家们试图通过编写规则集来模拟人类语言，就像解密神秘的密码。这些初步的试验尽管并未取得显著的成果，但为后续的研究提供了重要的基础。

（3）词汇乐园（1970 年）。这个阶段的研究开始从词汇层面探索语言的结构，使用诸如朴素贝叶斯和决策树等方法对文本进行分类。尽管结果有限，但科学家们开始理解到自然语言处理的复杂性和难度。

（4）数学魔术师（1980年）。来自贾里尼克的数学模型开始应用于自然语言处理领域。这些数学模型可以预测出缺失的内容，标志着自然语言处理从理论研究走向了实际应用，开启了一个全新的阶段。

2. 自然语言处理的发展阶段

（1）瞎子摸象（1980—1990年）。这个阶段的语言模型如同瞎子摸象，只能感知到语言的一小部分。模型通过统计语料库中词的出现频率来预测下一个词，尽管这个方法有其局限性，但这是自然语言处理从基于规则转向基于统计的重要转折。

（2）初见曙光（2000年）。随着机器学习的发展，语言模型开始理解更复杂的语言模式。神经网络模型的出现犹如初升的太阳，给自然语言处理领域带来了新的可能性。

（3）词的万花筒（2013年左右）。Word2Vec和GloVe等词向量模型的提出，使每个词可以在多维空间中用向量表示，为理解词之间的关系提供了全新的视角。

（4）全景视野（2014—2015年）。Seq2Seq模型的出现使我们能看到整个句子，从而理解句子的整体含义。此外，注意力机制的引入，让模型能够聚焦在句子中的关键部分，从而更精确地理解语义。

（5）变形金刚（2017年）。Transformer模型的出现，完全采用了注意力机制，使模型可以处理更长的文本序列，并理解文本中的复杂模式和深层次关联，显著提升了模型的性能。

（6）双向神探（2018年）。BERT模型采用了双向的上下文理解，可以理解前后文的关联，大大提升了我们对自然语言的理解。

（7）文字大厨（2018年至今）。OpenAI的GPT模型系列就像一个文字大厨，擅长生成富有创造性的文本，比如写故事和诗歌。GPT-3和GPT-4的出现，使人工智能的语言生成能力达到了新的高度。

正如我们所看到的，人工智能语言模型的发展过程既丰富又多样。每一步都开辟了新的研究领域，并提供了解决问题的新方法。在此过程中，我们不断深化对语言和思维的理解，让机器与人更自然、更深入的交流成为可能。为了更好地理解这个发展过程，我们整理了一份语言模型的发展里程碑的表格（表 5.2），这个表格将主要的进步分成了几个阶段，并概述了每个阶段的主要特点和技术。

表 5.2　语言模型的发展里程碑

阶段	阶段名称	主要技术	描述
1950 年	笨鸟先飞	图灵测试	这是自然语言处理的起点，"图灵测试"的提出，开启了人工智能的大门
1950—1960 年	神秘密码	规则集	科学家们尝试用规则集（如 ELIZA 和 SHRDLU 等），像破译神秘密码般模拟人类语言
1970 年	词汇乐园	朴素贝叶斯，决策树	开始从词汇层面探索语言的结构，使用诸如朴素贝叶斯和决策树等方法对文本进行分类
1980 年	数学魔术师	统计模型	来自贾里尼克的数学模型使自然语言处理从理论研究走向了实际应用
1980—1990 年	瞎子摸象	统计语言模型	这个阶段的语言模型只能感知到语言的一小部分，通过统计语料库中词的出现频率来预测下一个词
2000 年	初见曙光	神经网络模型	随着机器学习的发展，语言模型开始理解更复杂的语言模式
2013 年左右	词的万花筒	Word2Vec，GloVe	这些模型把每个词看作一个多维空间中的点，通过它们的距离和角度，我们可以理解词之间的关系
2014—2015 年	全景视野	Seq2Seq，注意力机制	Seq2Seq 模型让我们能看到整个句子，而注意力机制则让模型能够聚焦在句子中的关键部分
2017 年	变形金刚	Transformer	Transformer 模型全面使用了注意力机制，能处理更长的文本序列

续表

阶段	阶段名称	主要技术	描述
2018 年	双向神探	BERT	BERT模型能同时理解前后文，提升了我们对自然语言的理解
2018 年至今	文字大厨	OpenAI GPT 系列	GPT模型系列擅长创造性的任务，比如写故事和诗歌，其模型规模如同星级餐厅，让人叹为观止

5.1.5 与其他智能语音助手的区别

你可能使用过 Siri，那个随时待命在你的 iPhone 里，解答你的疑惑，设置闹钟，甚至讲个笑话给你听的智能语音助手。也可能熟悉天猫精灵，那个坐落在你客厅的智能音箱，轻松播放音乐，甚至能控制你的智能家居设备。还有小爱同学，它驻扎在你的小米设备中，无论是搜索信息、播放音乐还是提供新闻，它都能轻松胜任。

在这个充满智能语音助手的世界里，ChatGPT 是个新面孔。但它并不仅仅是个新面孔，还有着自己独特的魅力和超能力，让我们对比一下 ChatGPT 和 Siri、天猫精灵及小爱同学的不同之处。

（1）连贯的对话体验：你是否遇到过，向 Siri、天猫精灵或小爱同学提问，它们回答后，聊天就结束了？聊天就像是在玩问答游戏，你问，它们答，然后等待下一个问题。相比之下，ChatGPT 的对话如同在流淌的小溪中划船，连贯而流畅，仿佛你真的在和一个了解你的人聊天。

（2）博大的知识库：Siri、天猫精灵和小爱同学的回答，通常是有限的、预设的，就像在翻阅一本预编好的词典。但 ChatGPT 就像是一个深不见底的知识海洋，它不断学习，能为你的问题提供更全面、更深入的答案。

（3）个性化体验：你是否觉得 Siri、天猫精灵和小爱同学给出的回答，无论你是谁，都是千篇一律的？但对 ChatGPT 来说，它会根据你的对话历史，理解你的喜好和需求，给出更符合你期待的回答。就像是你有了一个真正了解你的朋友。

（4）智能化和生成性：Siri、天猫精灵和小爱同学主要依赖预设的回答库。相比之下，ChatGPT作为生成式模型，更强调智能化。它能创造新的、适应上下文的回答，处理各种新的、未见过的问题，并利用海量数据理解语言，为用户提供有深度和个性化的对话体验。

因此，当你觉得需要一个聊天伙伴时，你可能会发现ChatGPT是一个值得尝试的选择，它会给你带来不一样的、有趣的体验！

5.1.6　ChatGPT的未来发展方向

在探讨ChatGPT的未来发展方向之前，我要先拿出我的神奇水晶球，因为在科技领域中，未来总是充满未知和惊奇。不过别急，让我们一起揭开这个神秘的未来！

首先，让我们从更高级的自然语言理解开始。ChatGPT已经表现出了令人印象深刻的语言理解和生成能力，但还有很大的提升空间。未来，我们期待看到它更深入地理解复杂的句子结构、更准确地把握含蓄的语义和情感、更好地理解和处理歧义。这就好比，我们希望ChatGPT不仅能听懂我们的话，还能理解我们的心情，就像一个真正的好朋友那样。

其次，多模态输入和输出将会是一个重要的发展方向。现在的ChatGPT主要处理的是文本输入和输出，但未来，我们期待它能理解和生成图片、音频甚至视频，就像我们人类一样，用眼睛看世界，用耳朵听声音，用嘴巴说话。这将使ChatGPT变得更加强大和多元，能更好地服务于我们的日常生活和工作。

再者，个性化也将成为重要的发展趋势。每个人都是独一无二的，有自己的喜好、习惯和需求。未来的ChatGPT应该能更好地学习和适应每个用户的个性，为每个人提供定制化的服务，就像你的私人助手，了解你，关心你，始终为你提供最适合你的帮助。

最后，我们期待看到更广泛的应用领域。ChatGPT目前已经在很多领域中表现出了强大的应用潜力，如教育、娱乐、客服等。但我们相信，随着技术的发展，ChatGPT 将能服务于更多的领域，为人类的发展做出更大的贡献。

总的来说，ChatGPT 的未来是充满希望和可能的。不过，这只是我的神奇水晶球展现出来的一部分画面，真正的未来，还需要我们一起去探索和创造！

5.2 ChatGPT的注册和登录

本节将介绍如何注册和登录 ChatGPT。首先，我们将进行准备工作，包括获取所需的材料和信息。其次，我们将学习如何进行初步注册，并了解注册接码平台的过程。最后，我们将完成 ChatGPT 的注册，并了解其基本使用方法。通过学习本节内容，你将能够顺利注册和登录 ChatGPT，并开始使用它进行创作。

5.2.1 准备工作

在开始注册 ChatGPT 之前，让我们先了解一下所需的硬件和一些软件。接下来，我们将讨论如何准备好你的设备，并确保你能顺利注册并使用 ChatGPT。

1. 硬件需求

需要一台计算机或手机来完成注册过程。虽然手机也可以用来注册，但基于更好的用户体验和功能支持，建议使用计算机进行注册。

2. 浏览器选择

需要一个浏览器来访问 OpenAI 网站并完成注册。推荐使用 Chrome 浏览器或 Edge 浏览器，这些浏览器在兼容性和性能方面表现良好。还需要将浏览器开启"无痕模式"或清除历史记录。

3. 邮箱选择

在注册过程中，你需要提供一个有效的邮箱来接收OpenAI发送的验证码。然而，由于国内的一些邮箱已无法注册OpenAI账号，我们建议使用国外的邮箱，比如Google的Gmail邮箱。请确保你能够登录该邮箱并及时接收验证码。

> ⚠ **注意：** 由于ChatGPT尚未在国内开放注册，因此在注册、登录和使用时，需要使用一些工具来辅助完成。

5.2.2 初步注册ChatGPT

现在我们进入初步注册ChatGPT的步骤。在这一阶段，我们将打开OpenAI的网站并进行注册。以下是具体的步骤。

1. 打开网站进行注册

在浏览器中输入https://chat.openai.com，然后按下回车键。页面载入后，你会看到一个注册和登录界面。左侧的"Log in"按钮是登录，右侧的"Sign up"按钮是注册，我们单击"Sign up"按钮，如图5.1所示。

图 5.1　注册界面

2. 输入邮箱

你会看到四种不同的注册方式。以下三种方式可以一键登录，第一种是通过谷歌账号同步登录，第二种是通过微软账号同步登录，第三种是使用苹果账号同步登录。还可以直接在输入框中输入你预先准备好的邮箱，但请注意，仅支持国外的邮箱。我们选择输入邮箱的方式来做演示，输入已准备好的邮箱并单击"Continue"按钮继续注册，如图5.2所示。

3. 设置密码

此时，需要输入你为登录 ChatGPT 设置的密码。请注意，此密码可以与你的邮箱密码不同，但一定要牢记，并在输入完成后，单击"Continue"按钮继续注册，如图 5.3 所示。

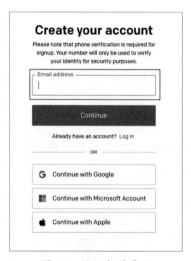

图 5.2　输入邮箱界面　　　　　图 5.3　输入密码界面

4. 验证邮箱

如果你看到此界面，则意味着 ChatGPT 官方已向你的邮箱发送了一封验证邮件。为了完成注册，你需要前往你的邮箱，并进行确认操作，如果邮箱内没有收到确认邮件，可以单击界面下方的"Resend email"按钮，重新发送电子邮件，如图 5.4 所示。

图 5.4　邮件验证界面

5. 设置基本信息

验证成功后，你将被要求输入你的姓名和生日。需要说明的是，在英语中，"名字"是放在最前面的，因此叫作"First name"，"姓氏"放在后面，因此叫作"Last name"，当然此处无须填写真实姓名，下方的"Birthday"处填写生日，并在输入完成后，单击"Continue"按钮继续注册，如图 5.5 所示。

6. 保留验证手机号界面

现在，你需要通过国外的手机号码来接收验证码以完成验证。在接下来的步骤中，我们会介绍如何获取用来接收平台验证码的手机号码。此时，请不要关闭当前页面，新建页面来注册接码平台账号，稍后将重返此界面，如图 5.6 所示。

 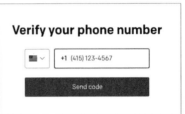

图 5.5　输入基本信息界面　　　图 5.6　验证手机号码界面

5.2.3　注册接码平台

接下来的步骤是注册一个接码平台，这将帮助我们获取注册 ChatGPT 所需的手机验证码。以下是具体的步骤。

1. 打开接码网站并注册

首先请在另一个页面中打开网站 https://sms-activate.org/，然后单击该网站右上角的"注册"按钮，并使用你的邮箱进行注册，如图 5.7 所示。此网站对注册邮箱并无限制。如果你未能成功收到验证邮件，请尝试多次发送验证邮件，或者检查你的垃圾邮件箱。

图 5.7　接码平台注册界面

2. 在接码平台上进行充值

请单击页面右上角的"充值"按钮，使用支付宝完成支付，如图 5.8 所示。目前最低付款金额为 2 美元。在前期，你只需要支付 2 美元即可。请注意，货币单位为美元。

图 5.8　充值入口界面

3. 购买临时手机号

充值完成后，请在左侧输入框中输入"openai"，并选择最适合你的接收验证码的号码，如图 5.9 所示。我们推荐使用印度尼西亚的手机号，以获取最佳性价比。

4. 复制手机号

购买成功后，系统将为你分配一个手机号码，以接收临时验证码，如图 5.10 所示。请注意，该验证码仅在 20 分钟内有效。如果你未能成功接收，请随时取消订单，系统会将费

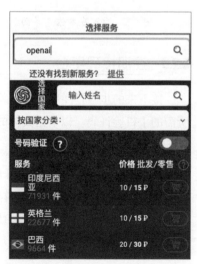

图 5.9　购买手机号界面

用退还至你的账户。同时，如果你希望尝试其他国家的手机号，请随时
选择并重复上述操作。

图 5.10　临时手机号界面

5.2.4　完成ChatGPT注册

我们已经注册了接码平台并准备好获取验证码。现在，让我们完成
ChatGPT的注册过程。以下是具体的步骤。

1. 输入复制的手机号

现在，我们保留接码平台的
页面，并返回刚才注册ChatGPT
时填写手机号的界面，在输入框
中填入刚刚在接码平台获得的手
机号码，然后单击"Send code"
按钮获取验证码，如图5.11所示。

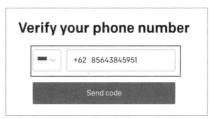

图 5.11　输入手机号界面

2. 去接码平台复制验证码

接下来的验证码将会发送到你刚才使用的接码平台，请注意查收。找到验证码后，请复制它，如图 5.12 所示。

图 5.12 接收验证码界面

3. 输入验证码

最后，将验证码填入 ChatGPT 上的输入框（图 5.13）中，就完成了整个注册过程。系统将自动验证验证码和跳转界面。

图 5.13 输入验证码界面

5.2.5　ChatGPT的基本使用

注册成功后，你会看到ChatGPT的主界面，如图 5.14 所示。在这个界面中，你可以看到一个输入框、一个输出界面，以及一些设置选项。

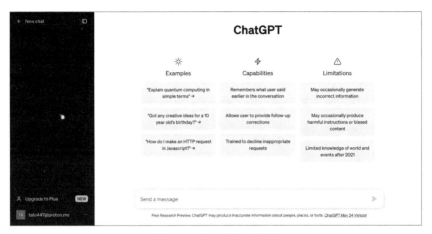

图 5.14　ChatGPT 主界面

以下是主要组件的说明。

1. 输入框

输入框位于页面的底部，这是你与ChatGPT进行交互的地方。你可以在这里输入问题、请求或任何其他文本，然后按下回车键或相关的发送按钮将其发送给ChatGPT。

在开始对话之前，我们需要明确一点：ChatGPT可以直接用你使用的语言与你进行交流，如果你使用中文与ChatGPT交流，ChatGPT将直接以中文回答你的问题，无须开启页面翻译功能。事实上，开启页面翻译可能会导致错误的结果，因此不建议这样操作。

2. 输出界面

输出界面位于页面的上方，在这里，你将看到ChatGPT生成的回答、响应或建议。ChatGPT会根据你的输入提供相应的文本反馈，以帮助你解决问题或提供所需的信息。

3. 设置选项

ChatGPT 的主界面还提供了一些设置选项，可以让你进行个性化的调整。你可以调整界面的主题、选择模型类型（例如，GPT-3.5 Turbo）、导出历史记录等。

现在，让我们来尝试你的第一个交互。在输入框中，输入一个简单的问题，比如"你好，你是谁?"，按下回车键。几秒钟后，你就可以在输出框中看到 ChatGPT 的回答了，如图 5.15 所示。

图 5.15　输出界面

如果你发现 ChatGPT 的回答有问题，你可以尝试重新提问，或者提供更多的背景信息。同时，你也可以使用"拇指向下"按钮提供反馈。这不仅可以帮助你解决问题，也可以帮助 OpenAI 改进 ChatGPT。

到此为止，你已经了解了如何使用 ChatGPT 进行基础的交互。下一部分，我们将介绍 ChatGPT 在一些领域中的应用情况。

5.3　ChatGPT的应用

本节将深入探讨 ChatGPT 在不同领域中的广泛应用，包括演讲、智能客服、智能对话助手、机器翻译、智能写作和智能教育等。我们将介绍每个领域的案例和应用场景，揭示 ChatGPT 在解决实际问题和提升效率方面的独特价值。学习本节的目的是了解 ChatGPT 作为一种强大的技术工具在各个领域中的创新应用，并探索其在改善演讲、客户服务、优化对话体验、促进跨文化交流、辅助写作创作和个性化教育方面的巨大潜力。对于那些对 ChatGPT 的应用感兴趣，以及希望了解如何利用 ChatGPT 进行演讲和表达的人来说，本节将提供宝贵的见解和启发。

5.3.1 在演讲领域中的应用

利用ChatGPT来学习和改进演讲是一种有趣并且有益的方法。你可以询问ChatGPT如何构建演讲的结构、如何创建引人入胜的开场，或者如何有效地结束一场演讲。由于ChatGPT具有生成新内容的能力，它可以根据你的具体问题，提供个性化的建议和反馈。

ChatGPT也可以帮助你进行演讲稿的创作。你可以向它阐述你的演讲主题，然后让它根据该主题生成相关的内容，或者直接询问关于演讲主题的建议。这不仅可以帮助你更好地理解你的主题，还可以让你的演讲更具吸引力和说服力。

另外，ChatGPT还可以帮助你针对特定的听众群体或场合优化你的演讲。无论受众是行业内的专业人士，还是对主题不熟悉的公众，你都可以通过与ChatGPT进行互动，获取如何使用适当的词汇和语气来面对不同的听众和场合，以及如何引导他们关注你想突出的演讲要点。

总的来说，ChatGPT可以作为你的私人演讲教练，帮助你在各个方面提升你的演讲技巧，从而使你的演讲更具影响力。

5.3.2 在智能客服领域中的应用

你是否曾经通过在线聊天与客服代表交流过？可能有时候你会遇到等待时间长、回复速度慢或无法解决问题的情况。现在，ChatGPT能够为智能客服提供一种全新的解决方案。

想象一下，你正在与一个智能客服进行对话，它能够以自然流畅的语言回答你的问题，理解你的需求，并提供准确的解决方案。不仅如此，ChatGPT还能够处理多种语言和文化，不再受限于特定地区或语言环境。这意味着无论你来自哪个国家，使用哪种语言，ChatGPT都能够与你进行无障碍沟通。

通过ChatGPT的自我学习和进化能力，智能客服可以不断提升自己的知识和技能，从而更好地应对各种问题和情境。无论是简单的常见问题还是复杂的技术难题，ChatGPT都能够为客户提供高效、准确和个性化的服务体验。

现在，想象一下这样的场景：你正在淘宝上浏览一款心仪的商品，但你对尺码或材质有些疑问。通常情况下，你可能需要手动与客服代表进行文字交流或拨打客服电话，等待解答。但现在有了ChatGPT，一切都变得更加便捷和智能。

你可以简单地通过聊天界面提问："这款T恤的尺码偏大还是偏小？"或"这个材质是纯棉吗？"ChatGPT会立即理解你的问题并给予准确的回答。更重要的是，ChatGPT可以根据你的个人喜好和购物历史，给出个性化的建议，比如推荐适合你风格的其他商品或相似款式。

这种智能客服体验不仅节省了时间和精力，而且提供了更加个性化的购物建议，让你更容易做出满意的购买决策。你不再需要大量搜索和比较，而是可以通过与ChatGPT的互动获得准确、快速的帮助。

通过这个例子，我们可以看到ChatGPT在智能客服领域中的应用，如淘宝购物中的客服咨询，为用户提供了更加智能、个性化和便捷的服务体验。这不仅提升了用户满意度，也为电商平台提供了更高效和可扩展的客服解决方案。

5.3.3 在智能对话助手领域中的应用

假设你是一位年轻的企业家，即将在一场创业大会上发表演讲，向听众展示你的创新产品和商业理念。你对演讲感到有些紧张，毕竟这是一个吸引投资者和合作伙伴的重要机会。

但是，你并不孤单！你有一位特殊的助手——ChatGPT，一个智能的对话助手，它将帮助你在演讲中大放异彩。

在准备演讲的过程中，你和ChatGPT进行了一次精彩的对话。你与它分享了你的创业故事、产品特点和商业愿景。ChatGPT理解了你的想法，并迅速生成了一段生动的演讲开场白，以引起听众的兴趣。它还提供了一些关键的市场数据和成功案例，支持你的主张，使你的演讲更有说服力。

但 ChatGPT 的作用不仅限于演讲稿的生成。它也成了你的虚拟听众，你向它提问："你认为这个产品在市场上的潜力如何？"或"有什么建议可以使我更好地展示产品的独特之处？"ChatGPT 通过对话回答你的问题，并提供了宝贵的见解和建议，帮助你完善演讲内容。

最终，在演讲当天，你信心满满地站在舞台上。你的演讲精彩而流畅，ChatGPT 赋予了你更多的自信和创意，使你能够与听众更好地互动和连接。你的演讲收获了热烈的掌声和积极的反馈，为你赢得了投资者的青睐和行业的认可。

ChatGPT 不仅是你的智能对话助手，更是你在演讲舞台上的得力伙伴。它的存在让你的演讲过程更加轻松愉快，让你展现出更强的表现力和创造力。在这个数字化时代，ChatGPT 的出现让演讲变得更加智能、高效和引人注目！

5.3.4 在机器翻译领域中的应用

想象一下，你正在国外的一家餐厅，菜单上写着一系列美味的菜品，但你对它们的含义一无所知。这时，你可以打开你的手机，打开 ChatGPT 的翻译功能，并用它扫描菜单。ChatGPT 会以流利而准确的方式，将菜单上的每道菜品翻译成你熟悉的语言，让你轻松地了解每道菜的成分和口味。

不仅如此，ChatGPT 在商务领域中也发挥着巨大的作用。假设你是一家国际公司的市场部经理，需要与海外合作伙伴进行邮件沟通。你可能会遇到不同语言的障碍，但不用担心！ChatGPT 可以帮助你将邮件内容快速翻译成合作伙伴的母语，确保双方的沟通顺畅而准确。

更有趣的是，ChatGPT 不仅能提供基本的翻译服务，还能提供一些文化背景和习惯的解释。例如，在你向国外朋友发送祝贺短信时，ChatGPT 可以为你提供一些当地的习俗和礼仪，让你的祝贺更加贴近他们的文化。

机器翻译的发展使我们的世界变得更加紧密和互通。无论是旅行、商务还是跨文化交流，ChatGPT作为智能翻译助手，能够为我们提供方便、准确和有趣的翻译结果。它就像你的私人语言导游，帮助你跨越语言障碍，开启更广阔的交流和合作机会！

5.3.5　在智能写作领域中的应用

大家都知道写作是一项艰巨的任务，需要花费大量的时间和精力来构思和表达想法。但是，有了ChatGPT，写作将变得更加轻松、有趣和高效！

想象一下，你是一名作家，正面临着写一篇长篇小说的挑战。你可能会面临创意枯竭、角色发展不充分等问题。这时，你可以向ChatGPT寻求帮助。通过与ChatGPT的对话，你可以分享你的故事背景、角色设定和情节构思。ChatGPT将以其出色的语言处理能力和创造力，为你提供新颖的想法、引人入胜的情节和有趣的对话，让你的小说更具吸引力。

不仅仅局限于小说写作，ChatGPT也可以应用于各种文体的写作。无论是写一篇公众号文章、一份商业报告还是写一封关于"世界这么大，我想去看看"的辞职信，ChatGPT都可以成为你的得力助手。它可以提供灵感的引子、帮助你组织思路、提供优化的句子结构和提醒你应该注意的写作技巧。与ChatGPT的互动，将使你的写作过程更加流畅、富有创造力和轻松愉快。

同时，ChatGPT还可以提供语法纠正、单词替换和文风调整等功能，帮助你提升文章的质量和流畅度。无论你是一名学生需要写作业，还是一名专业写手需要完成一篇重要的文章，ChatGPT都能够提供实用的帮助和宝贵的创意。

智能写作的发展正在改变我们的写作方式，使我们能够更好地表达自己、激发创造力和提升写作质量。ChatGPT作为智能写作助手，将为我们提供极大的便利和创作灵感。让我们与ChatGPT一同踏上写作之旅，创造出令人惊叹的作品吧！

5.3.6 在智能教育领域中的应用

随着科技的不断发展，智能教育正成为教育领域的新趋势。而ChatGPT作为一款强大的智能语言模型，为教育领域带来了巨大的变革和创新。

我们先从学生角度看看如何使用ChatGPT。想象一位学生正在学习外语，他面临着许多语法和词汇的挑战。传统的学习方式可能会让学生感到乏味和枯燥，而且缺乏个性化的指导。但是，有了ChatGPT的帮助，情况完全不同。

这位学生可以与ChatGPT进行对话，询问关于语法规则、词汇用法或句子结构等方面的问题。学生可以提供一句话或一个问题，然后ChatGPT会立即给出详细的解释和例子，帮助学生理解和掌握相关知识。

例如，学生可能会问："在英语中，如何正确使用冠词？" ChatGPT会回答："冠词在英语中用于确定名词的特定性或泛指性。'The'用于特指某个已知的事物，而'a'和'an'用于泛指任意的事物。例如，'The cat is on the table'表示特指某只猫在桌子上，而'an apple a day keeps the doctor away'表示泛指任意的苹果。希望这个例子能帮助你理解冠词的用法。"

通过与ChatGPT的互动，学生可以得到实时的语法解释、语言用法示例和个性化的学习指导。这种个性化的学习经验可以帮助学生更好地理解和掌握语言知识，提高语言表达能力。

除了作为学生的虚拟伙伴，ChatGPT还可以成为教育工作者的创作伙伴。想象一下，你是一名教师，正面临着如何提供更好的教学体验和个性化教育的挑战。这时，ChatGPT可以成为你的得力助手。通过与ChatGPT的互动，你可以让它扮演虚拟学生的角色，向它提问关于课程内容、学习困惑和作业解答等问题。ChatGPT将以其丰富的知识库和理解能力，为你提供详细而准确的解答和解决方案，帮助你更好地指导学生。无论是为学生编写教学材料、设计课程内容还是制作教育视频，ChatGPT都可以为你提供宝贵的建议和创意。它可以帮助你组织思路、提供优化的教学方法和富有创意的教学案例，使你的教学更具吸引力。

　　智能教育的应用正在为学习者和教育者带来更加个性化、高效和有趣的学习体验。ChatGPT作为智能教育的利器，将帮助我们开创全新的教育方式，让学习变得更加有趣、有深度和富有创造力。让我们与ChatGPT一同走进智能教育的未来，共同创造更美好的教育环境！

第6章

如何编写提示词

在使用ChatGPT时，用户提供的问题或指令被称为"提示"（Prompt）。它的形式多样，可以是一个问题、一句声明，或者一个场景描述。这个"提示"就像是与ChatGPT交流的起点，它决定了ChatGPT接下来的响应方向。因此，有效地使用提示词是至关重要的。本章将深入探讨提示词编写的基本原则和提示词的结构，并掌握如何将这些技巧应用到实际的提示词编写过程中。

⚠ **注意：** *在学习本章内容时，请务必认真理解每个部分的内容，并尝试通过实际的练习来巩固理论知识。*

6.1 编写提示词的原则

当你向ChatGPT发送提示词时，就像你在真实世界中给一个聪明但并未了解你任务细节的人下指令。当我们感觉ChatGPT的回应不尽如人意或无法满足我们的需求时，通常是因为我们提供的指令不够具体。

举个例子，假如你说"为我写一篇演讲稿"，ChatGPT产生的演讲稿可能并不符合你的预期。但如果你清楚地说明了演讲的具体细节，如主题、目标听众、预期的演讲时长及你所希望的风格或其他元素，那么 ChatGPT 就能根据这些信息生成更贴近你需求的演讲稿。你甚至可以指定让 ChatGPT 模仿特定作家的写作风格来撰写演讲稿。

就像如果你希望一位刚毕业的大学生完成这项任务，你可能会提前告知他应阅读哪些资料或书籍来撰写你的演讲稿。这样可以帮助毕业生更快更好地完成任务，对于 ChatGPT 的提示词也是如此。下面我们将探讨如何提供更为具体和明确的提示，以及如何引导 ChatGPT 进行逐步思考。

6.1.1 第一个原则：明确具体的指令

现在，我们来探索编写提示词的第一原则——明确具体的指令。为了确保 ChatGPT 理解你希望完成的任务，你需要提供尽可能清晰和具体的指令。这种方式能引导 ChatGPT 沿着期望的输出方向思考，同时降低得到无关或错误回应的可能性。

值得强调的是，明确并不等于简洁。你不应将明确的提示与简洁的提示混淆，因为在许多情况下，更详尽的提示能提供更多的明确性和上下文信息，有助于 ChatGPT 生成更精细、更相关的内容。

接下来，我们来分享一些提升指令明确性的技巧。

1. 技巧一：使用分隔符

分隔符可以有效提升指令的清晰度，这是一个极其重要的技巧。通过使用分隔符，我们可以更清楚地定义输入内容的性质，使 ChatGPT 更准确地理解我们的指令。你可以选择任何显著的、连续三个相同的标点符号或代码标记作为分隔符，如三个等号 ===、三个连续的引号" " "或 XML 标记 <tag> </tag> 等。

这种方法能让 ChatGPT 更准确地识别出哪些是我们的指令，哪些是需要处理的内容，从而防止"提示注入"的问题。"提示注入"指的是用户输入的需要处理的内容可能与指令相冲突，从而使 ChatGPT 误解并执行错误的指令。

让我们通过一个示例来看看，如果不使用分隔符，可能导致指令执行出错的情况。在这个例子中，我们的指令是冒号前面的部分，也就是让ChatGPT "概括以下内容"，而冒号后的部分是需要ChatGPT处理的具体内容。但因为没有使用分隔符明确区分指令和需要处理的内容，导致ChatGPT错误地执行了我们的指令，造成了"提示注入"的问题。

🔟 **用户：**

帮我概括以下内容：在开场时，使用一个引人注目的事实、引用或故事来吸引听众的注意力。例如，可以介绍全球气温升高的速度、极端天气事件的增加或影响到人类和自然生态系统的案例。

⑤ **ChatGPT：**

在开场时，我们可以使用一个引人注目的事实、引用或故事来吸引听众的注意力。例如，我们可以提及全球气温升高的速度、极端天气事件的增加及对人类和自然生态系统的影响。全球气温升高的速度之快令人惊讶。根据最新科学研究，过去几十年间，地球的平均气温已经上升到了一个惊人的程度。这种上升的趋势导致了极端天气事件的频繁发生，比如严重的热浪、干旱、洪水和飓风等。这些事件给人类社会和自然生态系统带来了巨大的影响。例如，许多地区正在经历长期的干旱，导致农作物歉收、水资源短缺和食物危机。同时，海平面上升也威胁到沿海城市和岛屿的存在。这些情况提醒我们，必须认真对待气候变化问题，并采取积极的行动来保护我们的地球和未来的生活环境。

然而，如果我们在相同的示例中加入分隔符，例如三个等号，ChatGPT将明确知道哪部分是我们的指令，哪部分是需要处理的内容，从而成功执行我们的命令。

🔟 **用户：**

帮我概括以下内容。

===

在开场时，使用一个引人注目的事实、引用或故事来吸引听众的注意力。

例如，可以介绍全球气温升高的速度、极端天气事件的增加或影响到人类和自然生态系统的案例。

===

ChatGPT：

开场时，通过引人注目的事实、引用或故事来吸引听众的注意力，可以提及以下内容之一：全球气温升高的速度、极端天气事件的增加或对人类和自然生态系统的影响。

2. 技巧二：利用结构化输出

为了更便捷地获取特定的输出形式，你可以要求ChatGPT以HTML、JSON、Markdown或表格等结构化格式展示结果。例如，假设我们要求ChatGPT生成三本虚构图书的详细信息，包括书名、作者和类型，并要求其以表格格式呈现。结果是，我们得到了三本规整的虚构图书信息，它们以表格的方式被结构化地展示出来。这样的输出形式的优势在于，我们可以直接将其整合进PowerPoint演示文稿中。

用户：

帮我生成三本虚构演讲类图书的详细信息，包括书名、作者和类型，并以表格格式呈现。

ChatGPT：

当然可以！以下是三本虚构演讲类图书的详细信息，按照书名、作者和类型的顺序排列。

书名	作者	类型
《演讲的力量》	玛丽亚·安德森	小说
《追逐自由之声》	本杰明·哈里森	科幻
《言辞的魔法》	艾丽丝·沃兹曼	奇幻

3. 技巧三：检查条件是否满足

此技巧涉及让ChatGPT核实某些条件是否满足。当我们给ChatGPT设定的任务存在不一定能够满足的条件时，我们可以要求ChatGPT先核实这些任务条件是否能得到满足，如果无法满足，则返回反馈并终止任务。同时，你还需要考虑任务的边界条件及ChatGPT在发现任务无法完成时该如何进行其他选择，以防止产生无法预测的错误。

在以下示例中，我们提供了一个描述演讲稿写作步骤的文本段落，并用一个提示让ChatGPT从中提取具体步骤。如果ChatGPT在文本中找到了步骤化的指令，就以特定的形式返回输出；如果没有找到步骤化的指令，则让它返回"未发现"。从ChatGPT的回应中，我们可以看到它成功找到了文本中的步骤化指令，并按步骤返回了输出。

⏱ 用户：

===

写演讲稿的步骤如下：确定主题，明确目标受众，收集资料，确定演讲结构，编写大纲，撰写草稿，编辑修改，添加引言和结尾，排版格式化，练习演讲。首先确定主题，明确目标受众，收集相关资料。然后确定演讲结构和大纲，撰写草稿，并进行编辑和修改。之后添加引言和结尾以吸引听众，并进行排版和格式化使其易读。最后通过多次练习提高演讲技巧。

===

我为你在上方提供了由三个等号分割的文本，如果文本包含按步骤进行的指令，请使用以下格式重新编写这些指令。

===

步骤一：……

步骤二：……

……

步骤N：……

===

如果文本不包含按步骤进行的指令，那么只需写"未发现"。

⑥ ChatGPT:

步骤一: 确定主题。

步骤二: 明确目标受众。

步骤三: 收集资料。

步骤四: 确定演讲结构。

步骤五: 编写大纲。

步骤六: 撰写草稿。

步骤七: 编辑修改。

步骤八: 添加引言和结尾。

步骤九: 排版格式化。

步骤十: 练习演讲。

在接下来的例子里，我们提供了一段并未明确包含步骤的演讲稿文本，然后对 ChatGPT 施加了同样的指令。在这种情况下，ChatGPT 的回应是"未发现"。

⑩ 用户:

===

在未来的日子里，我希望每一个在座的人都能在自己的领域中展现出领导力，这不仅仅是为了自己，更是为了我们共同的社区，我们的世界。每个人都有能力影响他人，所以每个人都有责任去展现领导力。这就意味着，我们要有勇气去接受挑战，去决定方向，去激励他人。

===

我为你在上方提供了由三个等号分割的文本，如果文本包含按步骤进行的指令，请使用以下格式重新编写这些指令。

===

步骤一: ……

步骤二: ……

……

步骤N: ……

===

　　如果文本不包含按步骤进行的指令，那么只需写"未发现"。

⑤ ChatGPT：

　　未发现

4. 技巧四：使用小样本提示模仿

　　最后一个技巧就是使用小样本提示模仿。这种方法需要先给 ChatGPT 展示一个相似任务的例子作为参考样本，然后让其执行实际任务。在提示中，我们指明了 ChatGPT 的任务是以一致的风格来回答问题。

　　在以下这个实例中，我们提供了一个对话作为参考样本。在这个对话中，问题是"你会为失败而遗憾吗？"并附带了回答："我认为自己不会为尝试后的失败而遗憾，反而那些想做却从未付诸行动的事情会一直困扰着我。"因为我们已经指示 ChatGPT 要以一致的风格回答问题，所以当我们提出下一个问题"你会为放弃而后悔吗？"时，由于 ChatGPT 已有参考样本，它会以类似的方式回答这个问题，如"我认为自己不会为放弃而后悔，因为放弃也是一种选择，有时放弃可以让我们更专注于更有价值的事情。只要我认真思考并采取了适当的行动，我就能接受这个决定，并从中学习。"

🔟 用户：

　　你的任务是以一致的风格回答。

　　===

　　问题：你会为失败而遗憾吗？

　　回答：我认为自己不会为尝试后的失败而遗憾，反而那些想做却从未付诸行动的事情会一直困扰着我。

　　问题：你会为放弃而后悔吗？

　　===

⑤ ChatGPT：

　　我认为自己不会为放弃而后悔，因为放弃也是一种决策，有时放弃可以帮助我们更好地专注于更有意义的事情。只要我认真考虑并采取了适当的行动，我会接受放弃的结果，并从中学习。

6.1.2 第二个原则：给模型留出"思考"的时间

当ChatGPT因匆忙做出错误推断时，你可以尝试重新构建提示词，要求它在给出最终答案之前进行一系列相关的推理。换言之，如果你给ChatGPT一个过于复杂的任务，期望它在短时间内或用很少的字数完成，它可能会进行猜测，这最终很可能导致结果不正确。在现实生活中，这种情况也很常见，例如如果你要求某人在一秒钟内解决一个复杂的数学问题，他很可能会出错。因此，面对复杂的任务，你可以要求ChatGPT多花些时间来思考问题，这也意味着它在处理任务时会花费更多的计算时间。

接下来，我们来分享一些给ChatGPT留出"思考"时间的技巧。

1. 技巧一：在指令中明确步骤

首先，我们来看一个复杂任务，开始只在指令中明确了目的却没有明确步骤。我们的目的是想让ChatGPT处理这段英文 "The most precious thing in this world is the human brain. The most valuable asset we have is that we've all gone through tough days and tough experiences, and a lot of failures and mistakes. It is because of our tough lives that we are different"，以表格形式输出一句话的中文总结和中文关键词。从结果中我们可以看出，虽然ChatGPT给出了答案，但质量并不高。

🔟 **用户：**

以表格形式输出一句话的中文总结和中文关键词。

===

The most precious thing in this world is the human brain. The most valuable asset we have is that we've all gone through tough days and tough experiences, and a lot of failures and mistakes. It is

because of our tough lives that we are different.
===

⑤ ChatGPT：

中文总结	中文关键词
世界上最珍贵的东西是人的大脑。我们最宝贵的财富是我们都经历过艰难的日子和艰苦的经历，经历了许多失败和错误。正是因为我们艰苦的生活，我们才与众不同	人的大脑，宝贵财富，艰难的日子，艰苦的经历，失败和错误，与众不同

　　接下来，我们给出完成该复杂任务的一系列步骤，来展示这一技巧的效果。

　　首先我们给出了英文文本，并给出一个指令，该指令执行以下操作。第一，用一句英文总结上方三个等号里面的文本。第二，将总结的文本翻译成中文。第三，在中文文本中提炼关键词。第四，以表格形式输出一句话的中文总结和中文关键词。

💬 用户：

===

The most precious thing in this world is the human brain. The most valuable asset we have is that we've all gone through tough days and tough experiences, and a lot of failures and mistakes. It is because of our tough lives that we are different.

===

执行以下操作。

1. 用一句英文总结上方三个等号里面的文本

2. 将总结的文本翻译成中文

3. 在中文文本中提炼关键词

4. 以表格形式输出一句话的中文总结和中文关键词

> **⑯ ChatGPT:**
>
> The human brain is the most precious and valuable asset shaped by tough experiences and failures, making us unique.
>
> 人类大脑是最珍贵和宝贵的资产，它是在艰难经历和失败中塑造出来的，使我们与众不同。
>
> 关键词：人类大脑、珍贵、宝贵、资产、艰难经历、失败、与众不同
>
> | 中文总结 | 中文关键词 |
> | --- | --- |
> | 人类大脑是在艰难经历和失败中塑造出来的最珍贵和宝贵的资产，使我们与众不同 | 人类大脑、珍贵、宝贵、资产、艰难经历、失败、与众不同 |

2. 技巧二：让模型先自我梳理再提供结论

这个技巧要求我们引导 ChatGPT 在迅速给出结论之前，先进行自我梳理和思考。有时，当我们明确地让 ChatGPT 在做出结论前先梳理问题的逻辑顺序，我们通常能得到更优的回应。这个思路与之前所提的"给模型留出'思考'的时间"原则是相符的。就像一个人一样，我们让他先自我思考和寻找解决方案，而不是直接进行判断。

在具体操作中，我们可以让 ChatGPT 评估一个学生的解答是否正确。首先我们拿到一道数学题，然后是学生的解答。

> **⑩ 用户:**
>
> 判断学生的解决方案是正确还是错误。
>
> ===
>
> 问题：
>
> 我正在准备一个学术会议，需要帮助计算开支。
>
> 酒店住宿费用为 500 元/人
>
> 我可以 150 元/人的价格订购到三餐
>
> 我已经联系好了酒店会议场地，需要固定开支 1 万元，并额外支付每人 50 元

参会人数作为函数，这次会议的总费用是多少

学生的解决方案：
设 x 为参加会议的人数，单位为人。
费用：
酒店住宿费用：500x
餐饮费用：150x
酒店会议费用：10000 元 + 500x
总费用：500x + 150x + 10000 元 + 500x = 1150x + 10000 元
===

ChatGPT：
　　学生的解决方案是正确的。他们正确地列出了各项费用，并将参会人数作为函数。总费用的计算也是正确的，通过将各项费用相加得到总费用的表达式：1150x + 10000 元。这个表达式反映了会议总费用与参会人数之间的线性关系。

　　实际上，学生的回答是错误的。他们计算的酒店会议费用为 10000 元加 500x，但真正的费用应该是 50x，这是因为每增加一名参会者只需多支付 50 元，这里的 x 代表参会人数。所以，正确的费用应该是 700x 加 10000 元，而不是 1150x。

　　如果我们像上述案例中那样直接询问 ChatGPT，它很可能会判断学生的回答是正确的，因为 ChatGPT 只是粗浅地阅读了问题，就像我们在面临一个复杂问题时，未能深思熟虑，便草率做出错误的判断。

　　因此，我们可以通过引导 ChatGPT 先自行解答问题，然后再将其解答与学生的解答进行比较，以此来解决这个问题。这可以通过使用一个更详细的提示词来实现。我们可以向模型提示如下。

　　你的任务是判断学生的解决方案是正确还是错误。要解决这个问题，请执行以下步骤。

　　（1）自行解答问题。

（2）将你的解答与学生的解答进行比较，并评估学生的解答是否正确。

在完成你自己的解答之前，不要决定学生的解答是否正确。务必确保你自己已经解决了这个问题。

🔟 **用户：**

你的任务是判断学生的解决方案是正确还是错误。要解决这个问题，请执行以下步骤。

（1）自行解答问题。

（2）将你的解答与学生的解答进行比较，并评估学生的解答是否正确。

在完成你自己的解答之前，不要决定学生的解答是否正确。务必确保你自己已经解决了这个问题。

===

问题：

我正在准备一个学术会议，需要帮助计算开支。

酒店住宿费用为 500 元/人

我可以 150 元/人的价格订购到三餐

我已经联系好了酒店会议场地，需要固定开支 1 万元，并额外支付每人 50 元

参会人数作为函数，这次会议的总费用是多少

学生的解决方案：

设 x 为参加会议的人数，单位为人。

费用：

酒店住宿费用：500x

餐饮费用：150x

酒店会议费用：10000 元 + 500x

总费用：500x + 150x + 10000 元 + 500x = 1150x + 10000 元

===

⑤ ChatGPT：

我的解答：

设 x 为参加会议的人数，单位为人。

费用：

酒店住宿费用：500 元 / 人 * x 人 = 500x 元

餐饮费用：150 元 / 人 * x 人 = 150x 元

酒店会议费用：10000 元 + 50 元 / 人 * x 人 = 10000 元 + 50x 元

总费用：500x 元 + 150x 元 + 10000 元 + 50x 元 = 700x 元 + 10000 元

学生的解决方案：

总费用：1150x 元 + 10000 元

评估学生的解答：

从学生的解答中，费用计算部分的表达式是正确的，计算公式包括了酒店住宿费用、餐饮费用和酒店会议费用。但是，学生的解答中将费用的计算公式写成了总费用等于 1150x 元加上 10000 元，这是不正确的。正确的表达式应为总费用等于 700x 元加上 10000 元。

因此，学生的解答在费用计算的公式上存在错误。

如你所见，通过这样的提示词，我们指导 ChatGPT 先自行计算，从而找出正确的答案——700x 加 10000 元，而非 1150x 加 10000 元。接着，在被要求与学生的答案进行比较时，它发现两者并不一致。因此，学生的回答实际上是错误的。这个例子充分展示了，让 ChatGPT 先自我进行计算，并按步骤分解任务，以赋予其更多的思考时间，可以帮助我们获得更精确的回答。

6.2 了解提示词的结构

编写有效的提示词不仅需要了解一些基本原则，还需要对提示词的基本结构有所理解。一条好的提示词，就像在分配任务时一次富有成效的交流或对话，通常包含几个关键的组成部分。这些组成部分能帮助我们以清晰、准确的方式传达我们的意图，使 ChatGPT 能更好地理解我们的需求。下面详细介绍常见的提示词结构，包括角色设定、提供上下文、创建任务、任务要求和输出要求等部分。

6.2.1 角色设定

首先我们来深入理解角色设定这一环节。ChatGPT 作为一个智能聊天机器人，在对话中自然会扮演一个角色。在大多数情况下，ChatGPT 的默认角色是一个提供信息、解答问题和参与交谈的智能助手。这种默认的角色设定使其能够广泛、博学地处理各种对话。

但是，如果我们希望得到更专业、更深入的回答，我们可以为 ChatGPT 设定特定的角色。例如，"假设你是一名演讲教练，告诉我如何处理上台前的紧张情绪。"在这种情况下，ChatGPT 被明确定义为一名演讲教练。

角色设定可以有以下几个重要作用。

1. 定位信息源

当你让 ChatGPT 扮演一个特定的角色，比如一名演讲教练、医生或科学家时，它可以帮助你定位你希望获取信息的来源。ChatGPT 会从设定的角色的视角来回答你的问题，从而提供更贴近你预期的答案。

2. 调整语言风格

不同的角色会使用不同的语言风格。比如，如果你让 ChatGPT 扮演一名商业分析师，它可能会使用更正式的语言和专业术语。反之，如果你让它扮演一个卡通角色，它可能会使用更轻松和有趣的语言。

3. 引导对话方向

通过设定角色，你可以更有效地引导对话的走向。比如，如果你正在编写一个故事，并希望 ChatGPT 帮你继续写下去，你可以设定一个角色（比如一个勇敢的骑士或一个狡猾的巫师）来引导ChatGPT的回应。

　　以下是一个没有设定角色的对话示例与设定角色为演讲教练的对话示例的对比。在未设定角色的情况下，你可能会提出一个开放性问题，如"告诉我关于上台前紧张的信息"。ChatGPT的回答可能包罗万象，但可能不够具体或不够有针对性。

> 🐑 **用户：**
>
> 　　告诉我关于上台前紧张的信息。

⑤ ChatGPT：

　　上台前紧张是指在即将进行公开演讲、表演或其他公众活动之前，人们可能会感到紧张、焦虑或不安的情绪状态。这种紧张感是很常见的，许多人都会经历这种情况，无论他们是经验丰富的演讲者还是初次亮相的新手。

　　以下是关于上台前紧张的一些信息。

　　1. 生理反应：上台前紧张可能会导致一系列生理反应，例如心跳加快、出汗、呼吸急促、口干舌燥、肌肉紧张等。这些反应是身体自动应激反应的一部分，可以视为身体准备迎接挑战的方式。

　　2. 心理压力：上台前紧张也与心理压力有关。人们可能会担心自己的表现、被听众评判、忘词或犯错等。这些压力源于对表现的期望、自我要求及对他人评价的担心。

　　3. 影响表现：对一些人来说，上台前紧张可能会对他们的表现产生负面影响。紧张情绪可能导致思维紊乱、注意力不集中、声音颤抖、手抖等。然而，对于其他人来说，适度的紧张感可能有助于提高专注力和表现力。

　　4. 应对方法：有许多方法可以应对上台前的紧张情绪，包括深呼吸、积极的自我暗示、充分的准备、多次实践演讲、尝试放松的体育锻炼等。寻求支持和鼓励也可以帮助减轻紧张感。

　　5. 经验和训练：随着经验的积累和训练的进行，许多人发现自己能更好地应对上台前的紧张情绪。演讲者、演员和公众人物通常会通过反复实践和接受反馈来提升自己的表现，并逐渐减少紧张感。

　　请记住，上台前紧张是很正常的反应，许多成功的人士都会经历这种情绪。重要的是学会管理和应对紧张感，以便充分发挥自己的潜力。

　　然而，当我们设定 ChatGPT 的角色为"演讲教练"并提出同样的问题时，它的回答会更加专业，更加具有针对性。

> ⌒ **用户：**
>
> 　　假设你是一名演讲教练，告诉我关于上台前紧张的信息。

ⓢ ChatGPT：

　　作为一名演讲教练，我很了解上台前紧张这个问题。让我给你一些关于上台前紧张的信息。

　　1. 它是正常的反应：上台前紧张是很正常的情绪反应，几乎每个人在公众场合发表演讲时都会有这种感受。即使是经验丰富的演讲者也可能会有一些紧张感。

　　2. 身体反应：上台前紧张可能伴随着一些身体反应，如心跳加快、手心出汗、声音颤抖、腿脚发软等。这些反应是自律神经系统的自然反应，它们并不一定意味着你无法应对。

　　3. 准备是关键：充分的准备是减轻上台前紧张的最佳方法。熟悉演讲的内容并进行多次练习，可以帮助你增加自信并减少紧张感。足够的准备时间和演练可以让你更加自信地面对听众。

　　4. 改变观念：将上台前的紧张感视为一种能量，而不是消极的情绪。将它看作是你身体和大脑准备应对挑战的方式。将紧张感转化为积极的动力，这将有助于提升你的表现。

　　5. 呼吸和放松：深呼吸是减轻紧张感的有效方法。在上台之前，进行几次深呼吸，并尽量放松身体。你可以使用冥想或其他放松技巧来帮助你保持冷静和专注。

　　6. 经验积累：通过不断积累经验，你会发现自己逐渐变得更加自信和镇定。多参与演讲活动，积累经验，并从每次演讲中吸取教训。每次成功的经历都会增加你的自信，减少上台前的紧张感。

　　7. 接受听众的支持：记住，听众通常是友好的，他们希望你成功。试着与他们建立联系，进行眼神交流或微笑，这会让你感到更加放松和自在。

希望这些信息对你有帮助！请记住，上台前紧张是正常的反应，通过充分的准备和积极的心态，你可以克服它，并展现出出色的演讲技巧。

在与ChatGPT进行有效的对话中，理解和设定角色是非常重要的。灵活地设定和理解角色，可以提高ChatGPT的回应质量，使其更具针对性，满足用户的具体需求。此外，角色设定还可以帮助用户创造更加有趣和丰富的对话体验。

6.2.2　提供上下文

你可能还记得在学校做语文阅读理解题时，经常需要"联系上下文"来解释某个词或短语的具体含义。那么，上下文到底是什么呢？简单来说，上下文就是语境，它是我们理解和解释词语的环境背景。

在与ChatGPT的对话中，上下文同样起着至关重要的作用。上下文能够帮助ChatGPT更准确地理解你的问题，从而提供更为贴切的答案。

1. 开始对话时

当我们与ChatGPT开始新的对话时，如果没有提供足够的上下文信息，ChatGPT将尽其所能去理解你的问题，并在没有先前的对话背景信息的情况下给出适当的回答。然而，如果你希望ChatGPT能够充分考虑到特定的上下文或相关的背景信息，那么你就需要在当前的对话中明确地提供这些信息。这将有助于ChatGPT更好地理解你的需求，并生成更准确、更相关的回答。

以演讲为例，我们可以向ChatGPT提供以下上下文信息："我是一个即将参加选拔比赛的初级演讲者。我的同学和老师都对我寄予厚望，他们为我加油助威。但是，每当我想到可能会失败，会让他们失望时，我就感到非常紧张。我会心跳加速、手心出汗，甚至有时候会产生想要逃离的冲动。作为我的演讲教练，你能告诉我如何在上台前处理这种紧张感吗？"

这个例子中的上下文信息包括了你是一个初级演讲者、你即将参加选拔比赛、你担心自己的表现可能会让支持你的人失望等。有了这些上下文信息，ChatGPT 可以根据这些具体的语境给出比之前更具体、更有针对性的回答。

🔟 **用户：**

　　我是一个即将参加选拔比赛的初级演讲者。我的同学和老师都对我寄予厚望，他们为我加油助威。但是，每当我想到可能会失败，会让他们失望时，我就感到非常紧张。我会心跳加速、手心出汗，甚至有时候会产生想要逃离的冲动。作为我的演讲教练，你能告诉我如何在上台前处理这种紧张感吗？

ChatGPT：

　　我理解你现在的压力。首先，我希望你知道，这些紧张感完全正常。面对重要的比赛，大家都希望能有最好的表现，这种期待自然会带来一些压力。但请记住，这份压力也证明了你对此次比赛的重视和期待。下面是一些我建议你试试看的应对紧张的方法。

　　1. 确认并接纳你的感受：尝试将这种紧张感视为一种关心和在乎比赛的表现，而不是一种负面情绪。它显示出你希望尽可能地做好这场演讲，对老师和同学们的支持尽到自己的责任。

　　2. 制定准备计划：确信你已经尽可能地做好了准备，这可以大大降低你的紧张程度。充分的准备会让你在比赛中更加自信。

　　3. 呼吸练习：如果你感到紧张，试试深呼吸。这种简单的动作可以帮助你放松并减少紧张感。

　　4. 积极的自我对话：尝试转化你的思维，让它们变得更为积极。例如，你可以告诉自己，"我已经尽力了，无论结果如何，我都值得自己和他人的骄傲"。

　　5. 适当的身体运动：运动可以帮助你释放紧张感和压力。尝试做一些轻松的拉伸或瑜伽。

　　最后，请记住，无论比赛的结果如何，你都已经勇敢地走上了这个舞台，尽力去挑战自己，这就已经值得赞赏和骄傲了。

2. 对话过程中

在对话的过程中，已经交流过的内容本身就构成了上下文。在同一对话框中，ChatGPT会努力维持上下文的连贯性，从而提供相关且连贯的回答。

然而，随着对话长度的增加或对话主题的变化，ChatGPT可能会"忘记"或改变优先采用的语境。在这种情况下，我们可以通过简短的语句来引导ChatGPT回忆起之前提到的信息，以帮助它更好地理解并整合上下文。通过明确地引述之前的关键信息或重新描述相关的内容，我们可以帮助ChatGPT更充分地考虑这些信息，从而生成更准确、更贴切的回答。

例如，你可以使用类似于以下的语句来提醒ChatGPT之前的信息。

（1）"正如我们之前讨论的……"

（2）"你曾经告诉过我……"

（3）"回想一下我们上面聊天时，我们提到过……"

这样的提醒将帮助ChatGPT在当前对话中更好地结合之前的信息，并产生更具连贯性和相关性的回应。

6.2.3　创建任务

创建任务，就是明确指出你希望ChatGPT为你做什么。你需要在提示词中明确表述你希望ChatGPT执行的任务，这些任务可以涵盖各种范围，包括但不限于回答问题、写作、教育辅导、语言翻译、对话练习等。一个明确的任务能让ChatGPT明白你的需求，从而更有效地生成预期的输出。

例如，以下语句。

（1）"请写一篇关于环保主题的演讲稿。"

（2）"解释一下量子力学的原理。"

（3）"帮我把下面这段文字翻译成法语。"

（4）"继续我开始的这个故事……"

（5）"提供一些通过面试的建议。"

在这些例子中，任务都是明确的：写作、解释、翻译、继续写故事或提供建议。具体的任务让ChatGPT知道你想要什么，从而生成满足你需求的输出。

值得注意的是，虽然这些任务清晰，但可能还不足以让ChatGPT生成最贴合你需求的结果。像"请写一篇关于环保主题的演讲稿。"这样的任务，ChatGPT虽然知道你想要一篇关于环保的文章，但是缺乏具体的上下文和任务要求可能导致生成的文章不尽如人意。所以，一个具体的任务还需要结合详细的上下文和任务要求来帮助ChatGPT更好地满足你的需求。

6.2.4 任务要求

任务要求的设定进一步细化了你希望ChatGPT在执行任务时遵循的指导。这些要求主要涵盖任务的特殊细节，如预期的语言风格、应使用的专用术语、执行的步骤，以及所需的专业性水平等。通过设定明确的任务要求，你可以更有效地引导ChatGPT，使其产生符合你期望的输出。

例如，以下语句。

（1）"请写一篇关于环保的演讲稿，我希望这篇演讲稿是面向中学生的，语言简洁明了，内容有趣且引人入胜，并提供一些实际可操作的环保建议。"

（2）"解释量子力学的原理，但我希望你能使用简单易懂的语言，假设我没有物理背景知识。"

（3）"帮我把下面这段文字翻译成法语，我希望使用的是正式的、书面的法语。"

（4）"继续我开始的这个故事，我希望故事风格是悬疑推理，故事中的角色都是动物，而且必须包含一个意料之外的转折。"

在这些例子中，任务要求是明确的，并且为ChatGPT提供了执行任务的具体方向。例如，对于写一篇关于环保的演讲稿的任务，任务要求明确了目标受众（中学生）、语言风格（简洁明了、有趣且引人入胜）及内容需求（提供一些实际可操作的环保建议）。通过这些明确的任务要求，ChatGPT 将更有可能生成你期望的输出。

6.2.5　输出要求

输出要求是你对 ChatGPT 生成内容形式的指定。这可能涉及你期望的文本长度、结构或格式，甚至是特定的情绪倾向或语言等级。输出要求为 ChatGPT 的输出提供了明确的指导，使 ChatGPT 的回答更符合你的需求。

让我们来看一些常见的输出要求的例子。

（1）文本长度：你可能希望限制 ChatGPT 生成的文本长度。例如，"给我写一篇 500 字以内的演讲稿。"在这个例子中，你明确了期望输出的文本长度。

（2）结构和格式：你可能对输出的结构和格式有特定的要求。例如，"写一份按照正式商业报告格式组织的产品分析报告。"在这个例子中，你明确了期望输出的结构和格式。

（3）情绪倾向：你可能希望 ChatGPT 在回答中表现出某种特定的情绪。例如，"用励志的语言撰写这篇演讲稿。"在这个例子中，你明确了期望输出的情绪倾向。

（4）语言等级：你可能希望 ChatGPT 使用特定的语言等级，比如日常用语或正式语言。例如，"用非正式的日常用语描述一下量子物理学。"在这个例子中，你明确了期望输出的语言等级。

对输出要求的设定有助于你更精确地控制 ChatGPT 的输出，使其更好地满足你的需求。需要注意的是，尽管 ChatGPT 会尽力满足这些要求，但可能无法在所有情况下完全满足你的所有要求。在这种情况下，你可能需要进行一些调整或尝试不同的方式来优化提示词。

一个有效的提示词通常由五个关键元素构成：角色设定、提供上下文、创建任务、任务要求和输出要求。下面的表格（表 6.1）将为你提供一个更直观的视图来理解提示词结构框架。

表 6.1　ChatGPT 提示词结构框架

元素	描述
角色设定	定义 ChatGPT 的角色以影响其回应和行为，例如"扮演一个演讲教练。"
提供上下文	为 ChatGPT 提供必要的信息和环境背景，帮助它理解你的需求和预期的交互方式，例如"我正在为一个关于环保的演讲竞赛做准备。"
创建任务	明确你希望 ChatGPT 执行的任务，例如"请帮我写一份演讲稿。"
任务要求	提供关于如何执行任务的具体指导，例如"我希望这个演讲稿多一些故事的讲述，并且适合中学生理解。"
输出要求	对 ChatGPT 的输出字数或格式进行指定，例如"生成 800 字左右的演讲稿。"

　　这是一个常见的提示词结构框架，理解这个框架将有助于你更高效地与 ChatGPT 进行交互。然而，这只是一个起点，随着你与 ChatGPT 的交互深入，你可以创造更具创新性的提示词结构来满足你的特殊需求。

第 7 章

使用 ChatGPT 写演讲稿

演讲是一种独特的交流形式，它需要考虑的元素不仅仅是文字，还包括受众、目的、逻辑性和感染力等。本章将深入探讨如何借助ChatGPT来优化这个过程，从明确演讲的目的和主题，到对演讲受众的分析，再到收集资料、制定演讲大纲，直至撰写和优化演讲稿，每一个步骤都能借助AI技术的力量进行提升。这将有助于你打造出富有说服力的演讲稿，同时显著提高你的写作效率。

⚠ 注意：*在使用ChatGPT编写演讲稿时，仍需审慎评估生成内容的准确性和适用性，并结合自身的专业知识和判断进行适当的修改和调整。*

7.1 明确演讲的目的和主题

在我们开始深入演讲写作的旅程之前，首要任务便是明确演讲的目的和主题。这就如同建造大厦的基石，决定了演讲的主旨和走向。在这一部分，我们会讲述如何利用ChatGPT来设定明确的演讲目的、如何精准分析受众，以及如何确定一项独特而引人入胜的主题。请牢记，我们的目标是让ChatGPT尽其所能地为我们提供帮助，这就需要我们向它提供明确且具有针对性的信息。现在，让我们携手ChatGPT，开始第一步——明确演讲的目的和主题。

7.1.1 使用ChatGPT明确演讲的目的

在制定演讲的目的时，每一场演讲都有其广泛的宏观目的和具体的微观目的。宏观目的关注演讲的大方向和对听众产生的整体影响，例如激发公众对某个主题的兴趣，或者引发一种行动或改变。而微观目的则关注演讲的具体内容，例如清晰地解释某个概念，或者传达一种特定的情绪或体验。

作为一个高级的人工智能模型，ChatGPT可以帮助我们明确这两个层次上的目的。

1. 明确宏观目的以引导整体演讲方向和主题

在准备演讲时，无论是小型团队汇报还是大型会议的主题演讲，确定宏观目的都是首要的任务。宏观目的是演讲的核心，它决定了演讲的主题、焦点及整体方向。一个明确的宏观目的可以确保演讲有一个明确的中心，所有的观点、论据和故事都围绕这个中心展开，有助于听众更好地理解和接受你的观点。与微观目的不同，宏观目的更关注演讲的总体影响和长期结果，而微观目的则更侧重于演讲的具体细节和短期结果。现在，我们来看一个食品安全主题的演讲案例，展示了如何使用ChatGPT来帮助设定演讲的宏观目的。

（1）案例分析：食品安全主题的演讲。

如果你是一名食品科学家，你正在准备一场关于食品安全的演讲，你会如何询问ChatGPT帮你绘制宏观目的呢？

在这里，我们会根据之前介绍的"提示词结构框架"来创建一个完整的提示词。"提示词结构框架"是一个用于生成有效问题或请求的结构指南。这个框架包括了几个关键部分，如角色设定、提供上下文、创建任务、任务要求和输出要求。这些部分合在一起，可以帮助我们更明确、具体地向ChatGPT提出我们的问题或请求，从而得到我们想要的结果。下面我们来看一下具体的提示词制定步骤。

①撰写提示词的步骤。

● 角色设定：这个部分要明确 ChatGPT 的角色，你可以让 ChatGPT 作为自己的"职业生涯顾问"，这样它将从更广泛的角度来帮助你，包括但不限于演讲的目的设定。它可能会考虑到你的职业发展，甚至可能提供关于如何将演讲的目的与职业目标相结合的建议。这将为后续的交流设定基调，并帮助模型理解它应该在回答中采取的角度和语气。

● 提供上下文：在设定了 ChatGPT 的角色之后，你要向它提供相关的背景信息。如"我是一名食品科学家，准备在一次公开演讲中对公众进行食品安全的演讲。"这部分要让模型了解到语境的具体情况，才能为后续的任务创建奠定基础。

● 创建任务：在了解了背景信息后，接下来你要明确想要 ChatGPT 执行的任务，即"设定演讲的宏观目的"。这一明确的任务要求使 ChatGPT 能够理解你的需求，并生成符合需求的输出。

● 任务要求：创建了任务后，你应该进一步明确任务的具体需求和期望，即"有深远的影响、引起公众关注"等。这部分为模型提供了详细的指导，使其能够生成更符合你需求的内容。

● 输出要求：在明确了任务和任务要求后，你要指出对输出的形式和内容的具体期望，即"具体的宏观目的和解释"。这部分使 ChatGPT 的输出更加符合你的具体需求，并且与前面的角色设定、提供上下文和创建任务形成了紧密的联系。

②完整提示词。

> 你现在是我职业生涯中的一位顾问。我是一名食品科学家，准备在一次公开演讲中对公众进行食品安全的演讲。我需要一些建议来设定演讲的宏观目的。请帮我设定这场公开演讲的宏观目的。我希望我的演讲能有深远的影响，引起公众的关注并提高他们的食品安全认识。我需要一个清晰且有影响力的宏观目的。请提供一个精练而直接的宏观目的，同时也可以提供一些解释来支持这个目的。

③使用提示词与ChatGPT的对话。

⑪ 用户：

你现在是我职业生涯中的一位顾问。我是一名食品科学家，准备在一次公开演讲中对公众进行食品安全的演讲。我需要一些建议来设定演讲的宏观目的。请帮我设定这场公开演讲的宏观目的。我希望我的演讲能有深远的影响，引起公众的关注并提高他们的食品安全认识。我需要一个清晰且有影响力的宏观目的。请提供一个精练而直接的宏观目的，同时也可以提供一些解释来支持这个目的。

⑥ ChatGPT：

演讲的宏观目的：激发公众对食品安全的关注，提高他们的食品安全认识，以推动积极的个人和社会行动，确保可持续的食品供应链和健康的生活方式。

解释：

1. 激发公众关注：演讲的目的是通过信息传递和感染力的表达方式，唤起公众对食品安全问题的兴趣和关注，使他们认识到这是一个重要而现实的议题。

2. 提高食品安全认识：演讲将专注于教育公众有关食品安全的重要知识和关键概念，包括食品处理、存储、运输和消费方面的最佳实践，以及可能存在的风险和挑战。

3. 推动积极行动：通过强调个人和社会的责任，演讲旨在激发公众采取积极行动来改善食品安全状况。这可能包括在个人生活中的食品选择、健康饮食和食品处理习惯上的改变，以及对政策制定者和食品行业的呼吁，推动更严格的食品安全标准和监管。

4. 确保可持续供应链和健康生活方式：演讲的宏观目的是将食品安全与可持续发展和健康生活方式联系起来。这意味着强调食品安全对于保障人们获得高质量、可持续的食品供应的重要性，以及对个人和社会健康的影响。

这个宏观目的旨在激发公众对食品安全的兴趣，并为他们提供必要的知识和动力，以促使他们在个人和社会层面上采取行动，推动更加安全、可持续的食品系统的发展。

　　在上面的对话中，食品科学家准备进行一次公开演讲，并希望 ChatGPT 为他设定一个清晰且有影响力的宏观目的。

　　根据这一需求，ChatGPT 设定的宏观目的是：激发公众对食品安全的关注，提高他们的食品安全认识，以推动积极的个人和社会行动，确保可持续的食品供应链和健康的生活方式。此外，ChatGPT 还为这个目的提供了详尽的解释和实施路径，包括唤醒公众对食品安全问题的关注，传授重要的食品安全知识和概念，鼓励公众采取积极的行动以改善食品安全状况，并将食品安全与可持续发展和健康生活方式紧密联系起来。这些建议将有助于食品科学家规划并进行他的公开演讲，以实现预设的目标。

　　（2）提示词模板：明确宏观目的。

⚠注意：在使用提示词模板时要考虑到 ChatGPT 的版本更新可能会影响其效果和表现，请将此模板作为参考，而不是绝对的指导。

---

　　①提示词模板。

　　你现在是我职业生涯中的一位顾问。我是一名{演讲者身份}，准备在一次公开演讲中对{目标受众}进行{演讲的泛主题}的演讲。我需要一些建议来设定演讲的宏观目的。请帮我设定这场公开演讲的宏观目的。我希望我的演讲能有深远的影响，引起{目标受众}的关注并提高他们对{演讲的泛主题}的认识。我需要一个清晰且有影响力的宏观目的。请提供一个精练而直接的宏观目的，同时也可以提供一些解释来支持这个目的。

　　②提示词模板使用方法：你只需要将模板中的每个占位符（大括号内的文本）替换为具体内容，即可直接使用。不同占位符说明如下。

　　● {演讲者身份}：你在演讲中的角色，如"食品科学家""心理学家""社会学家"等。

- {目标受众}：演讲的目标听众，如"公众""高中生""企业家"等。
- {演讲的泛主题}：演讲的宏观领域或大主题，如"食品安全""环境保护""领导力"等，都涵盖诸多具体主题。

一个明确的宏观目的将会对你的演讲有重要的影响，它能够指导你的演讲准备，帮助你在演讲中传达出最关键的信息，并深深影响你的受众。

使用此模板，你可以帮助自己定义一个清晰、有力量的宏观目的。你会得到关于如何制定一个可以深远影响你的目标受众，提高他们对演讲主题认知的目的的建议。

记住，宏观目的需要具有深度，并且能够触动受众的情感和理解。当你有了一个清晰且有影响力的目标时，你的演讲就会更有力量，更有可能达到你期望的效果。

2. 明确微观目的以细化演讲内容和方式

微观目的关注的是演讲的具体细节和实际操作。这包括确定要涵盖的主题、设定听众应该从演讲中获取的具体信息，以及计划使用的技术和方法。让我们再次使用食品安全演讲的例子，看看如何使用ChatGPT来确定微观目的。

（1）案例分析：食品安全主题的演讲。

设想一下，假设你是那名食品科学家，在你已经设定了宏观目的的情况下，你现在希望进一步细化你的演讲，制定具体的微观目的。我们依然可以按照角色设定、提供上下文、创建任务、任务要求和输出要求这个提示词框架来进行提示词的制定。

①撰写提示词的步骤。

- 角色设定：你可以把ChatGPT作为自己的"演讲顾问"。当你将ChatGPT设定为"演讲顾问"时，它会更专注于演讲的各个方面，如目的设定、内容创建、风格决定等。
- 提供上下文：这部分要提供相关背景信息。包括演讲者身份、目标听众、演讲的泛主题及你已经设定了的宏观目的，以及宏观目的的具体内容。

● 创建任务：明确希望 ChatGPT 完成的任务，即"制定演讲的微观目的"。

● 任务要求：在创建了任务后，要进一步明确任务的具体需求和期望，如"明确涵盖的主题、希望听众从演讲中获取的具体信息"。

● 输出要求：在明确了任务和任务要求后，要指出对输出的形式和结构的具体期望，如"具体的微观目的、解释与演讲风格和方式的建议"。

②完整提示词。

> 你现在是我的演讲顾问。我是一名食品科学家，准备在一次公开演讲中对公众进行食品安全的演讲。我需要你的帮助来进一步细化我的演讲内容。我已经设定了总体目标，即激发公众对食品安全的兴趣，增强其食品安全意识并促使他们采取积极的行动，以保障自己和社区的食品安全。
>
> 现在，我希望我们能一起确定演讲的微观目的。我希望你能帮助我明确要涵盖的主题，以及我希望听众从演讲中获取的具体信息。此外，我也需要你的建议来决定我的演讲风格和方式，以便我能以最有效的方式传达我的信息。请提供具体的微观目的，并解释为什么这些目的会对我的演讲有所帮助。

③使用提示词与 ChatGPT 的对话。

🔟 **用户：**

你现在是我的演讲顾问。我是一名食品科学家，准备在一次公开演讲中对公众进行食品安全的演讲。我需要你的帮助来进一步细化我的演讲内容。我已经设定了总体目标，即激发公众对食品安全的兴趣，增强其食品安全意识并促使他们采取积极的行动，以保障自己和社区的食品安全。

现在，我希望我们能一起确定演讲的微观目的。我希望你能帮助我明确要涵盖的主题，以及我希望听众从演讲中获取的具体信息。此外，我也需要你的建议来决定我的演讲风格和方式，以便我能以最有效的方式传达我的信息。请提供具体的微观目的，并解释为什么这些目的会对我的演讲有所帮助。

⑤ ChatGPT：

作为你的演讲顾问，我很乐意帮助你进一步细化演讲内容。在确定微观目的之前，让我们先考虑一些主题和信息方面的重点，这将有助于明确你想要传达的核心内容。

主题和信息方面的重点如下。

1. 食品安全的重要性：解释为什么食品安全是关乎每个人的重要议题，以及它对个人健康和社区福祉的影响。

2. 食品安全的挑战：探讨当前食品供应链所面临的挑战，如污染、食品伪劣、食品添加剂等，并强调这些挑战对食品安全的威胁。

3. 食品安全的标准和监管：介绍相关的食品安全标准和法规，并说明其在确保食品质量和安全方面的作用。

4. 个人责任和行动：鼓励听众认识到每个人都有责任保障自己和社区的食品安全，提供一些建议和实际行动步骤，如购买食品时的注意事项、正确的食物储存方法等。

基于上述主题和信息方面的重点，下面是一些可能的微观目的。

1. 提高食品安全意识：确保听众明确食品安全对个人健康的重要性，并理解食品安全问题的严重性和潜在影响。

2. 传达食品安全知识：提供关于食品安全的基本知识，包括食品污染的来源、食品存储的最佳实践、食品标签的阅读等，使听众能够做出明智的选择和决策。

3. 强调食品监管的重要性：强调监管机构的作用，并解释相关食品安全标准和法规的目的和价值，以建立听众对监管措施的信任和支持。

4. 提供实用的行动建议：给出实际可行的行动步骤，使听众能够在日常生活中采取措施保护自己和家人的食品安全，例如购买有机食品、正确储存食品等。

这些微观目的有助于确保你的演讲能够有针对性地传达所需的信息，并激发听众的兴趣和参与度。在演讲的风格和方式方面，考虑以下建议。

1. 故事化表达：通过真实的案例、个人经历或有趣的故事，将抽象的概念和信息转化为具体、易于理解和记忆的形式，从而更好地吸引听众的注意力并引发共鸣。

2. 可视化辅助工具：结合图表、图片或视频等可视化辅助工具，以提供更直观、生动的信息呈现方式，增强听众对关键概念和数据的理解和记忆。

3. 互动和参与：鼓励听众参与演讲过程，可以通过提问、小组讨论或实际示范等方式，增强听众的参与感和互动性，从而提高他们对食品安全话题的关注度和理解程度。

通过采用这些建议，你将能以更具吸引力和影响力的方式传达食品安全的信息，激发听众的兴趣，并促使他们采取积极的行动来确保食品安全。祝你演讲成功！

在上面的对话中，食品科学家希望能够得到关于如何设定演讲微观目的和选择演讲风格的建议。ChatGPT 针对食品安全的主题，给出了一系列明确的微观目的建议，包括提高听众对食品安全重要性的认识，传达食品安全的基本知识，强调食品监管的重要性，并给出实际可行的行动建议。

同时，为了帮助食品科学家以最有效的方式传达信息，ChatGPT 提出了采用故事化表达、结合可视化辅助工具，并鼓励听众互动和参与等演讲风格建议。这些建议旨在帮助食品科学家在演讲中清晰地传达出他的信息，并有效地吸引听众，从而实现他的演讲目标。

（2）提示词模板：明确微观目的。

⚠ **注意：** 在使用提示词模板时要考虑到 ChatGPT 的版本更新可能会影响其效果和表现，请将此模板作为参考，而不是绝对的指导。

---

①提示词模板。

> 你现在是我的演讲顾问。我是一名{演讲者身份}，准备在一次公开演讲中对{目标受众}进行{演讲的泛主题}的演讲。我需要你的帮助来进一步细

化我的演讲内容。我已经设定了总体目标，即{宏观目的}。现在，我希望我们能一起确定演讲的微观目的。我希望你能帮助我明确要涵盖的主题，以及我希望听众从演讲中获取的具体信息。此外，我也需要你的建议来决定我的演讲风格和方式，以便我能以最有效的方式传达我的信息。请提供具体的微观目的，并解释为什么这些目的会对我的演讲有所帮助。

②提示词模板使用方法：你只需要将模板中的每个占位符（大括号内的文本）替换为具体内容，即可直接使用。不同占位符说明如下。

● {演讲者身份}：你在演讲中的角色，如"食品科学家""心理学家""社会学家"等。

● {目标受众}：演讲的目标听众，如"公众""高中生""企业家"等。

● {演讲的泛主题}：演讲的宏观领域或大主题，如"食品安全""环境保护""领导力"等，都涵盖诸多具体主题。

● {宏观目的}：演讲的宏观目的，如"激发公众对食品安全的兴趣，增强他们的食品安全意识并鼓励他们采取行动"。

微观目的的设定可以帮助你进一步细化你的演讲内容、确定要传达的具体信息，以及选择适当的演讲风格和方式。设定这些微观目的可以使你的演讲更加有针对性，更能触达听众的需求和兴趣。

使用此模板，你将得到如何设定并执行微观目的的建议，以便以最有效的方式传达你的信息。你将明确要涵盖的主题，并确定你希望听众从你的演讲中获取的具体信息。同时，你也将得到建议，以确定你的演讲风格和方式，以最大限度地吸引并保持听众的注意力。

记住，明确和有针对性的微观目的将有助于你的演讲成功。它们可以帮助你更好地组织你的思想，更有效地传达你的信息，从而更深刻地影响你的听众。

7.1.2　使用ChatGPT进行受众分析

精确理解演讲受众是打造有说服力演讲的关键。你需要考虑受众的年龄、性别、教育背景、兴趣、职业等，这些信息将指导你如何塑造论点、选择最有影响力的例子，甚至决定你的语言风格和演讲方式。

在演讲准备阶段，ChatGPT能为你提供重要的帮助，让你更深入地了解受众。一种实践方式是设计调查问卷。

1. 设计调查问卷以深入了解受众

设计精准的调查问卷是一种深入了解你的受众，并进一步优化演讲效果的有效方法。通过一份精心设计的问卷，你可以获取到受众的详细背景、兴趣和期待，从而能够更好地定制你的演讲，使其更加符合受众的需求。

（1）案例分析：食品安全主题的演讲。

假如你是那位食品科学家，准备利用ChatGPT来设计一份问卷。你需要在提示词中包含你已经设定的宏观目的和微观目的，这样ChatGPT才能更准确地理解你的演讲目标，并据此提供最合适的问卷设计建议。我们按照角色设定、提供上下文、创建任务、任务要求和输出要求的框架，来撰写提示词。

①撰写提示词的步骤。

● 角色设定：设定ChatGPT的角色为"市场研究顾问"，使其能更专注于市场研究和调查相关的任务，如设计调查问卷、进行数据分析等。

● 提供上下文：这一步应包含演讲者的身份、目标听众、演讲的主题，以及你已经设定了的宏观目的和微观目的的具体内容。

● 创建任务：明确你希望ChatGPT完成的任务，即"设计一份针对受众的问卷调查"。

● 任务要求：这一步应进一步明确任务的具体需求和期望，包括你想从问卷中收集的受众信息，例如"听众的基本信息、他们对食品安全的理解和期望，以及他们最关心的食品安全问题"等。

● 输出要求：在此，需要明确输出的格式要求，比如以Markdown格式呈现问卷。Markdown是一种轻量级的标记语言，适合用来创建结构清晰、格式整齐的文档。

②完整提示词。

> 你现在是我的市场研究顾问。我是一名食品科学家，准备在一次公开演讲中对公众进行食品安全的演讲。我的宏观目的是激发公众对食品安全的兴趣，增强其食品安全意识并促使他们采取积极的行动，以保障自己和社区的食品安全。微观目的包括提高公众食品安全意识、传达食品安全知识、强调食品监管的重要性及提供实用的行动建议。我需要你帮助我设计一份问卷，收集这些听众对食品安全的看法。问卷需要包含听众的基本信息（如年龄、性别、教育背景和职业等）、他们对食品安全的理解和期望，以及他们最关心的食品安全相关问题。请以 Markdown 格式输出这份问卷。

③使用提示词与 ChatGPT 的对话。

🔟 用户：

你现在是我的市场研究顾问。我是一名食品科学家，准备在一次公开演讲中对公众进行食品安全的演讲。我的宏观目的是激发公众对食品安全的兴趣，增强其食品安全意识并促使他们采取积极的行动，以保障自己和社区的食品安全。微观目的包括提高公众食品安全意识、传达食品安全知识、强调食品监管的重要性及提供实用的行动建议。我需要你帮助我设计一份问卷，收集这些听众对食品安全的看法。问卷需要包含听众的基本信息（如年龄、性别、教育背景和职业等）、他们对食品安全的理解和期望，以及他们最关心的食品安全相关问题。请以 Markdown 格式输出这份问卷。

⑤ ChatGPT：

当然，我可以帮你设计一份问卷来收集听众对食品安全的看法。以下是一份基于你提供的要求的 Markdown 格式问卷样本。

——

食品安全调查问卷

个人信息

1. 年龄：

- 小于 18 岁
- 18～25 岁
- 26～35 岁
- 36～45 岁
- 46～55 岁
- 56 岁以上

2. 性别：
- 男性
- 女性
- 其他

3. 教育背景：
- 小学及以下
- 初中
- 高中/职业学校
- 大学本科
- 研究生及以上

4. 职业：
- 学生
- 自由职业者
- 上班族（非食品相关行业）
- 食品行业从业人员
- 其他（请注明）：_____

食品安全理解和期望

5. 你对食品安全的理解是什么？

6. 你对当前的食品安全状况有何期望？

7. 你认为个人在保障食品安全方面能发挥哪些积极的作用？

8. 你认为政府和食品监管部门应该采取哪些措施来加强食品安全监管？

关注的食品安全问题

请你在以下列出的食品安全相关问题中选择你最关心的三个问题，并根据重要性排序(1表示最重要)。

- 食品添加剂和防腐剂的安全性
- 农药和化肥在食品中的残留问题
- 转基因食品的安全性
- 食品过敏原的标识和警示
- 食品生产和加工过程中的卫生标准
- 食品包装和储存条件的影响
- 食品安全知识普及和教育
- 食品销售渠道的监管和控制
- 其他(请注明):_____

请注意,以上只是一个示例问卷,你可以根据自己的需求对问题进行修改或添加。这份问卷可以通过在线调查工具(如Google表单、SurveyMonkey等)进行发布和收集答案。收集到的数据将帮助你了解听众对食品安全的看法,以便更好地设计和传达你的演讲内容。

在上面的对话中,食品科学家希望ChatGPT能帮助他设计一份问卷来收集公众对食品安全的看法。根据食品科学家的要求,ChatGPT设计了一份包含个人信息、食品安全理解和期望及关注的食品安全问题的问卷,并以Markdown格式进行了呈现。

这份问卷不仅可以收集公众的基本信息,还可以了解公众对食品安全的理解和期望,以及他们最关心的食品安全相关问题,从而帮助食品科学家更好地准备他的演讲。

(2)提示词模板:设计调查问卷。

⚠ **注意:** 在使用提示词模板时要考虑到ChatGPT的版本更新可能会影响其效果和表现,请将此模板作为参考,而不是绝对的指导。

---

①提示词模板。

你现在是我的市场研究顾问。我是一名{演讲者身份},准备在一次公开演讲中对{目标受众}进行{演讲的泛主题}的演讲。我的宏观目的是{宏观目的}。微观目的包括{微观目的}。我需要你帮助我设计一份问卷，收集这些听众对{演讲的泛主题}的看法。问卷需要包含听众的基本信息（如年龄、性别、教育背景和职业等）、他们对{演讲的泛主题}的理解和期望，以及他们最关心的{演讲的泛主题}相关问题。请以Markdown格式输出这份问卷。

②提示词模板使用方法：你只需要将模板中的每个占位符（大括号内的文本）替换为具体内容，即可直接使用。不同占位符说明如下。

● {演讲者身份}：你在演讲中的角色，如"食品科学家""心理学家""社会学家"等。

● {目标受众}：演讲的目标听众，如"公众""高中生""企业家"等。

● {演讲的泛主题}：演讲的宏观领域或大主题，如"食品安全""环境保护""领导力"等，都涵盖诸多具体主题。

● {宏观目的}：演讲的宏观目的，如"激发公众对食品安全的兴趣，增强他们的食品安全意识并鼓励他们采取行动"。

● {微观目的}演讲的具体目标，如"提高食品安全意识""传达食品安全知识""强调食品监管的重要性""提供实用的行动建议"等。

设计调查问卷可以帮助你更好地了解你的目标听众，并根据他们的需求和期望来调整你的演讲内容。这种深度了解你的听众的方式将使你的演讲更具吸引力和影响力。

使用此模板，你将得到如何设计一份有针对性的问卷的建议，用以收集你的目标听众对演讲主题的看法。这份问卷包含听众的基本信息、他们对演讲主题的理解和期望，以及他们最关心的与演讲主题相关的问题。此外，你将得到如何以Markdown格式输出这份问卷的指导。

有了这份问卷的反馈，你将更好地理解你的听众，知道他们关心什么、想要什么，从而让你的演讲更具吸引力和影响力。

2. 分析问卷数据以精确了解受众需求

在收集到受众的问卷反馈后，下一步就是深入分析这些数据，以便精确地把握受众的需求和期望。下面我们将介绍如何利用ChatGPT来高效地进行问卷数据分析。

（1）案例分析：食品安全主题的演讲。

让我们来设想一下你是那位食品科学家，接下来将具体探讨如何使用ChatGPT来分析收集到的问卷数据，识别关键趋势和模式，从而确保你的公开演讲能够最大限度地满足受众的需求和期望。我们依然按照角色设定、提供上下文、创建任务、任务要求和输出要求的步骤来构建提示词。

①撰写提示词的步骤。

● 角色设定：建议将ChatGPT设定为"数据分析顾问"，以便使其更专注于数据分析相关的任务。

● 提供上下文：在这一步，你应将已收集的食品安全问卷数据整理为Excel或CSV文件，并将数据内容以文本的形式分段提供给ChatGPT。

● 创建任务：明确你希望ChatGPT完成的任务，即"分析问卷数据，并编写一份分析报告"。

● 任务要求：进一步明确任务的具体需求和期望，包括"识别关键趋势和模式、了解受众对食品安全问题的关注点、了解受众对食品安全的认识"等。

● 输出要求：指定需要一个以Markdown格式呈现的分析报告。

⚠ 注意：目前，GPT-4及其以前的版本都无法直接处理Excel或CSV文件。在提供数据给ChatGPT时，你需要将数据提取出来，并以文本的形式提供。在此过程中，要尽可能保持数据格式的清晰，以便ChatGPT能够更好地解析和响应。

---

②完整提示词。

● 分段提供问卷数据作为上下文资料，如图7.1所示。

<tag>
编号 年龄 性别 教育背景 职业 食品安全理解 食品安全期望 个人作用 政府措施 关注问题
1 18-25岁 男性 高中/职业学校 学生 食品安全 希望食品质量更可靠，食品添加剂少一些 加强食品安全宣传和教育 提高食品检测标准，严惩违规企业 食品添加剂和防腐剂的安全性
2 36-45岁 女性 大学本科 上班族（非食品相关行业） 安全食品 希望食品产地透明，减少食品污染 定期检查家中食品过期情况 提高食品安全监管力度，加强企业质量监管 农药和化肥在食品中的残留问题
3 46-55岁 其他 初中 自由职业者 食品安全 希望食品检测更加严格，保障消费者权益 提倡购买有质量保证的食品 完善法律法规，提高食品安全标准 食品过敏原的标识和警示
4 18-25岁 男性 初中 学生 安全饮食 希望食品安全问题得到更多关注和解决 积极参与志愿者活动 加强食品安全监管部门的人员培训 食品过敏原的标识和警示
5 26-35岁 女性 高中/职业学校 上班族（非食品相关行业） 食品质量 希望食品生产过程更加规范，杜绝食品安全问题 及时举报食品质量问题 提高食品生产企业的准入门槛，加强日常监管 食品生产和加工过程中的卫生标准
6 36-45岁 女性 大学本科 上班族（非食品相关行业） 食品安全 希望食品安全监管更加严格，严厉打击违法行为 自己做好饮食健康管理 提高食品安全检测的技术水平，严查违规企业 食品包装和储存条件的影响
7 56岁以上 女性 小学及以下 其他：农民 安全饮食 希望食品供应链更加透明，减少食品安全问题 提高自己的食品安全意识 加强食品生产环节的监管，杜绝使用不安全食品原料 食品安全知识普及和教育
8 26-35岁 男性 研究生及以上 食品行业从业人员 安全食品 希望食品行业加强自律，提高产品质量 参与食品安全标准的制定和修订 加强食品产地的质量监管，保证食品质量 食品添加剂和防腐剂的安全性
9 46-55岁 女性 初中 上班族（非食品相关行业） 食品安全 希望政府能加强食品安全监管，严惩违规企业 提倡购买有机食品 完善法律法规，提高食品安全监管力度 食品包装和储存条件的影响
10 18-25岁 男性 初中 学生 安全食品 希望食品安全监管更加严格，减少食品欺诈问题 积极参与食品安全宣传活动 加强食品生产企业的质量管理，提高食品安全意识 食品安全知识普及和教育
</tag>
请确认收到

我已确认收到您的信息。这是一个包含十个人对于食品安全的观点和期望的列表。如果您有任何关于食品安全的具体问题或需要进一步讨论某个观点，请告诉我。

图 7.1 分段输入

<tag>（此处省略问卷数据 1）</tag> 请确认收到
<tag>（此处省略问卷数据 2）</tag> 请确认收到

- 输入指令性提示词。

你现在是我的数据分析顾问。我刚刚收集了一份关于食品安全的调查问卷。在这份问卷中，我收集了受众的基本信息、他们对食品安全的理解和期望，以及他们最关心的食品安全问题。我已经将这些数据放在了上方 <tag> 中。我希望你能帮助我分析这些数据，并以 Markdown 格式（含标题）形成分析报告。要求分析哪些食品安全问题受到了受众的最大关注、受众对食品安全的理解如何，以及他们希望从我即将进行的公开演讲中获得什么样的信息。最后形成一份总的结论。

③使用提示词与 ChatGPT 的对话。

ᴛᴏ **用户:**

<tag>（此处省略问卷数据 1）</tag> 请确认收到

ChatGPT:

我已确认收到你的信息。这是一个包含十个人对于食品安全的观点和期望的列表。如果你有任何关于食品安全的具体问题或需要进一步讨论某个观点，请告诉我。

ᴛᴏ **用户:**

<tag>（此处省略问卷数据 2）</tag> 请确认收到

ChatGPT:

我已确认收到你补充的信息。这是另外十个人对于食品安全的观点和期望的列表。如果你有关于这些观点的具体问题或需要进一步讨论某个观点，请告诉我。

ᴛᴏ **用户:**

你现在是我的数据分析顾问。我刚刚收集了一份关于食品安全的调查问卷。在这份问卷中，我收集了受众的基本信息、他们对食品安全的理解和期望，以及他们最关心的食品安全问题。我已经将这些数据放在了上方 <tag> 中。我希望你能帮助我分析这些数据，并以 Markdown 格式（含标题）形成分析报告。要求分析哪些食品安全问题受到了受众的最大关注、受众对食品安全的理解如何，以及他们希望从我即将进行的公开演讲中获得什么样的信息。最后形成一份总的结论。

ChatGPT:

食品安全调查数据分析报告

1. 引言

这份报告旨在对收集的食品安全调查问卷数据进行分析和总结。调查问卷包含了受众的基本信息、他们对食品安全的理解和期望，以及他们最关心的食品安全问题。以下是对这些数据的分析和结论。

2.受众对食品安全的理解

调查问卷中的受众对食品安全的理解主要集中在以下几个方面。

- **食品安全**: 大多数受众都对食品安全有一定的认知和关注，他们希望食品质量更可靠，食品添加剂和防腐剂的安全性得到保证，食品生产和加工过程中的卫生标准得到规范。

- **安全饮食**: 部分受众更关注安全饮食，希望食品安全问题得到更多关注和解决，减少食品欺诈问题，确保食品质量。

- **食品质量**: 一些受众更关心食品质量问题，希望食品生产过程更加规范，杜绝食品安全问题，食品产地透明，减少食品污染。

3.受众关注的食品安全问题

通过调查问卷数据，我们可以确定受众最关注的食品安全问题包括以下几个方面。

- **食品安全标准和监管**: 受众普遍关注食品安全标准的严格性和监管力度，希望政府加强食品安全监管，提高食品检测标准，严惩违规企业，加强企业质量监管，加大对食品安全违法行为的处罚力度。

- **食品过敏原的标识和警示**: 许多受众关注食品过敏原的标识和警示，希望食品包装上能清晰标注食品中的过敏原，以帮助过敏人群避免潜在的食品安全问题。

- **食品生产和加工过程中的卫生标准**: 一些受众特别关注食品生产和加工过程中的卫生标准，希望加强食品生产企业的准入门槛，提高食品生产企业的质量管理水平，并重视食品包装和储存条件的影响。

4.受众对公开演讲的期望

从调查问卷中收集的数据可以得出以下关于受众对公开演讲的期望。

- **食品安全标签明确性**: 受众希望演讲中能够提供关于食品安全标签更加明确的信息，让消费者能够更好地了解食品，并做出明智的购买决策。

- **食品安全教育和知识普及**: 受众期望演讲能加强食品安全教育和知识普及，提高消费者的食品安全意识，让他们能更好地保护自己的权益。

- **食品安全监管和执法力度**: 受众希望演讲中能够探讨如何加强食品安全监管部门的执法力度，加大对食品安全违法行为的处罚力度，确保食品安全。

5.结论

根据分析和总结，可以得出以下结论。

- 受众对食品安全问题具有较高的关注度，特别关注食品安全标准和监管、食品过敏原的标识和警示及食品生产和加工过程中的卫生标准。

- 受众期望从公开演讲中获得关于食品安全标签明确性、食品安全教育和知识普及及食品安全监管和执法力度等方面的信息。

这些结果可以为你的公开演讲提供参考，帮助你更好地满足受众的期望和关注点，提高受众对食品安全问题的认知和意识。

请注意，这些结论仅基于收集的数据，可能不代表整个受众群体的意见和观点。在实施相关措施时，请结合实际情况和专业意见做出决策。

在上面的对话中，食品科学家向 ChatGPT 提供了他收集的关于食品安全的调查问卷数据，并请求帮助分析这些数据。基于这些数据，ChatGPT 生成了一份 Markdown 格式的分析报告，其中包括了受众对食品安全的理解、他们最关注食品安全问题及他们对即将进行的公开演讲的期望。

最后，ChatGPT 还提出了一个总的结论，指出受众对食品安全问题有高度的关注，并期望在公开演讲中获得关于食品安全标签明确性、食品安全教育和知识普及及食品安全监管和执法力度等方面的信息。这个分析报告可以为食品科学家提供宝贵的参考，帮助他更好地准备他的公开演讲。

（2）提示词模板：分析问卷数据。

⚠ **注意：** 在使用提示词模板时要考虑到 ChatGPT 的版本更新可能会影响其效果和表现，请将此模板作为参考，而不是绝对的指导。

---

①提示词模板。

● 分段提供问卷数据的提示词模板。

```
<tag>{问卷数据 1}</tag> 请确认收到
<tag>{问卷数据 2}</tag> 请确认收到
```

● 指令性提示词模板。

> 你现在是我的数据分析顾问。我刚刚收集了一份关于{演讲的泛主题}的调查问卷。在这份问卷中，我收集了受众的基本信息、他们对{演讲的泛主题}的理解和期望，以及他们最关心的{演讲的泛主题}相关问题。我已经将这些数据放在了上方<tag>中。我希望你能帮助我分析这些数据，并以Markdown格式（含标题）形成分析报告。要求分析哪些{演讲的泛主题}问题受到了受众的最大关注、受众对{演讲的泛主题}的理解如何，以及他们希望从我即将进行的公开演讲中获得什么样的信息。最后形成一份总的结论。

②提示词模板使用方法：你只需要将模板中的每个占位符（大括号内的文本）替换为具体内容，即可直接使用。不同占位符说明如下。

● {问卷数据}：调查问卷收集到的数据，但目前GPT-4及之前的所有版本并不能直接上传Excel或CSV文件。你可以提取数据并以文本格式分段多次提供给ChatGPT，在向ChatGPT提供数据时，尽量使数据格式清晰，这样能更好地解析和回应。

● {演讲的泛主题}：演讲的宏观领域或大主题，如"食品安全""环境保护""领导力"等，都涵盖诸多具体主题。

数据分析是确保你的演讲内容与听众需求对齐的重要一环。只有深入理解你的目标听众，才能创作出有影响力的演讲。这个模板将指导你如何使用收集的问卷数据进行分析。

使用此模板，你将能够创建一个包含多个部分的分析报告，包括识别你的听众最关心的问题、了解他们对演讲主题的理解，以及他们希望在你的演讲中得到哪些信息。这些分析将为你提供宝贵的信息，帮助你准备和调整你的演讲内容。

最后，你将根据这些分析得出一个总结性的结论。这将是你在准备演讲时的重要参考，可以帮助你更好地连接你的听众，并实现你的演讲目标。

7.1.3 使用ChatGPT确定演讲主题

选定一个能够引起听众共鸣、易于理解且具有深度的演讲主题是至关重要的。这需要你对听众有深入的了解，并在此基础上确定一个既能吸引他们又符合演讲目标的主题。ChatGPT可以作为你的得力助手，帮助你找出独具创新性和深度的演讲主题。

1. 案例分析：食品安全主题的演讲

现在，想象你自己就是那位食品科学家，希望ChatGPT为你提供演讲主题。你应当有策略地构建一个详尽且全面的"提示词结构框架"，而非随意地提出一个简单的问题。这样的框架旨在让你最大限度地利用ChatGPT的能力，让其能够明确理解你的需求并提供满足需求的答案。该框架包含几个关键部分，每一个部分都具有其特定的作用。

（1）撰写提示词的步骤。

①角色设定：设定ChatGPT的角色为"演讲顾问"，使其了解其任务就是提供主题建议，以及需要采取的策略和视角。

②提供上下文：在此步骤中，要向ChatGPT提供任务的背景信息，比如"我是一名食品安全专家，正在准备公开演讲。"同时，还应该告诉ChatGPT已经进行的受众调查信息，并提供数据分析报告的关键总结，使其能理解听众的需求和关注点。

③创建任务：在这一步中，需要明确地告诉ChatGPT自己希望其帮助完成的任务，即确定一个既吸引人又有深度的演讲主题。

④任务要求：进一步详细说明对ChatGPT任务的具体要求，期待它在主题选择时充分考虑主题的吸引力和深度。

⑤输出要求：最后，需要指定希望得到的输出形式，即列出5个可能的主题，并对每个主题进行简单的描述和解释。

（2）完整提示词。

> 你现在是我的演讲顾问。我是一名食品科学家，准备在一次公开演讲中对公众进行食品安全的演讲。我已经完成了一份受众调查，并得出了一些主要发现：受众对食品安全问题具有较高的关注度，特别关注食品安全标准和监管、食品过敏原的标识和警示及食品生产和加工过程中的卫生标准；受众期望从公开演讲中获得关于食品安全标签明确性、食品安全教育和知识普及

及食品安全监管和执法力度等方面的信息。基于这些信息，我需要你帮我提供 5 个吸引人且富有深度的演讲题目，并解释为什么这些题目会对我的演讲有所帮助。

（3）使用提示词与 ChatGPT 的对话。

🔟 **用户：**

你现在是我的演讲顾问。我是一名食品科学家，准备在一次公开演讲中对公众进行食品安全的演讲。我已经完成了一份受众调查，并得出了一些主要发现：受众对食品安全问题具有较高的关注度，特别关注食品安全标准和监管、食品过敏原的标识和警示及食品生产和加工过程中的卫生标准；受众期望从公开演讲中获得关于食品安全标签明确性、食品安全教育和知识普及及食品安全监管和执法力度等方面的信息。基于这些信息，我需要你帮我提供 5 个吸引人且富有深度的演讲题目，并解释为什么这些题目会对我的演讲有所帮助。

⑨ **ChatGPT：**

作为你的演讲顾问，我很乐意为你提供 5 个吸引人且富有深度的演讲题目，并解释为什么这些题目会对你的演讲有所帮助。以下是我为你准备的题目。

1."保障食品安全：标签明确性的挑战与解决方案"。

解释：这个题目将引起听众对食品安全标签的关注。你可以探讨食品标签上的信息是否足够明确，以及如何改善标签以确保消费者能够准确了解食品的成分、生产过程和潜在风险。通过提供解决方案，你可以帮助听众更好地理解食品标签，并在购买食品时做出明智的决策。

2."从过敏到安全：食品过敏原的标识与警示"。

解释：这个题目将引发听众对食品过敏的关注。你可以介绍食品过敏原的常见类型和相关风险，并讨论食品标签上如何明确标示过敏原。此外，你还可以探讨警示标志和提醒对于食品过敏者的重要性，以及如何提高公众对这些标志和提醒的认知度。

3."食品安全的卫生标准：从农场到餐桌"。

解释：这个题目将引起听众对食品生产和加工过程中的卫生标准的兴趣。

你可以讲解农场、加工厂和餐饮场所中的卫生措施，以及这些措施如何确保食品的安全和质量。此外，你还可以探讨相关的监管机构和法规，以及公众可以采取的措施来确保食品的卫生与安全。

4."培育食品安全意识：教育与知识普及的重要性"。

解释：这个题目将让听众了解到食品安全教育和知识普及的重要性。你可以强调公众在食品购买、储存和烹饪过程中应该具备的基本知识，以及如何通过教育活动和媒体宣传来提高食品安全意识。此外，你还可以分享一些实用的食品安全提示和建议，帮助听众更好地保护自己和家人的食品安全。

5."加强食品安全监管：挑战与前景"。

解释：这个题目将引起听众对食品安全监管和执法力度的兴趣。你可以探讨当前食品安全监管面临的挑战，例如跨国食品流通、新型食品技术和网络销售等方面的问题。同时，你可以展望未来的前景，讨论如何通过创新的监管方法和合作机制来加强食品安全监管，保护公众的权益。

这些题目将吸引听众的关注，并让他们在你的演讲中获得关于食品安全标签、过敏原标识、卫生标准、教育和知识普及及监管力度等方面的深度信息。通过这些主题的探讨，你可以满足听众的期望，提供有关食品安全的具体信息和解决方案，增强公众对食品安全问题的认识和理解。

在上面的对话中，食品科学家希望ChatGPT为他提供 5 个吸引人且富有深度的演讲题目，并解释为什么这些题目会对他的演讲有所帮助。

ChatGPT在理解了上下文信息后，提出了 5 个主题："保障食品安全：标签明确性的挑战与解决方案""从过敏到安全：食品过敏原的标识与警示""食品安全的卫生标准：从农场到餐桌""培育食品安全意识：教育与知识普及的重要性"及"加强食品安全监管：挑战与前景"，并分别解释了每个主题对于满足听众需求和增强公众对食品安全问题的认识和理解的重要性。这些主题和解释为食品科学家的公开演讲提供了有价值的指导，帮助他更好地准备和规划他的演讲。

2. 提示词模板：确定演讲主题

⚠ **注意：** 在使用提示词模板时要考虑到ChatGPT的版本更新可能会影响其效果

和表现，请将此模板作为参考，而不是绝对的指导。

（1）提示词模板。

> 你现在是我的演讲顾问。我是一名{演讲者身份}，准备在一次公开演讲中对{目标受众}进行{演讲的泛主题}的演讲。我已经完成了一份受众调查，并得出了一些主要发现：{数据分析报告总结}。基于这些信息，我需要你帮我提供几个吸引人且富有深度的演讲题目，并解释为什么这些题目会对我的演讲有所帮助。

（2）提示词模板使用方法：你只需要将模板中的每个占位符（大括号内的文本）替换为具体内容，即可直接使用。不同占位符说明如下。

①{演讲者身份}：你在演讲中的角色，如"食品科学家""心理学家""社会学家"等。

②{目标受众}：演讲的目标听众，如"公众""高中生""企业家"等。

③{演讲的泛主题}：演讲的宏观领域或大主题，如"食品安全""环境保护""领导力"等，都涵盖诸多具体主题。

④{数据分析报告总结}：你的问卷调查数据分析报告的重点总结，如"受众对食品安全问题具有较高的关注度，特别关注食品安全标准和监管、食品过敏原的标识和警示及食品生产和加工过程中的卫生标准；受众期望从公开演讲中获得关于食品安全标签明确性、食品安全教育和知识普及及食品安全监管和执法力度等方面的信息。"

选择一个吸引人且富有深度的演讲主题是成功演讲的第一步。这个主题必须反映出你的研究和发现，并满足你的目标听众的需求和期望。此外，你选择的主题还应该展示你的专业知识和独特观点。

通过使用这个模板，你可以基于你的数据分析报告的结果，提供几个可能的演讲题目。你还可以解释为什么这些题目可能吸引你的目标听众，以及如何帮助你实现你的演讲目标。

这个模板将帮助你在演讲准备的早期阶段确定你的演讲主题，为你之后的演讲准备工作奠定坚实的基础。

7.2 使用ChatGPT写作演讲稿

一旦你确定了演讲的主题并了解了你的受众，下一步就是开始写作演讲稿。在这个过程中，ChatGPT可以发挥多种作用，包括帮助你收集资料和信息、制定演讲大纲，以及帮助你撰写演讲初稿。在接下来的三个部分，我们将详细介绍如何利用ChatGPT完成这些任务。

7.2.1 使用ChatGPT收集资料和信息

在准备演讲的过程中，一项关键的工作就是收集相关的资料和信息，以及确定核心的观点。这不仅能让你对你的主题有更深的理解，还能为你的演讲提供强有力的证据和论据。

1. 获取主题相关信息以丰富演讲内容

在确定了合适的演讲主题后，你需要开始收集和研究更多与主题相关的信息，以便充实和丰富你的演讲内容。这一阶段的工作同样可以借助ChatGPT来完成。借助其大量的训练数据和强大的理解能力，ChatGPT能帮助我们获取具有深度和广度的信息，为我们的演讲增加深度和细节，从而更好地吸引并影响听众。

（1）案例分析：食品安全主题的演讲。

假设你就是那位食品科学家，你的演讲主题定为"保障食品安全：标签明确性的挑战与解决方案"。你希望引起听众对食品安全问题的关注，特别是食品标签可能带来的误导性问题。然而，要想让演讲具有更强的说服力和影响力，你需要深入了解和研究与此主题相关的更多信息，如行业面临的主要挑战、最新趋势，以及可能的解决方案。接下来，我们将演示如何利用ChatGPT来获取更多关于主题的相关信息。

①撰写提示词的步骤。

● 角色设定：明确指定ChatGPT的角色，例如"研究助理"。研究助理能够深入研究一个主题，提供详细的信息和分析。这与我们在演讲准备中需要获取具有深度和广度信息的需求相匹配。

● 提供上下文：提供关于你的身份、演讲的主题和目标等背景信息。

● 创建任务：明确指出你想让 ChatGPT 完成的任务，例如"和主题相关的背景信息"。

● 任务要求：详细描述你对 ChatGPT 任务的具体要求，例如了解行业和主题的背景信息、主要的挑战、趋势和机会等。

● 输出要求：告诉 ChatGPT 你期望的输出格式，例如背景信息和可能的观点。

②完整提示词。

> 你现在是我的研究助理。我是一名食品科学家，准备在一次公开演讲中对公众进行食品安全的演讲。演讲的主题是"保障食品安全：标签明确性的挑战与解决方案"。我希望你能帮助我深入研究并准备这场演讲。
>
> 我想了解更多关于这个行业和主题的背景信息，包括主要的挑战、趋势和机会。你能为我提供一些信息和可能的观点吗？

③使用提示词与 ChatGPT 的对话。

⏱ 用户：
> 你现在是我的研究助理。我是一名食品科学家，准备在一次公开演讲中对公众进行食品安全的演讲。演讲的主题是"保障食品安全：标签明确性的挑战与解决方案"。我希望你能帮助我深入研究并准备这场演讲。
>
> 我想了解更多关于这个行业和主题的背景信息，包括主要的挑战、趋势和机会。你能为我提供一些信息和可能的观点吗？

⑥ ChatGPT：
> 当然！我很愿意帮助你准备关于食品安全的演讲。以下是关于食品安全标签明确性的挑战、趋势和机会的一些背景信息和观点，供你参考。
>
> 1. 挑战。
>
> – 标签信息不明确：消费者对食品安全越来越关注，但标签上的信息常常难以理解或不够明确。这可能导致误导和困惑，使消费者难以做出明智的食品选择。

- 标签误导性：某些食品制造商可能会使用模糊的术语或虚假的宣传手法，使消费者误以为他们的产品更安全或更健康，而事实上并非如此。

- 标签信息过于复杂：过多的标签信息和术语可能使消费者感到压抑和困惑，难以理解产品的真正含义和风险。

2. 趋势。

- 透明度增加：消费者对食品安全的需求推动食品行业更加透明，越来越多的食品公司开始提供更详尽、清晰的标签信息，包括原料来源、生产工艺、营养成分等。

- 可追溯性要求：消费者对食品的追溯能力越来越重视。通过扫描二维码或使用区块链技术等手段，消费者可以获取产品的全生命周期信息，从而增强信任感和透明度。

- 新兴技术应用：新技术如物联网（IoT）、人工智能（AI）和大数据分析等被用于监测和管理食品安全。这些技术可以提供实时数据和预警系统，帮助预防食品污染和风险。

3. 机会。

- 教育和意识提高：食品科学家和公众机构可以加强食品安全的教育和宣传，提高消费者对标签信息的理解和正确使用的能力。

- 标签法规改进：政府和监管机构可以制定更严格的标签法规，要求食品制造商提供准确、清晰、易于理解的标签信息，并加强对标签内容的监督和管理。

- 合作与透明度：食品行业各方可以加强合作，共享信息和最佳实践，确保食品安全标签的一致性和明确性。

- 技术创新：食品科学家可以与技术公司合作，开发新的技术工具和应用，提高食品安全标签的有效性和可靠性。

这些观点可以帮助你在演讲中探讨食品安全标签明确性的挑战与解决方案。你可以进一步研究这些观点，并结合具体案例和数据来支持你的演讲。同时，确保在演讲中强调消费者教育和透明度的重要性，以及食品行业各方合作的必要性。祝你演讲成功！

在上面的对话中，ChatGPT 充当了食品科学家的研究助理，食品科学家希望获取更多关于这个主题及食品安全行业的背景信息，以便更深入地研究和理解主要的挑战、趋势和机会。

ChatGPT 为食品科学家提供了详细的背景信息和观点。这些内容包括当前食品安全标签明确性面临的主要挑战，如标签信息不明确、标签误导性及标签信息过于复杂；行业的主要趋势，如透明度增加、可追溯性要求及新兴技术应用；以及行业的主要机会，如教育和意识提高、标签法规改进、合作与透明度及技术创新。

这些信息和观点为食品科学家提供了宝贵的参考，帮助他更深入地理解食品安全标签明确性的问题，以便更好地准备他的公开演讲。通过向 ChatGPT 明确地提出问题，食品科学家可以得到一份关于食品安全和食品标签的背景信息，涵盖了主要的挑战、趋势和机会。这些观点可以帮助他在演讲中探讨食品安全标签明确性的挑战与解决方案。

（2）提示词模板：获取主题相关研究概览。

⚠ **注意：** 在使用提示词模板时要考虑到 ChatGPT 的版本更新可能会影响其效果和表现，请将此模板作为参考，而不是绝对的指导。

---

①提示词模板。

> 你现在是我的研究助理。我是一名{演讲者身份}，准备在一次公开演讲中对{目标受众}进行{演讲的泛主题}的演讲。演讲的主题是{演讲的主题}。我希望你能帮助我深入研究并准备这场演讲。
>
> 我想了解更多关于这个行业和主题的背景信息，包括主要的挑战、趋势和机会。你能为我提供一些信息和可能的观点吗？

②提示词模板使用方法：你只需要将模板中的每个占位符（大括号内的文本）替换为具体内容，即可直接使用。不同占位符说明如下。

● {演讲者身份}：你在演讲中的角色，如"食品科学家""心理学家""社会学家"等。

● {目标受众}：演讲的目标听众，如"公众""高中生""企业家"等。

● {演讲的泛主题}：演讲的宏观领域或大主题，如"食品安全""环境保护""领导力"等，都涵盖诸多具体主题。

● {演讲的主题}：演讲的题目，如"保障食品安全：标签明确性的挑战与解决方案"。

这个模板的设计是为了帮助你深入理解你的演讲主题，并从中获取相关的背景信息，包括主要的挑战、趋势和机会。这种深入的理解可以帮助你更好地准备你的演讲，并向你的目标听众提供最有价值的信息。

通过使用这个模板，你可以让 ChatGPT 作为你的研究助理，提供一系列关于你的演讲主题的详细信息，以及可能的观点和建议。这样，你可以将精力集中在精练演讲内容和技巧上，而不必花费大量时间做烦琐的研究工作。

总的来说，这个模板为你提供了一种快速而有效的方式，来获取你需要的关于演讲主题的详细信息。无论你是一名经验丰富的演讲者，还是一名初次上台的新手，这个模板都能帮助你进行更有效的演讲准备。

2. 设定核心观点以提升演讲说服力

在准备演讲时，确定一个或多个核心观点是至关重要的。这些观点是你的演讲信息的中心，是你希望听众接收并记住的重要信息。一个明确且有力的观点可以帮助你引导演讲的方向，同时增加演讲的说服力。此外，对你的观点进行全面的评估，包括找出支持的理由和可能的反驳点，也可以帮助你更好地为听众的问题和疑虑做好准备。

（1）案例分析：食品安全主题的演讲。

请你把自己想象成那位食品科学家，正在准备一场公众演讲，讲述食品安全问题，尤其是标签明确性所带来的挑战和解决方案。为了使你的听众深入理解和关注这个问题，你希望构建一套有力的核心观点。在这种情况下，你可以运用 ChatGPT 来帮助你寻找支持论据，同时评估可能的反驳点，以提升演讲的说服力。

①撰写提示词的步骤。

● 角色设定：建议继续以"研究助理"的身份设定 ChatGPT 的角色。研究助理适应各种不同的研究需求，包括寻找支持论点的证据、评估可能的反驳点、提出新的观点等。

● 提供上下文：阐明你的身份、演讲的主题及主张等信息。

● 创建任务：明确指出你想让 ChatGPT 完成的任务，例如"分析主张的论据和可能的反驳点"。

● 任务要求：详细描述你对 ChatGPT 任务的具体要求，例如探讨支持和反驳主张的论据。

● 输出要求：告诉 ChatGPT 你期望的输出格式，例如列出支持和反驳主张的论据。

②完整提示词。

> 你现在是我的研究助理。我是一名食品科学家，准备在一次公开演讲中对公众进行食品安全的演讲。演讲的主题是"保障食品安全：标签明确性的挑战与解决方案"。我希望你能帮助我深入研究并准备这场演讲。
>
> 我正在考虑的观点是通过提高食品标签的明确性，能有效提升食品安全。你认为这个观点有哪些支持的理由和可能的反驳点？有没有其他的观点是我应该考虑的？

③使用提示词与 ChatGPT 的对话。

> 🗣 **用户：**
> 你现在是我的研究助理。我是一名食品科学家，准备在一次公开演讲中对公众进行食品安全的演讲。演讲的主题是"保障食品安全：标签明确性的挑战与解决方案"。我希望你能帮助我深入研究并准备这场演讲。
>
> 我正在考虑的观点是通过提高食品标签的明确性，能有效提升食品安全。你认为这个观点有哪些支持的理由和可能的反驳点？有没有其他的观点是我应该考虑的？

> ⑤ **ChatGPT：**
> 作为你的研究助理，我很高兴能够帮助你准备这场演讲。关于食品安全和标签明确性的观点，以下是一些支持和反驳该观点的理由，以及其他你可以考虑的观点。

支持观点（提高食品标签明确性有助于提升食品安全）如下。

1. 消费者知情权：明确的食品标签可以提供关键的信息，帮助消费者做出知情决策，从而选择更安全、更适合自己的食品。透明的标签可以让消费者了解成分、过敏原、营养价值等重要信息。

2. 食品追溯能力：准确和明确的标签可以帮助监管机构和生产商追踪食品供应链，及时发现和解决潜在的安全问题，从而保护公众健康。

3. 预防食品欺诈：通过提供明确的标签，消费者可以更容易地识别和避免食品欺诈行为，例如虚假宣传、误导性标签或低质量成分的隐藏。

反驳观点（提高食品标签明确性无法有效提升食品安全）如下。

1. 执行难题：即使标签规定明确，监管机构在执行和监督方面仍面临挑战。确保所有产品符合标签要求并非易事，尤其是针对全球供应链的食品。

2. 标签信息过载：提供过多的详细信息可能导致消费者困惑和信息过载。消费者可能无法理解标签上的科学术语或复杂的营养信息，从而降低了标签的实际有效性。

3. 不诚实行为：有些企业可能会利用合法漏洞或故意欺诈，违反标签规定。即使标签明确要求提供某些信息，仍有可能存在不诚实的行为，从而降低标签的可靠性。

其他观点（可能需要考虑的观点）如下。

1. 教育和意识提高：除了改善食品标签明确性，提高公众对食品安全的教育和意识也是重要的方面。消费者需要具备一定的食品安全知识和技能，以便更好地理解和应对食品安全挑战。

2. 创新技术的应用：借助创新的技术，如智能标签、追溯系统和区块链等，可以进一步提升食品安全和标签明确性。这些技术可以提供更准确、实时的信息，并增加食品供应链的透明度和可追溯性。

希望这些观点和论证能为你的演讲提供一些思路。根据你的专业知识和研究，你可以进一步深入这些观点，选择最具说服力的论据来支持你的演讲主题。

在上面的对话中，食品科学家希望通过提高食品标签的明确性来提升食品安全，并寻求助理的意见。ChatGPT 作为助理提供了支持该观点的理由，包括消费者知情权、食品追溯能力和预防食品欺诈等。同时，助理还列举了可能的反驳观点，如执行难题、标签信息过载和不诚实行为。此外，助理还提供了其他观点的建议，包括教育和意识提高及创新技术的应用。

通过助理的分析和观点，食品科学家可以更深入地研究和准备演讲。他可以选择最具说服力的论据来支持他的观点，并根据自己的专业知识对这些观点进行进一步扩展和论证。

（2）提示词模板：设定核心观点。

⚠ **注意：** 在使用提示词模板时要考虑到 ChatGPT 的版本更新可能会影响其效果和表现，请将此模板作为参考，而不是绝对的指导。

---

①提示词模板。

> 你现在是我的研究助理。我是一名{演讲者身份}，准备在一次公开演讲中对{目标受众}进行{演讲的泛主题}的演讲。演讲的主题是{演讲的主题}。
>
> 我正在考虑的观点是{初步观点}。你认为这个观点有哪些支持的理由和可能的反驳点？有没有其他的观点是我应该考虑的？

②提示词模板使用方法：你只需要将模板中的每个占位符（大括号内的文本）替换为具体内容，即可直接使用。不同占位符说明如下。

● {演讲者身份}：你在演讲中的角色，如"食品科学家""心理学家""社会学家"等。

● {目标受众}：演讲的目标听众，如"公众""高中生""企业家"等。

● {演讲的泛主题}：演讲的宏观领域或大主题，如"食品安全""环境保护""领导力"等，都涵盖诸多具体主题。

● {演讲的主题}：演讲的题目，如"保障食品安全：标签明确性的挑战与解决方案"。

● {初步观点}：是指你对演讲主题的初始看法或理解，这通常形成了演讲的基础或主张。例如，"你认为通过提高食品标签的明确性，能有效提升食品安全。"

该模板是为了帮助你明确并深化你的核心演讲观点。通过使用这个模板，ChatGPT可以为你的初步观点提供理由，同时也能指出可能的反驳点，以便你在准备演讲时做出适当的应对。

此外，ChatGPT也可以为你提供其他你可能需要考虑的观点，这样你就可以在演讲中对比不同的立场，展示更全面的视角。这将帮助你构建一个更富有深度和多元化的演讲内容，让你的听众能从多个角度理解你的主题。

总的来说，这个模板是一个强大的工具，可以帮助你精练你的演讲观点，同时也让你的准备工作变得更加有效率。无论你是资深的演讲者，还是初次尝试公开演讲的人，这个模板都会对你的演讲准备工作提供有价值的帮助。

7.2.2 使用ChatGPT制定演讲大纲

为成功的演讲打下坚实的基础，无论何时都离不开精心设计的演讲大纲。一个明确、有条理的大纲不仅能帮助你整理思路，凸显你的核心论点，还能指引出一条清晰的论证路径。在这一阶段，我们将运用ChatGPT的智能助手功能，通过它的输入、反馈与建议，协助你更有效率地构建和优化你的演讲大纲。

1. 案例分析：食品安全主题的演讲

想象一下你就是那位食品科学家，你已经对演讲主题进行了深度挖掘，并明确了你的核心论点。接下来，你需要着手构建你的演讲大纲，为你的演讲规划清晰的路径。下面我们将展示如何利用ChatGPT来构建和优化演讲大纲。

（1）撰写提示词的步骤。

①角色设定：明确指定ChatGPT的角色，例如"演讲辅助专家"。在这个角色下，ChatGPT会以一个专业的演讲辅助者的身份，提供建议和反馈。

②提供上下文：提供关于你的身份、演讲的主题、核心论点和已有的大纲等背景信息。

③创建任务：明确指出你想让 ChatGPT 完成的任务，例如"帮助我完善这个大纲"。

④任务要求：详细描述你对 ChatGPT 任务的具体要求，例如提供更具体的细分话题和论据。

⑤输出要求：告诉 ChatGPT 你期望的输出格式，例如"以 Markdown 格式输出"。

（2）完整提示词。

> 你现在是我的演讲辅助专家。我是一名食品科学家，准备在一次公开演讲中对公众进行食品安全的演讲。演讲的主题是"保障食品安全：标签明确性的挑战与解决方案"。我的核心观点是"通过提高食品标签的明确性，能有效提升食品安全。"
>
> 我打算首先介绍食品标签当前的状况，然后讨论标签规范对食品安全的重要性，最后总结一些可能的解决方案。你能帮助我完善这个大纲，提供更具体的细分话题和论据吗？以 Markdown 格式输出。

（3）使用提示词与 ChatGPT 的对话。

🔟 **用户：**

> 你现在是我的演讲辅助专家。我是一名食品科学家，准备在一次公开演讲中对公众进行食品安全的演讲。演讲的主题是"保障食品安全：标签明确性的挑战与解决方案"。我的核心观点是"通过提高食品标签的明确性，能有效提升食品安全。"
>
> 我打算首先介绍食品标签当前的状况，然后讨论标签规范对食品安全的重要性，最后总结一些可能的解决方案。你能帮助我完善这个大纲，提供更具体的细分话题和论据吗？以 Markdown 格式输出。

⑨ ChatGPT：

当然可以！以下是你的演讲大纲，包括细分话题和相关的论据。

演讲主题: 保障食品安全: 标签明确性的挑战与解决方案

Ⅰ.引言
- 引入自己的身份和专业领域
- 引发听众对食品安全的关注
- 提出核心观点: 通过提高食品标签的明确性, 能有效提升食品安全

Ⅱ.当前食品标签的状况
- 解释当前市场上食品标签存在的问题和挑战
- 论据 1: 许多食品标签缺乏明确的信息, 难以理解和解读
- 论据 2: 消费者常常无法辨认潜在的食品安全风险
- 论据 3: 不规范的标签可能误导消费者, 引发健康问题

Ⅲ.标签规范对食品安全的重要性
- 说明标签规范对于消费者做出明智的食品选择的重要性
- 论据 1: 清晰和详细的标签能够提供关键的营养信息, 帮助消费者做出健康的决策
- 论据 2: 准确的成分列表和过敏警示能够保护过敏体质人群的安全
- 论据 3: 正确标注食品添加剂和防腐剂的使用可以防止不必要的健康风险

Ⅳ.解决方案: 提高食品标签的明确性
- 提出一些可能的解决方案和改进措施
- 论据 1: 制定统一的标签规范和标准, 确保信息的一致性和易读性
- 论据 2: 增加图形和图表等可视化元素, 使标签更易于理解
- 论据 3: 推广使用新技术, 如 QR 码或 RFID 标签, 以提供更多详细信息

Ⅴ.总结
- 重述核心观点: 通过提高食品标签的明确性, 能有效提升食品安全

- 总结主要论据和解决方案
- 鼓励听众在购买食品时更加重视标签信息，以保障自身的食品安全

通过按照这个大纲展开演讲，你可以有条理地介绍当前食品标签的状况，阐述标签规范对食品安全的重要性，并提出解决方案，以提高食品标签的明确性。记得在演讲中使用相关的统计数据、案例或研究结果来支持你的论点，以增强说服力。祝你演讲成功！

在上面的对话中，食品科学家希望 ChatGPT 帮助他完善演讲大纲，并提供更具体的细分话题和论据。

作为一个演讲辅助专家，ChatGPT 提供了详细的演讲大纲，涵盖了引言、当前食品标签的状况、标签规范对食品安全的重要性及解决方案等主题。对于每个主题，ChatGPT 都给出了细分的论据，帮助用户更深入地阐述其观点。这个大纲以 Markdown 格式呈现，方便用户阅读和修改。

这个对话为食品科学家提供了一份详尽且组织良好的演讲大纲，能够帮助他有效地进行演讲准备，清晰地表达他的观点，并且以有力的论据支持其主张。

2. 提示词模板：制定演讲大纲

⚠️ **注意：** 在使用提示词模板时要考虑到 ChatGPT 的版本更新可能会影响其效果和表现，请将此模板作为参考，而不是绝对的指导。

（1）提示词模板。

你现在是我的演讲辅助专家。我是一名{演讲者身份}，准备在一次公开演讲中对{目标受众}进行{演讲的泛主题}的演讲。演讲的主题是{演讲的主题}。我的核心观点是{核心观点}。

我打算首先介绍{第一点}，然后讨论{第二点}，最后总结{第三点}。你能帮助我完善这个大纲，提供更具体的细分话题和论据吗？以 Markdown 格式输出。

（2）提示词模板使用方法：你只需要将模板中的每个占位符（大括号

内的文本）替换为具体内容，即可直接使用。不同占位符说明如下。

①{演讲者身份}：你在演讲中的角色，如"食品科学家""心理学家""社会学家"等。

②{目标受众}：演讲的目标听众，如"公众""高中生""企业家"等。

③{演讲的泛主题}：演讲的宏观领域或大主题，如"食品安全""环境保护""领导力"等，都涵盖诸多具体主题。

④{演讲的主题}：演讲的题目，如"保障食品安全：标签明确性的挑战与解决方案"。

⑤{核心观点}：对主题的核心看法或立场，是你希望听众接受和理解的主要信息。例如，"你认为通过提高食品标签的明确性，能有效提升食品安全。"

此模板旨在帮助你设计一次精彩、有深度的演讲。它可以在你已经有初步构思的情况下，为你提供进一步的指导和完善建议。

ChatGPT 将会根据你的主题和观点，以及你的初步演讲大纲，来提供更具体的细分话题和论据。它将会用 Markdown 格式为你提供一个清晰的、条理分明的演讲大纲，让你能有条不紊地准备和进行自己的演讲。

在大纲的帮助下，你可以更好地组织和构造演讲内容，确保每一个重要的点都得到覆盖。同时，ChatGPT 也可以为你的每个论点提供更深入的材料和数据支持，让你的观点更有说服力。

无论你是资深的演讲者，还是初次尝试公开演讲的人，这个模板都将是你准备演讲的重要工具。

7.2.3　使用ChatGPT撰写演讲初稿

拥有清晰的演讲大纲后，你需要进入演讲的初稿撰写阶段。此时，你的思想和信息需要转化为明确的语句和段落。这个过程可能很耗时并需要大量精力，但有了 ChatGPT，你将会发现这件事变得轻松和高效。

1. 分段撰写演讲初稿

由于 ChatGPT 每次输出的内容有长度限制，因此将你的演讲稿分段生成，再进行后续的合并，可能是更为高效的策略。你可以根据你的演讲大纲，逐段向 ChatGPT 提问，以生成每个部分的内容。

例如，如果你的演讲大纲包含引言、三个主要部分及结论，那么你可以分五次向 ChatGPT 提出问题，每次只专注于一个部分，最后将这五部分进行合并。这样，你可以更精确地控制每个部分的内容，并确保每个部分都符合你的期望和需求。

此外，逐段生成演讲稿还有一个优势，就是在撰写每个部分时，都能重新审视和调整你的观点和论据，确保演讲稿的连贯性和一致性。接下来，我们将以前文的食品安全主题演讲为例，展示如何利用 ChatGPT 来撰写演讲初稿。

（1）案例分析：食品安全主题的演讲。

假设你是前述的食品科学家，有了周详的演讲大纲之后，你可以根据大纲的结构和内容进一步扩展每个部分，引入更多的详细内容和概念，构建你的演讲初稿。

①撰写提示词的步骤。

● 角色设定：将 ChatGPT 设定为"演讲稿撰写师"的角色，让其提供专业和深入的观点，增加演讲的力量和影响力。

● 提供上下文：向 ChatGPT 提供详细的背景信息，比如"我是一名食品科学家，准备在一次公开演讲中讲解食品安全。我的主题是'保障食品安全：标签明确性的挑战与解决方案'。"

● 创建任务：每个部分的撰写，可以看作是一个单独的任务。例如，撰写开场白部分是第一个任务，撰写主体部分第一段是第二个任务，等等。为每一个任务创建具体的任务指示，并说明你希望在该部分包含的主要内容和论点。

● 任务要求：每个任务的要求应该包括任务的具体内容，如关键观点、论据、故事或引用等。同时，也可以包括对该部分风格和语言的特殊要求，例如开场白应该吸引人，而结论应该有力并令人难忘。

● 输出要求：需要明确生成的内容是演讲稿。

②完整提示词。

● 开场白部分提示词。

> 你现在是我的演讲稿撰写师。我是一名食品科学家，准备在一次公开演讲中对公众进行食品安全的演讲。演讲的主题是"保障食品安全：标签明确性的挑战与解决方案"。我的核心观点是"通过提高食品标签的明确性，能有效提升食品安全。"
>
> 我正在为我大纲中的开场白部分寻找内容。
>
> 我想要探讨"引入自己的身份和专业领域，引发听众对食品安全的关注，提出核心观点：通过提高食品标签的明确性，能有效提升食品安全。"
>
> 我希望开场白部分能引起听众的兴趣和好奇心，你可以通过提出一个有趣的问题、分享一个相关的故事或引用一个令人印象深刻的事实来实现。可以帮我生成一段演讲稿的内容吗？

● 主体部分第一段提示词。

> 你现在是我的演讲稿撰写师。我是一名食品科学家，准备在一次公开演讲中对公众进行食品安全的演讲。演讲的主题是"保障食品安全：标签明确性的挑战与解决方案"。我的核心观点是"通过提高食品标签的明确性，能有效提升食品安全。"
>
> 我已经写好了开场白部分，现在正在为我大纲中的主体部分寻找内容。
>
> 我想要探讨"当前食品标签的状况，解释当前市场上食品标签存在的问题和挑战。论据 1：许多食品标签缺乏明确的信息，难以理解和解读。论据 2：消费者常常无法辨认潜在的食品安全风险。论据 3：不规范的标签可能误导消费者，引发健康问题。"
>
> 我希望扩展相关的观点、论证和证据，使听众能够跟随并理解演讲的主要论点。可以帮我生成一段演讲稿的内容吗？

● 主体部分第二段提示词。

> 你现在是我的演讲稿撰写师。我是一名食品科学家，准备在一次公开演讲中对公众进行食品安全的演讲。演讲的主题是"保障食品安全：标签明确

性的挑战与解决方案"。我的核心观点是"通过提高食品标签的明确性，能有效提升食品安全。"

我已经写好了开场白部分，现在正在为我大纲中的主体部分寻找内容。

我想要探讨"标签规范对食品安全的重要性，说明标签规范对于消费者做出明智的食品选择的重要性。论据 1：清晰和详细的标签能够提供关键的营养信息，帮助消费者做出健康的决策。论据 2：准确的成分列表和过敏警示能够保护过敏体质人群的安全。论据 3：正确标注食品添加剂和防腐剂的使用可以防止不必要的健康风险。"

我希望扩展相关的观点、论证和证据，使听众能够跟随并理解演讲的主要论点。可以帮我生成一段演讲稿的内容吗？

● 主体部分第三段提示词。

你现在是我的演讲稿撰写师。我是一名食品科学家，准备在一次公开演讲中对公众进行食品安全的演讲。演讲的主题是"保障食品安全：标签明确性的挑战与解决方案"。我的核心观点是"通过提高食品标签的明确性，能有效提升食品安全。"

我已经写好了开场白部分，现在正在为我大纲中的主体部分寻找内容。

我想要探讨"解决方案：提高食品标签的明确性，提出一些可能的解决方案和改进措施。论据 1：制定统一的标签规范和标准，确保信息的一致性和易读性。论据 2：增加图形和图表等可视化元素，使标签更易于理解。论据 3：推广使用新技术，如 QR 码或 RFID 标签，以提供更多详细信息。"

我希望扩展相关的观点、论证和证据，使听众能够跟随并理解演讲的主要论点。可以帮我生成一段演讲稿的内容吗？

● 结尾部分提示词。

你现在是我的演讲稿撰写师。我是一名食品科学家，准备在一次公开演讲中对公众进行食品安全的演讲。演讲的主题是"保障食品安全：标签明确性的挑战与解决方案"。我的核心观点是"通过提高食品标签的明确性，能有效提升食品安全。"

我已经写好了开场白和主体部分，现在正在为我大纲中的结尾部分寻找内容。

我想要探讨"重述核心观点：通过提高食品标签的明确性，能有效提升食品安全。总结主要论据和解决方案。鼓励听众在购买食品时更加重视标签信息，以保障自身的食品安全。"

我希望得到一个简明扼要但有力的结论，强调主要观点，并通过使用一个有力的引用、给出一个行动呼吁或提出一个引发思考的问题来结束演讲。可以帮我生成一段演讲稿的内容吗？

③使用提示词与 ChatGPT 的对话。

● 开场白部分。

🔟 **用户：**

你现在是我的演讲稿撰写师。我是一名食品科学家，准备在一次公开演讲中对公众进行食品安全的演讲。演讲的主题是"保障食品安全：标签明确性的挑战与解决方案"。我的核心观点是"通过提高食品标签的明确性，能有效提升食品安全。"

我正在为我大纲中的开场白部分寻找内容。

我想要探讨"引入自己的身份和专业领域，引发听众对食品安全的关注，提出核心观点：通过提高食品标签的明确性，能有效提升食品安全。"

我希望开场白部分能引起听众的兴趣和好奇心，你可以通过提出一个有趣的问题、分享一个相关的故事或引用一个令人印象深刻的事实来实现。可以帮我生成一段演讲稿的内容吗？

⑥ ChatGPT：

尊敬的听众们：

非常荣幸能够站在这里，与大家分享我对食品安全的关注和研究。我是一名食品科学家，长期致力于研究食品的生产、加工和安全性。今天，我想与大家探讨一个关乎我们日常生活的重要议题：保障食品安全。

让我们先来想象一下，当你走进一家超市，站在各式各样的食品货架前，你是否曾想过这样的问题：我正在购买的食品真的安全吗？它们是否符合标签上所宣称的内容？这是一个我们每个人都应该关心的问题。

食品安全是一个多方面的问题，牵涉到食品生产、加工、运输和储存等环节。然而，今天我特别想关注食品标签的明确性，因为我相信，通过提高食品标签的明确性，能有效提升食品安全。

你也许会好奇，为什么我将食品标签的明确性放在如此重要的位置。事实上，食品标签是我们与食品之间的桥梁，它们提供了关键的信息，帮助我们做出明智的选择。然而，标签上的信息是否清晰明了却成了一个问题。有时候，我们可能会发现标签上的字迹模糊不清、内容烦琐难懂，甚至有些信息被省略或误导。这给我们的购物体验和食品选择带来了困扰。

我有一次印象深刻的经历，它让我深刻认识到食品标签的重要性。有一次，我购买了一瓶看似健康的果汁，标签上鲜艳的颜色和诱人的字样吸引了我的注意。然而，当我回家仔细阅读标签时，我震惊地发现它含有大量添加糖和人工调味剂，与其标榜的健康形象相去甚远。这个经历让我认识到，我们需要更加注重食品标签的明确性，以便消费者能够做出明智的选择，确保他们所购买的食品真正符合他们的期望和需求。

因此，我深信，通过提高食品标签的明确性，我们可以为消费者提供更加透明和可靠的信息，让他们能够做出明智的食品选择。这不仅有助于保障消费者的健康和权益，也能够推动食品行业的进步和发展。

在接下来的演讲中，我将探讨一些当前食品标签中存在的问题，并提出解决方案，以实现更明确的食品标签。同时，我也将分享一些创新的技术和策略，帮助我们在食品安全领域中迈向更加可持续和安全的未来。

让我们共同关注食品安全，致力于提高食品标签的明确性。通过这样的努力，我们能够为每个人的餐桌带来更多的安心和健康。

谢谢大家！

● 主体部分 1。

🔊 **用户：**

你现在是我的演讲稿撰写师。我是一名食品科学家，准备在一次公开演讲中对公众进行食品安全的演讲。演讲的主题是"保障食品安全：标签明确性的挑战与解决方案"。我的核心观点是"通过提高食品标签的明确性，能有效提升食品安全。"

我已经写好了开场白部分，现在正在为我大纲中的主体部分寻找内容。

我想要探讨"当前食品标签的状况，解释当前市场上食品标签存在的问题和挑战。论据1：许多食品标签缺乏明确的信息，难以理解和解读。论据2：消费者常常无法辨认潜在的食品安全风险。论据3：不规范的标签可能误导消费者，引发健康问题。"

我希望扩展相关的观点、论证和证据，使听众能够跟随并理解演讲的主要论点。可以帮我生成一段演讲稿的内容吗？

⑤ ChatGPT:

当然可以！下面是扩展你所提供的观点、论证和证据的演讲稿内容。

当前食品标签的状况

尊敬的听众们：

在我们日常的购物和饮食选择中，食品标签扮演着至关重要的角色。然而，我们必须正视一个事实：当前市场上许多食品标签存在着明确性的问题和挑战，给我们带来了一些食品安全的隐患。

首先，许多食品标签缺乏明确的信息，难以理解和解读。你是否曾经拿起一份食品标签，却被一连串的科学名词、复杂的描述和小字体弄得云里雾里？这种情况经常发生，给我们带来了困惑和不确定感。消费者往往需要具备一定的食品科学知识才能正确理解标签上的含义，然而，这对大多数人来说并不容易。

其次，消费者常常无法辨认潜在的食品安全风险。食品标签应该提供有关食品成分、过敏原、添加剂和转基因成分等信息。然而，一些食品标签可能含糊其词，未能提供足够的明确信息。这使消费者很难辨认是否存在潜在的食品安全问题，尤其是对于那些有过敏反应或特殊饮食需求的人群来说，这可能带来严重的后果。

最后，不规范的标签可能误导消费者，引发健康问题。一些食品制造商可能使用模糊的描述或误导性的宣传语言，试图使他们的产品看起来更加健康或高品质。然而，这种误导性的标签可能让消费者误以为他们购买的食品是更为营养或天然的，而事实上并非如此。这种虚假的标签可能引导消费者做出错误的饮食选择，对他们的健康造成负面影响。

尊重和保护消费者权益是确保食品安全的关键。为了解决当前食品标签存在的问题，我们需要采取一系列措施。首先，政府和监管机构应该加强对食品标签的监管，确保其明确、准确地传递关键信息。其次，食品行业应该自觉提高标签的质量，采用简明清晰的语言和符号，使消费者能够轻松理解。同时，消费者教育也至关重要，我们需要加强对食品标签解读的宣传和教育，提高消费者的食品安全意识和知识水平。

通过共同努力，我们可以改善当前食品标签的状况，确保消费者能够获得准确和可信赖的食品信息。提高食品标签的明确性不仅有助于保障消费者的健康和权益，也能够推动食品行业朝着更加透明和可持续的方向发展。

谢谢大家！

- 主体部分 2。

🔟 **用户：**

你现在是我的演讲稿撰写师。我是一名食品科学家，准备在一次公开演讲中对公众进行食品安全的演讲。演讲的主题是"保障食品安全：标签明确性的挑战与解决方案"。我的核心观点是"通过提高食品标签的明确性，能有效提升食品安全。"

我已经写好了开场白部分，现在正在为我大纲中的主体部分寻找内容。

我想要探讨"标签规范对食品安全的重要性，说明标签规范对于消费者做出明智的食品选择的重要性。论据 1：清晰和详细的标签能够提供关键的营养信息，帮助消费者做出健康的决策。论据 2：准确的成分列表和过敏警示能够保护过敏体质人群的安全。论据 3：正确标注食品添加剂和防腐剂的使用可以防止不必要的健康风险。"

我希望扩展相关的观点、论证和证据，使听众能够跟随并理解演讲的主要论点。可以帮我生成一段演讲稿的内容吗？

⑤ **ChatGPT：**

当然可以！下面是扩展你所提供的观点、论证和证据的演讲稿内容。

标签规范对食品安全的重要性

尊敬的听众们：

在我们的日常生活中，购买食品是一个重要的决策。我们都希望选择健康、安全的食品，但如何做出明智的选择呢？让我向大家说明一下标签规范对于消费者做出明智的食品选择的重要性。

首先，清晰和详细的标签能够提供关键的营养信息，帮助消费者做出健康的决策。标签上的营养成分表提供了食品中的能量、蛋白质、脂肪、碳水化合物和其他营养素的含量。这些信息对于那些关注饮食平衡和营养需求的人来说至关重要。通过仔细阅读标签，我们可以比较不同产品的营养价值，并做出更明智的选择，使我们的饮食更加均衡和健康。

其次，准确的成分列表和过敏警示能够保护过敏体质人群的安全。对于那些有过敏反应或食物不耐受症状的人来说，食品标签上的过敏警示是至关重要的信息。这些警示可以帮助他们避免潜在的食物过敏风险。同时，准确的成分列表也能够让消费者了解食品中所含的具体成分，避免意外摄入可能引发过敏反应的物质。

最后，正确标注食品添加剂和防腐剂的使用可以防止不必要的健康风险。一些食品添加剂和防腐剂在食品加工中被广泛使用，以改善口感、延长保质期等。然而，对于一些人来说，过量或长期摄入这些物质可能会对健康造成潜在风险。通过明确标注食品中添加剂和防腐剂的使用，消费者能够自主选择是否购买这些产品，从而降低潜在的健康风险。

标签规范对于食品安全至关重要。清晰和详细的标签能够提供关键的营养信息，帮助我们做出健康的食品选择。准确的成分列表和过敏警示可以保护过敏体质人群的安全。正确标注食品添加剂和防腐剂的使用可以防止不必要的健康风险。

在推动标签规范方面，政府和监管机构起着至关重要的作用。他们应加强对食品标签的监管，确保标签内容准确、明确，并符合相关的法规和准则。此外，食品行业也应该自觉提高标签质量，确保消费者能够轻松理解和解读标签上的信息。

通过提高食品标签的明确性，能有效提升食品安全。让我们共同努力，确保消费者能够获得准确和可信赖的食品信息，以保护我们的健康和权益。

谢谢大家！

● 主体部分 3。

用户：

你现在是我的演讲稿撰写师。我是一名食品科学家，准备在一次公开演讲中对公众进行食品安全的演讲。演讲的主题是"保障食品安全：标签明确性的挑战与解决方案"。我的核心观点是"通过提高食品标签的明确性，能有效提升食品安全。"

我已经写好了开场白部分，现在正在为我大纲中的主体部分寻找内容。

我想要探讨"解决方案：提高食品标签的明确性，提出一些可能的解决方案和改进措施。论据 1：制定统一的标签规范和标准，确保信息的一致性和易读性。论据 2：增加图形和图表等可视化元素，使标签更易于理解。论据 3：推广使用新技术，如 QR 码或 RFID 标签，以提供更多详细信息。"

我希望扩展相关的观点、论证和证据，使听众能够跟随并理解演讲的主要论点。可以帮我生成一段演讲稿的内容吗？

ChatGPT：

当然可以！下面是扩展你所提供的观点、论证和证据的演讲稿内容。

解决方案：提高食品标签的明确性

尊敬的听众们：

我们已经了解到，提高食品标签的明确性对于保障食品安全至关重要。那么，接下来让我们一起探讨一些可能的解决方案和改进措施，以提高食品标签的明确性，进一步保障消费者的权益和健康。

首先，制定统一的标签规范和标准是关键所在。当前市场上存在各种不同的食品标签格式和信息呈现方式，这给消费者带来了困扰。因此，我们需要制定统一的标签规范和标准，确保食品标签的信息一致性和易读性。这样一来，消费者无论购买哪种食品，都能够轻松地理解标签上的信息，做出明智的选择。

其次，增加图形和图表等可视化元素也是提高标签明确性的有效手段。有时候，仅仅依靠文字描述并不足以让消费者完全理解食品的特点和含量。通过在标签上增加图形和图表，我们可以直观地展示食品的营养成分、食用方法或食品安全信息。这种可视化的元素能够帮助消费者更直观地理解食品标签上的重要信息。

最后，推广使用新技术也是提高标签明确性的一种创新方法。QR码或RFID标签等新技术可以提供更多详细的食品信息。通过扫描QR码或使用RFID设备，消费者可以获得食品的溯源信息、生产过程、质量检测结果等。这种技术的应用使消费者能够更深入地了解食品背后的故事，并为他们提供更全面的选择依据。

通过制定统一的标签规范和标准、增加可视化元素及推广使用新技术，能够有效提高食品标签的明确性。这不仅有助于消费者做出明智的食品选择，还能够促进食品行业的透明度和可持续发展。

让我们共同努力，推动食品标签的改进，确保消费者能够获得准确和可信赖的食品信息，从而保障我们的健康和权益。

谢谢大家！

● 结尾部分。

⑩ 用户：

你现在是我的演讲稿撰写师。我是一名食品科学家，准备在一次公开演讲中对公众进行食品安全的演讲。演讲的主题是"保障食品安全：标签明确性的挑战与解决方案"。我的核心观点是"通过提高食品标签的明确性，能有效提升食品安全。"

我已经写好了开场白和主体部分，现在正在为我大纲中的结尾部分寻找内容。

我想要探讨"重述核心观点：通过提高食品标签的明确性，能有效提升食品安全。总结主要论据和解决方案。鼓励听众在购买食品时更加重视标签信息，以保障自身的食品安全。"

我希望得到一个简明扼要但有力的结论，强调主要观点，并通过使用一个有力的引用、给出一个行动呼吁或提出一个引发思考的问题来结束演讲。可以帮我生成一段演讲稿的内容吗？

⑤ ChatGPT：

当然可以！以下是演讲的结尾部分内容。

尊敬的听众们：

通过我们的讨论，已经明确了食品标签明确性在保障食品安全中的重要性。我想再次强调我们的核心观点：通过提高食品标签的明确性，能有效提升食品安全。

我们探讨了当前食品标签存在的挑战和问题，并提出了解决方案。我们讨论了统一的标签规范和标准的重要性，以及增加可视化元素和推广使用新技术的创新方法。这些都是为了确保消费者能够获得准确和可信赖的食品信息，使他们能够做出更明智的食品选择。

作为食品科学家，我呼吁每个人都更加重视标签信息。在购买食品时，我们应该仔细阅读和理解标签上的内容，了解食品的成分、营养价值、过敏警示和安全风险等重要信息。只有通过充分了解标签，我们才能为自己和家人的食品安全负责。

在结束之前，我想与大家分享一句名言："我们是我们所吃的东西。"这句话提醒着我们食品对健康的重要影响。通过提高食品标签的明确性，我们能够选择更健康、更安全的食品，为我们的身体和生活质量做出积极的贡献。

让我们共同努力，推动食品安全意识的提升，并要求食品行业和监管机构持续改进标签明确性。让我们成为有意识的消费者，为了自己和社会的福祉而做出明智的食品选择。

谢谢大家！

（请注意，你可以根据个人喜好选择是否使用这个结尾，如果你有特定的引用、行动呼吁或问题，请提供相关细节，我将非常乐意为你提供更具体的结尾内容。）

在上面的对话中，食品科学家希望ChatGPT能为自己的演讲准备内容，并分成多个部分告诉ChatGPT自己的具体要求，ChatGPT作为食品科学家的演讲稿撰写师，分段接收了任务，并为他撰写了不同部分的演讲初稿。遵循用户给出的演讲大纲等丰富的上下文信息，ChatGPT详细处理了每一个部分，确保每个部分的论点都得到充分展开。

（2）提示词模板：撰写演讲稿。

> ⚠ **注意：** 在使用提示词模板时要考虑到 ChatGPT 的版本更新可能会影响其效果和表现，请将此模板作为参考，而不是绝对的指导。

①提示词模板。

● 开场白部分提示词模板。

> 你现在是我的演讲稿撰写师。我是一名{演讲者身份}，准备在一次公开演讲中对{目标受众}进行{演讲的泛主题}的演讲。演讲的主题是{演讲的主题}。我的核心观点是{核心观点}。
>
> 我正在为我大纲中的开场白部分寻找内容。
>
> 我想要探讨{演讲大纲引言部分}。
>
> 我希望开场白部分能引起听众的兴趣和好奇心，你可以通过提出一个有趣的问题、分享一个相关的故事或引用一个令人印象深刻的事实来实现。可以帮我生成一段演讲稿的内容吗？

● 主体部分提示词模板。

> 你现在是我的演讲稿撰写师。我是一名{演讲者身份}，准备在一次公开演讲中对{目标受众}进行{演讲的泛主题}的演讲。演讲的主题是{演讲的主题}。我的核心观点是{核心观点}。
>
> 我已经写好了开场白部分，现在正在为我大纲中的主体部分寻找内容。
>
> 我想要探讨{演讲大纲主体部分}。
>
> 我希望扩展相关的观点、论证和证据，使听众能够跟随并理解演讲的主要论点。可以帮我生成一段演讲稿的内容吗？

● 结尾部分提示词模板。

> 你现在是我的演讲稿撰写师。我是一名{演讲者身份}，准备在一次公开演讲中对{目标受众}进行{演讲的泛主题}的演讲。演讲的主题是{演讲的主题}。我的核心观点是{核心观点}。
>
> 我已经写好了开场白和主体部分，现在正在为我大纲中的结尾部分寻找内容。
>
> 我想要探讨{演讲大纲总结部分}。

我希望得到一个简明扼要但有力的结论，强调主要观点，并通过使用一个有力的引用、给出一个行动呼吁或提出一个引发思考的问题来结束演讲。可以帮我生成一段演讲稿的内容吗？

②提示词模板使用方法：因为ChatGPT生成的内容长度有一定的限制，所以分段产出演讲稿再进行合并处理可能是个更有效的方法。你可以按照你的演讲大纲，依次向ChatGPT提出问题来生成每个部分的内容。

比如，如果你的演讲大纲包括引言、三个主体部分和结论，你可以在同一个对话框中分五次询问ChatGPT，每次专注于一部分内容。这种方式能让你更准确地管理每一个部分的内容，并保证每个部分都满足你的要求和预期。

在分段生成内容时，你只需要将模板中的每个占位符（大括号内的文本）替换为具体内容，即可直接使用。

不同占位符说明如下。

● {演讲者身份}：你在演讲中的角色，如"食品科学家""心理学家""社会学家"等。

● {目标受众}：演讲的目标听众，如"公众""高中生""企业家"等。

● {演讲的泛主题}：演讲的宏观领域或大主题，如"食品安全""环境保护""领导力"等，都涵盖诸多具体主题。

● {演讲的主题}：演讲的题目，如"保障食品安全：标签明确性的挑战与解决方案"。

● {核心观点}：你对主题的核心看法或立场，是你希望听众接受和理解的主要信息。例如，"你认为通过提高食品标签的明确性，能有效提升食品安全。"

● {演讲大纲不同部分}：是指演讲大纲的各个组成部分，它们涵盖了引言、主题讨论、提出解决方案、结论及行动呼吁等内容。

这些模板为你在构思和撰写演讲稿时提供了非常详尽的指导。无论你是在准备开场白部分、主体部分还是结尾部分的内容，它们都可以为你提供需要的帮助。

通过这些模板，ChatGPT将能更好地理解你的需求，并为你的演讲稿提供具体、专业且有说服力的内容。无论你的演讲是否有特定的目标或要求，这些模板都可以为你提供一份让听众印象深刻的演讲稿。

总的来说，这些模板将帮助你更好地利用ChatGPT的功能，为你的演讲准备过程带来便利。

2. 合并演讲初稿

这个环节，我们需要特别强调的一步操作就是将撰写完成的各段演讲稿进行整合。这种分段整合的方式可以帮助我们更有效地操控演讲稿的框架，以确保其连贯性和协调性。我们已经完成了前述的分段撰写工作，接下来就是进行演讲稿的整合操作。

（1）案例分析：食品安全主题的演讲。

假设你就是我们之前提到的那位食品科学家，你准备在一次公开演讲中对公众进行食品安全的演讲。演讲的主题是"保障食品安全：标签明确性的挑战与解决方案"，你的核心观点是"通过提高食品标签的明确性，能有效提升食品安全。"你已经完成了演讲稿的分段撰写，并已在之前的步骤中分别收到了各段内容的确认。现在，我们即将进行下一步工作，也就是将你的分段演讲稿进行整合，创造出一篇连贯、完整的演讲稿。

①撰写提示词的步骤。

● 角色设定：在此环节，ChatGPT依然扮演着"演讲稿撰写师"的角色，负责将你的分段演讲稿整合为一个完整的篇章。

● 提供上下文：你已经完成了演讲稿的分段撰写，如果这些内容并不在同一个对话框中，或者对话消息显得有些杂乱，你可以将分段的内容再次提供给ChatGPT作为上下文信息。

● 创建任务：此环节的任务就是将分段撰写的演讲稿整合为一个完整的篇章。

● 任务要求：在不同的段落之间添加过渡词语、短语和句子，以实现内容的顺畅衔接，并确保所有原有的内容都能被保留下来。

● 输出要求：最终需要的就是一篇连贯的、完整的演讲稿。

②完整提示词。

● 分段提供演讲初稿作为上下文。

<tag>{此处省略演讲初稿开场白部分}</tag>，请确认收到。
<tag>{此处省略演讲初稿主体部分第一段}</tag>，请确认收到。
<tag>{此处省略演讲初稿主体部分第二段}</tag>，请确认收到。
<tag>{此处省略演讲初稿主体部分第三段}</tag>，请确认收到。
<tag>{此处省略演讲初稿结尾部分}</tag>，请确认收到。

● 输入指令性提示词。

你现在是我的演讲稿撰写师。我是一名食品科学家，准备在一次公开演讲中对公众进行食品安全的演讲。演讲的主题是"保障食品安全：标签明确性的挑战与解决方案"。我的核心观点是"通过提高食品标签的明确性，能有效提升食品安全。"

我已经把演讲初稿分多段放在了上方，请帮我把它们整理成一篇完整的演讲稿。我希望在不同段落之间增加一些过渡词语、短语和句子使之平稳过渡，我希望你能在新的演讲稿中保留所有原来的内容。

③使用提示词与 ChatGPT 的对话。

🔟 **用户：**

<tag>{此处省略演讲初稿开场白部分}</tag>，请确认收到。

ChatGPT：

收到

🔟 **用户：**

<tag>{此处省略演讲初稿主体部分第一段}</tag>，请确认收到。

ChatGPT：

收到

10 用户:

<tag>{此处省略演讲初稿主体部分第二段}</tag>，请确认收到。

ChatGPT:

收到

10 用户:

<tag>{此处省略演讲初稿主体部分第三段}</tag>，请确认收到。

ChatGPT:

收到

10 用户:

<tag>{此处省略演讲初稿结尾部分}</tag>，请确认收到。

ChatGPT:

收到

10 用户:

你现在是我的演讲稿撰写师。我是一名食品科学家，准备在一次公开演讲中对公众进行食品安全的演讲。演讲的主题是"保障食品安全：标签明确性的挑战与解决方案"。我的核心观点是"通过提高食品标签的明确性，能有效提升食品安全。"

我已经把演讲初稿分多段放在了上方，请帮我把它们整理成一篇完整的演讲稿。我希望在不同段落之间增加一些过渡词语、短语和句子使之平稳过渡，我希望你能在新的演讲稿中保留所有原来的内容。

ChatGPT:

当然，我很乐意帮助你整理成一篇完整的演讲稿。在下面的文本中，我将按照你提供的段落顺序，加入过渡词语、短语和句子来实现平稳过渡。请注意，我会保留你原来的内容，同时进行适当的修改和调整。

尊敬的听众们：

　　我非常荣幸能在今天与大家分享关于食品安全的重要话题。作为一名食品科学家，我深知保障食品安全对我们的健康至关重要。在我的演讲中，我将重点讨论食品标签明确性的挑战与解决方案，以及提高食品安全的关键手段。我坚信，通过提高食品标签的明确性，能有效提升食品安全。

　　首先，让我们来看一下食品标签的重要性。每天，我们都会做出购买食品的决策，而我们都希望选择健康、安全的食品。然而，要做出明智的选择并不容易，这就是为什么食品标签的明确性和规范性如此重要。通过清晰和详细的标签，我们可以获得关键的营养信息，比较不同产品的营养价值，并做出更明智的选择，使我们的饮食更加均衡和健康。

　　然而，目前存在一些挑战和问题。当前市场上存在各种不同的食品标签格式和信息呈现方式，这给消费者带来了困扰。同时，一些标签的信息过于复杂，难以理解，给消费者带来了困惑。为了解决这些问题，我们需要采取一些切实有效的解决方案。

　　首先，我们需要制定统一的标签规范和标准，确保食品标签的信息一致性和易读性。这样一来，无论消费者购买哪种食品，都能够轻松地理解标签上的信息，做出明智的选择。同时，增加图形和图表等可视化元素也是提高标签明确性的有效手段。通过可视化的元素，我们可以直观地展示食品的营养成分、食用方法或食品安全信息，帮助消费者更直观地理解标签上的重要信息。

　　然而，仅仅依靠传统的标签形式可能还不够。因此，我们可以推广使用新技术，例如 QR 码或 RFID 标签，以提供更多详细的食品信息。通过扫描 QR 码或使用 RFID 设备，消费者可以获得食品的溯源信息、生产过程、质量检测结果等。这种技术的应用使消费者能够更深入地了解食品背后的故事，并为他们提供更全面的选择依据。

　　通过制定统一的标签规范和标准、增加可视化元素及推广使用新技术，能够有效提高食品标签的明确性，进一步保障消费者的权益和健康。当我们能够准确、明确地了解食品标签上的信息时，就能够做出明智的食品选择，为自己和家人的食品安全负责。

　　让我们共同努力，推动食品标签的改进，确保消费者能够获得准确和可信赖的食品信息，从而保障我们的健康和权益。如同一句名言所说："我们是我们所吃的东西。"通过提高食品标签的明确性，我们能够选择更健康、更安全的食品，为我们的身体和生活质量做出积极的贡献。

在结束之前，我想与大家分享一个重要的思考：作为消费者，我们应该更加重视标签信息。在购买食品时，我们应该仔细阅读和理解标签上的内容，了解食品的成分、营养价值、过敏警示和安全风险等重要信息。只有充分了解标签，我们才能为自己和家人的食品安全负责。

让我们共同努力，推动食品安全意识的提升，并要求食品行业和监管机构持续改进标签明确性。让我们成为有意识的消费者，为了自己和社会的福祉而做出明智的食品选择。

谢谢大家！

在上面的对话中，食品科学家把他的演讲初稿分成了多个段落发送给 ChatGPT，并要求 ChatGPT 将它们整理成一篇完整的演讲稿。他还希望在不同段落之间添加一些过渡词语、短语和句子以实现平稳过渡，同时保留所有原来的内容。

通过 ChatGPT 的处理，生成了一篇整理好的完整演讲稿，按照食品科学家提供的段落顺序，加入了过渡词语、短语和句子，以确保内容的连贯性和流畅性，同时也保留了原来的内容。整个过程中，ChatGPT 确保了在内容上对用户的需求进行完全的满足。

（2）提示词模板：合并演讲稿。

⚠ **注意：** 在使用提示词模板时要考虑到 ChatGPT 的版本更新可能会影响其效果和表现，请将此模板作为参考，而不是绝对的指导。

---

①提示词模板。

● 分段提供演讲初稿提示词模板。

> <tag>{演讲初稿分段部分}</tag>，请确认收到。

● 指令性提示词模板。

> 你现在是我的演讲稿撰写师。我是一名{演讲者身份}，准备在一次公开

演讲中对{目标受众}进行{演讲的泛主题}的演讲。演讲的主题是{演讲的主题}。我的核心观点是{核心观点}。

　　我已经把演讲初稿分多段放在了上方，请帮我把它们整理成一篇完整的演讲稿。我希望在不同段落之间增加一些过渡词语、短语和句子使之平稳过渡，我希望你能在新的演讲稿中保留所有原来的内容。

　　②提示词模板使用方法：你只需要将模板中的每个占位符（大括号内的文本）替换为具体内容，即可直接使用。不同占位符说明如下。

　　● {演讲者身份}：你在演讲中的角色，如"食品科学家""心理学家""社会学家"等。

　　● {目标受众}：演讲的目标听众，如"公众""高中生""企业家"等。

　　● {演讲的泛主题}：演讲的宏观领域或大主题，如"食品安全""环境保护""领导力"等，都涵盖诸多具体主题。

　　● {演讲的主题}：演讲的题目，如"保障食品安全：标签明确性的挑战与解决方案"。

　　● {核心观点}：你对主题的核心看法或立场，是你希望听众接受和理解的主要信息。例如，"你认为通过提高食品标签的明确性，能有效提升食品安全。"

　　● {演讲初稿分段部分}：是指你已经分段生成的演讲稿，如果不是在同一个对话框中，或者对话消息比较杂乱，我们可以将它们作为上下文再次分段提供给ChatGPT。

　　这个提示词模板是为了帮助你将已经准备好的多段演讲稿组合成一篇连贯且流畅的完整演讲稿而设计的。模板详细指出如何向 ChatGPT 提出具体要求，使其能够在保持原稿内容完整的基础上，通过添加过渡词语、短语和句子，将各个段落平滑地连接起来。

　　只要根据模板的指示，将占位符替换为具体的内容，你就可以得到一篇连贯、有深度的演讲稿。无论你的身份是食品科学家、心理学家还是社会学家，这个模板都可以帮助你在传达核心主题的同时，确保演讲稿的流畅性和连贯性，提升你的演讲水平。

7.3 修改和完善演讲稿

在创作了演讲初稿之后，我们将进入至关重要的修订和完善阶段。在这个阶段，我们的目的是通过细致的修订和改进，将原始的、粗糙的初稿打磨成一篇引人入胜、具有影响力和吸引力的演讲。

7.3.1 使用ChatGPT让演讲稿更具个性化

虽然我们已经使用ChatGPT生成了初步的演讲稿，但这只是整个工作的起始步骤。当前阶段的初稿仅包括基本的主题和框架，真正考验我们的是如何进行深度优化，打造出独特且符合个人需求的演讲稿。下面我们将继续以"食品安全"主题演讲为例，展示如何借助ChatGPT来进一步优化演讲稿，包括插入故事元素、数据和其他相关信息。

1. 案例分析：食品安全主题的演讲

假设你就是那名食品科学家，要真正吸引听众并让他们关注你的演讲，一种有效的方法是在开头部分插入故事元素。精心编织的故事不仅可以赋予演讲生动且有趣的元素，也能帮助听众更好地记忆你的观点。在演讲的主体部分，通过提供相关的数据、事例、引用或个人经验来支持你的观点。在总结部分，回顾之前的内容，并重申你的主题，这里可以提供一个有力的引言、进行行动呼吁或提出一个引人深思的问题，以此来给听众留下深刻的印象。

（1）撰写提示词的步骤。

①角色设定：这个部分你可以让ChatGPT继续作为"演讲稿撰写师"。

②提供上下文：在设定了ChatGPT的角色之后，你要向它提供用户的基础背景信息、演讲初稿，以及自己的故事或通过各种渠道搜集到的事实、数据、例子、引用等信息。这部分内容主要是提供完整的演讲初稿和需要融入演讲初稿的个性化素材，这样才能为后续的任务创建奠定基础。

③创建任务：在为ChatGPT提供了充足的背景信息之后，接下来要明确想要ChatGPT执行的任务，即"把提供的故事或数据融入演讲初稿"。

④任务要求：创建了任务后，你要进一步明确具体需求和期望，即"保持演讲稿主体内容不变，故事或数据的插入能够自然、流畅，且不破坏演讲稿的整体结构和逻辑"等。

⑤输出要求：最后要指出对输出的形式和内容的具体期望，即"输出优化好的演讲稿"。

（2）完整提示词。

①上传完整的演讲初稿提示词。

> `<tag>{此处省略演讲初稿}</tag>`，请确认收到。

②输入指令性提示词。

> 你现在是我的演讲稿撰写师。我是一名食品科学家，准备在一次公开演讲中对公众进行食品安全的演讲。演讲的主题是"保障食品安全：标签明确性的挑战与解决方案"。我的核心观点是"通过提高食品标签的明确性，能有效提升食品安全。"
>
> 我已经写好了演讲初稿并放在了上方 tag 标签中，请帮我把我在下方 p 标签中提供的故事或数据融入演讲初稿。
>
> 我希望保持演讲稿主体内容不变，故事或数据的插入能够自然、流畅，且不破坏演讲稿的整体结构和逻辑。
>
> `<p>`最近，我决定开始减肥，首先我选择从日常的饮食入手，我觉得超市是个好的起点。我走进超市，准备买瓶无糖可乐。
>
> 无糖可乐的标签上写着"零糖"，但作为食品科学家，我知道这并不总意味着"健康"。我拿起一瓶，仔细阅读了一下标签。我发现这瓶饮料使用了一种叫阿斯巴甜的人工甜味剂。确实，它没有糖，但是我对它的健康影响有点疑虑。
>
> 之后我突然想到，如果我，一个食品科学家，都需要这么仔细地去读食品标签，那普通消费者是不是也需要呢？他们是否真正理解他们正在买的是什么？他们知道食品添加剂可能会对他们的健康产生怎样的影响吗？
>
> 这次超市之旅让我意识到，食品标签和食品安全的问题真的非常重要。我得做些什么，让更多人了解这些信息，帮助他们做出更好的选择。`</p>`

<p>《中国消费者食品标签认知及使用状况调研报告 2020 》中提到，相当一部分消费者不会合理利用标签信息来选购食品。比如有 35% 的人不知道什么是"食品真实属性名称"，因此常出现将乳饮料当作牛奶，将固体饮料当作特殊医学用途婴儿奶粉等情况。近半数消费者几乎不看营养标签和配料表，"从来不看"食品标签的消费者之所以不看的第一大原因是"我想看，但我看不懂"（43.1%），可见消费者读懂食品标签的能力不足限制了他们对食品标签的使用。</p>

<p>假设有一个人对钠摄入量很敏感，需要控制钠的摄入量。当他在超市购物时，他可以通过仔细阅读食品标签上的营养成分表来了解食品中的钠含量。这样，他就能够比较不同产品的钠含量，并选择低钠食品。</p>

<p>一些生鲜食品生产商在产品包装上使用 RFID 技术来跟踪冷链物流，增加生鲜食品冷链管理的透明度和可追溯性。消费者可以通过扫描 RFID 标签，查看有关产品成分来源、包装和运输时间及过期时间的数据。这样，消费者就能够更好地了解食品的安全性和新鲜度，做出更明智的选择。</p>

<p>【结尾部分】"许多人都记得小学时大人们常说人如其食。"</p>

（3）使用提示词与 ChatGPT 的对话。

①开场白部分。

用户：

<tag>{此处省略演讲初稿}</tag>，请确认收到。

ChatGPT：

收到。

②主体部分。

用户：

你现在是我的演讲稿撰写师。我是一名食品科学家，准备在一次公开演讲中对公众进行食品安全的演讲。演讲的主题是"保障食品安全：标签明确性的挑战与解决方案"。我的核心观点是"通过提高食品标签的明确性，能有效提升食品安全。"

　　我已经写好了演讲初稿并放在了上方 tag 标签中，请帮我把我在下方 p 标签中提供的故事或数据融入演讲初稿。

　　我希望保持演讲稿主体内容不变，故事或数据的插入能够自然、流畅，且不破坏演讲稿的整体结构和逻辑。

　　<p>最近，我决定开始减肥，首先我选择从日常的饮食入手，我觉得超市是个好的起点。我走进超市，准备买瓶无糖可乐。

　　无糖可乐的标签上写着"零糖"，但作为食品科学家，我知道这并不总意味着"健康"。我拿起一瓶，仔细阅读了一下标签。我发现这瓶饮料使用了一种叫阿斯巴甜的人工甜味剂。确实，它没有糖，但是我对它的健康影响有点疑虑。

　　之后我突然想到，如果我，一个食品科学家，都需要这么仔细地去读食品标签，那普通消费者是不是也需要呢？他们是否真正理解他们正在买的是什么？他们知道食品添加剂可能会对他们的健康产生怎样的影响吗？

　　这次超市之旅让我意识到，食品标签和食品安全的问题真的非常重要。我得做些什么，让更多人了解这些信息，帮助他们做出更好的选择。</p>

　　<p>《中国消费者食品标签认知及使用状况调研报告 2020 》中提到，相当一部分消费者不会合理利用标签信息来选购食品。比如有 35% 的人不知道什么是"食品真实属性名称"，因此常出现将乳饮料当作牛奶，将固体饮料当作特殊医学用途婴儿奶粉等情况。近半数消费者几乎不看营养标签和配料表，"从来不看"食品标签的消费者之所以不看的第一大原因是"我想看，但我看不懂"（ 43.1% ），可见消费者读懂食品标签的能力不足限制了他们对食品标签的使用。</p>

　　<p>假设有一个人对钠摄入量很敏感，需要控制钠的摄入量。当他在超市购物时，他可以通过仔细阅读食品标签上的营养成分表来了解食品中的钠含量。这样，他就能够比较不同产品的钠含量，并选择低钠食品。</p>

　　<p>一些生鲜食品生产商在产品包装上使用 RFID 技术来跟踪冷链物流，增加生鲜食品冷链管理的透明度和可追溯性。消费者可以通过扫描 RFID 标签，查看有关产品成分来源、包装和运输时间及过期时间的数据。这样，消费者就能够更好地了解食品的安全性和新鲜度，做出更明智的选择。</p>

　　<p>【结尾部分】"许多人都记得小学时大人们常说人如其食。"</p>

⑤ ChatGPT：

尊敬的听众们：

我非常荣幸能在今天与大家分享关于食品安全的重要话题。作为一名食品科学家，我深知保障食品安全对我们的健康至关重要。在我的演讲中，我将重点讨论食品标签明确性的挑战与解决方案，以及提高食品安全的关键手段。我坚信，通过提高食品标签的明确性，能有效提升食品安全。

首先，让我们来看一下食品标签的重要性。最近，我决定开始减肥，首先我选择从日常的饮食入手，我觉得超市是个好的起点。我走进超市，准备买瓶无糖可乐。无糖可乐的标签上写着"零糖"，但作为食品科学家，我知道这并不总意味着"健康"。我拿起一瓶，仔细阅读了一下标签。我发现这瓶饮料使用了一种叫阿斯巴甜的人工甜味剂。确实，它没有糖，但是我对它的健康影响有点疑虑。之后我突然想到，如果我，一个食品科学家，都需要这么仔细地去读食品标签，那普通消费者是不是也需要呢？他们是否真正理解他们正在买的是什么？他们知道食品添加剂可能会对他们的健康产生怎样的影响吗？

这次超市之旅让我意识到，食品标签和食品安全的问题真的非常重要。我得做些什么，让更多人了解这些信息，帮助他们做出更好的选择。

然而，目前存在一些挑战和问题。《中国消费者食品标签认知及使用状况调研报告 2020》中提到，相当一部分消费者不会合理利用标签信息来选购食品。比如有 35% 的人不知道什么是"食品真实属性名称"，因此常出现将乳饮料当作牛奶，将固体饮料当作特殊医学用途婴儿奶粉等情况。近半数消费者几乎不看营养标签和配料表，"从来不看"食品标签的消费者之所以不看的第一大原因是"我想看，但我看不懂"（43.1%），可见消费者读懂食品标签的能力不足限制了他们对食品标签的使用。

为了解决这些问题，我们需要采取一些切实有效的解决方案。首先，我们需要制定统一的标签规范和标准，确保食品标签的信息一致性和易读性。假设有一个人对钠摄入量很敏感，需要控制钠的摄入量。当他在超市购物时，他可以通过仔细阅读食品标签上的营养成分表来了解食品中的钠含量。这样，他就能够比较不同产品的钠含量，并选择低钠食品。无论消费者购买哪种食品，都能够轻松地理解标签上的信息，做出明智的选择。

　　增加图形和图表等可视化元素也是提高标签明确性的有效手段。通过可视化的元素，我们可以直观地展示食品的营养成分、食用方法或食品安全信息，帮助消费者更直观地理解标签上的重要信息。

　　然而，仅仅依靠传统的标签形式可能还不够。因此，我们可以推广使用新技术，例如 RFID 标签，以提供更多详细的食品信息。一些生鲜食品生产商在产品包装上使用 RFID 技术来跟踪冷链物流，增加生鲜食品冷链管理的透明度和可追溯性。消费者可以通过扫描 RFID 标签，查看有关产品成分来源、包装和运输时间及过期时间的数据。这样，消费者就能够更好地了解食品的安全性和新鲜度，做出更明智的选择。

　　通过制定统一的标签规范和标准、增加可视化元素及推广使用新技术，能够有效提高食品标签的明确性，进一步保障消费者的权益和健康。当我们能够准确、明确地了解食品标签上的信息时，就能够做出明智的食品选择，为自己和家人的食品安全负责。

　　让我们共同努力，推动食品标签的改进，确保消费者能够获得准确和可信赖的食品信息，从而保障我们的健康和权益。如同一句名言所说："我们是我们所吃的东西。"通过提高食品标签的明确性，我们能够选择更健康的食品，提升我们的生活质量，这是我们共同的责任和目标。

　　许多人都记得小学时大人们常说人如其食。让我们以此为动力，携手共进，为食品安全和健康的未来而努力！谢谢大家！

　　在与 ChatGPT 的交互中，食品科学家成功将个性化素材融入了演讲初稿中，获得了优化后的演讲稿。这个优化的演讲稿吸收了用户提供的故事，构建了一个引人入胜的叙述，让听众对食品安全问题产生兴趣。而在演讲的主体部分，通过食品科学家提供的相关事实、数据、例子来支持了自己的观点。在演讲稿结尾部分，则加入了食品科学家指定的一句关于食品的俗语，以便引起听众的思考。

2. 提示词模板：让演讲稿更具个性化

[!] **注意：** 在使用提示词模板时要考虑到 ChatGPT 的版本更新可能会影响其效果和表现，请将此模板作为参考，而不是绝对的指导。

（1）提示词模板。

①提供演讲初稿的提示词模板。

<tag>{演讲初稿}</tag>，请确认收到。

②融入个性化素材提示词模板。

你现在是我的演讲稿撰写师。我是一名{演讲者身份}，准备在一次公开演讲中对{目标受众}进行{演讲的泛主题}的演讲。演讲的主题是{演讲的主题}。我的核心观点是{核心观点}。

我已经写好了演讲初稿并放在了上方 tag 标签中，请帮我把我在下方 p 标签中提供的故事或数据融入演讲初稿。

我希望保持演讲稿主体内容不变，故事或数据的插入能够自然、流畅，且不破坏演讲稿的整体结构和逻辑。

<p>{故事或数据}</p>

（2）提示词模板使用方法：你只需要将模板中的每个占位符（大括号内的文本）替换为具体内容，即可直接使用。不同占位符说明如下。

①{演讲者身份}：你在演讲中的角色，如"食品科学家""心理学家""社会学家"等。

②{目标受众}：演讲的目标听众，如"公众""高中生""企业家"等。

③{演讲的泛主题}：演讲的宏观领域或大主题，如"食品安全""环境保护""领导力"等，都涵盖诸多具体主题。

④{演讲的主题}：演讲的题目，如"保障食品安全：标签明确性的挑战与解决方案"。

⑤{核心观点}：你对主题的核心看法或立场，是你希望听众接受和理解的主要信息。例如，"你认为通过提高食品标签的明确性，能有效提升食品安全。"

⑥{演讲初稿}：是指你需要优化的演讲稿，由于 ChatGPT 每次能够输入的字数有限，因此建议将你的演讲初稿先进行上传，并像模板中一样用<tag>标签进行标注，以便可以让 ChatGPT 精确分辨哪些是指令，哪

些是需要处理的素材。

⑦ {故事或数据}：是指你需要融入演讲稿的故事、案例或相关数据材料等。建议用 <p> 标签进行标注，以便 ChatGPT 能分清指令和需要处理的素材。

这个模板的设计主要是为了让你的演讲稿更具个性化。通过在已经完成的演讲稿中融入你自己的故事或相关的数据，让演讲稿更能打动听众，更具说服力。这个模板就像一个具体的指导，教会你如何以一种有效的方式向 ChatGPT 提出你的要求。

每个人的故事和数据都是独一无二的，也就是说，每个人的演讲稿都应该是独特的。所以，当你使用这个模板时，只需按照提示将模板中的占位符替换为你自己的信息，ChatGPT 就能按照你的要求为你编写出一份独特且个性化的演讲稿。你无须担心演讲稿的主体内容会被改变，因为这个模板强调融入故事或数据的过程是自然的，且不会破坏演讲稿的整体结构和逻辑。

总的来说，这个模板不仅能帮助你提升演讲稿的质量，更能让你的演讲稿充满个性，更有力量。

7.3.2　使用ChatGPT提升演讲稿的语言风格魅力

语言风格对于一场演讲的成功至关重要，它能吸引听众的目光，让他们更加投入。在此阶段，我们将使用 ChatGPT 的强大能力，优化演讲稿的语言风格，以提升其吸引力，并增进听众的参与体验。

1. 案例分析：食品安全主题的演讲

假设你担任的角色就是那名食品科学家，你的知识库中充满了丰富的理论与实践经验，你深深理解食品安全的重要性，并怀揣着让更多的人和你并肩战斗，共同投身于食品安全宣传的壮志。你热切地希望能通过一场热血激昂的演讲，把你的热情和专业知识传递给每一个在座的听众。现在，你需要一个强大的工具来帮助你优化这场演讲的语言风格，让它更具感染力，更能引起听众的共鸣。这就是我们要介绍的 ChatGPT，它能将你的演讲提升到新的水平。

（1）撰写提示词的步骤。

①角色设定：这次建议你使用ChatGPT的默认角色设定。这种设定将使你的演讲稿更具创新性和多样性。虽然这可能会导致生成的内容并不像之前的步骤那么稳定，但这也为你提供了多次生成并挑选最好的内容的机会。

②提供上下文：由于ChatGPT的输入字数限制，你需要将整个演讲稿上传并用<tag>标签标注好。然而，为了最大化生成内容的创新性，你只提供演讲稿，不再提供食品科学家的背景信息。

③创建任务：优化演讲稿的语言风格。

④任务要求：具体的语言风格需求。你可以指定具体的语言风格，如"幽默、正式、激昂、感人"等，也可以指定模仿某个名人的语言风格，如"白岩松"。

⑤输出要求：输出经过语言风格优化的演讲稿。

（2）完整提示词。

①上传完整的演讲稿提示词。

> <tag>{此处省略演讲稿}</tag>，请确认收到。

②输入指令性提示词。

> 我已经将写好的演讲稿放在了上方tag标签中，请帮我以白岩松的口吻优化演讲稿。

（3）使用提示词与ChatGPT的对话。

⏱ 用户：
> <tag>{此处省略演讲稿}</tag>，请确认收到。

⑯ ChatGPT：
> 收到。

🔟 **用户:**

　　我已经将写好的演讲稿放在了上方 tag 标签中，请帮我以白岩松的口吻优化演讲稿。

ChatGPT:

尊敬的听众们：

　　非常荣幸在这个舞台上，跟大家聊聊我心中挂念已久的一个话题——食品安全。作为食品科学家，我感到有责任和大家深度交流这个直接影响我们身体健康的问题。今天，我主要想跟大家探讨一下食品标签的明确性，以及提高食品安全的关键措施。

　　让我们先聊聊食品标签。有一天，我决定开始控制体重，所以我去超市想买瓶无糖可乐。但当我拿起这瓶饮料，看到其中添加了阿斯巴甜——一种人工甜味剂时，我想，尽管没有糖，它是否真的健康呢？这让我反思，如果我这样的食品科学家都要如此仔细地查看标签，那么普通消费者能读懂食品标签吗？他们知道这些食品添加剂对他们的身体可能有什么影响吗？

　　我的超市之旅让我意识到，食品标签的问题比我们想象的要重要得多。而作为食品科学家，我有责任让更多人了解这些信息，让他们能做出更明智的选择。

　　我们面临着一个重大的挑战。根据 2020 年的一份报告，许多消费者并没有有效地利用食品标签信息，有 35% 的人不知道什么是"食品真实属性名称"，他们将乳饮料误认为牛奶，将固体饮料误认为特殊医学用途婴儿奶粉。近半数消费者几乎不看营养标签和配料表。"从来不看"食品标签的消费者之所以不看，第一大原因是"我想看，但我看不懂"。可见，我们现在面临的，是一个消费者对食品标签认知能力的问题。

　　那么，我们该怎么办呢？

　　第一，我们需要制定统一的标签规范和标准。假如一个人对钠含量敏感，他可以通过阅读食品标签，了解食品中的钠含量，比较各种食品，最后选择适合自己的低钠食品。消费者应该能够轻松地理解食品标签，做出自己的选择。

　　第二，我们可以考虑增加图形和图表等可视化元素。直观的图形可以帮助消费者更容易理解标签上的信息，从而做出更好的选择。

第三，我们需要考虑利用现代科技，如RFID标签，提供更丰富、更详尽的食品信息。RFID可以增强生鲜食品冷链管理的透明度和可追溯性。消费者可以扫描标签，获取食品的源头、包装和运输时间、过期日期等信息，了解食品的安全性和新鲜度，做出更明智的选择。

当我们有了统一的标签规范和标准、更清晰的可视化元素，以及现代科技的辅助，我们就能够更好地理解食品标签，为自己和家人的食品安全负责。

我的朋友们，让我们携手努力，推动食品标签的改进，让每个消费者都能得到准确和可信赖的食品信息。像那句名言说的，"我们是我们所吃的东西。"如果我们能够理解并利用好食品标签，就能更好地为自己选择，进而提高我们的生活质量。这是我们共同的责任和目标。

我记得，小时候大人们经常告诫我们，人如其食。让这句话成为我们的动力，携手共进，为了一个更健康、更安全的未来而努力！谢谢大家！

通过与ChatGPT的互动，食品科学家成功地优化了他的演讲稿，让其更具白岩松的语言风格。他以直接、深入人心的方式阐述了食品安全的重要性，揭示了消费者在理解食品标签方面的困扰，以及他们所面临的挑战。他也提出了实质性的建议，如制定统一的标签规范和标准、增加可视化元素，以及利用现代科技提供更丰富、更详尽的食品信息。他的目标是通过这场演讲，教育公众正确理解和使用食品标签，使他们能做出更健康、更安全的食品选择，从而提高他们的生活质量。

2. 提示词模板：优化演讲稿语言风格

⚠️ **注意：** 在使用提示词模板时要考虑到ChatGPT的版本更新可能会影响其效果和表现，请将此模板作为参考，而不是绝对的指导。

（1）提示词模板。

①上传演讲稿的提示词模板。

> <tag>{演讲稿}</tag>，请确认收到。

②指令性提示词模板。

我已经将写好的演讲稿放在了上方 tag 标签中，请帮我以{语言风格}的口吻优化演讲稿。

（2）提示词模板使用方法：你只需要将模板中的每个占位符（大括号内的文本）替换为具体内容，即可直接使用。不同占位符说明如下。

①{演讲稿}：你需要优化的演讲稿，建议使用加入了个性化素材之后的完整演讲稿。

②{语言风格}：你希望整篇演讲稿使用的具体的语言风格。可以指定具体的语言风格，如"幽默、正式、激昂、感人"等，也可以指定模仿某个名人的语言风格，如"鲁迅、老舍、钱钟书"等。

这个模板旨在帮助你优化演讲稿的语言风格。因为即便内容相同，不同的语言风格也能带给听众不同的感受。某些情况下，一种特定的语言风格甚至能够强化你的演讲效果，使你的观点更具说服力。

通过使用这个模板，你可以指定想要的语言风格，如"幽默、正式、激昂、感人"等，ChatGPT 会根据你的指示，调整和优化演讲稿的语言风格。此外，你还可以选择模仿某个名人的语言风格，如"鲁迅、老舍、钱钟书"等，这将使你的演讲更具吸引力。

总的来说，这个模板为你提供了一种有效的方式来优化你的演讲稿，使之更符合你的期望和听众的需求。

7.3.3　识别和修正 ChatGPT 的不足之处

尽管 AI 工具如 ChatGPT 在撰写演讲稿等文本内容的过程中能提供巨大的帮助，它能快速生成文本，提供新的思路，并在某种程度上模仿人类的表达方式，但是我们必须明白，它仍然有其局限性。识别并修正这些不足之处，是确保我们利用这项技术得到高质量成果的关键。

首先，ChatGPT 是一个预训练的模型，虽然它能根据给定的输入生成连贯的文本，但实际上它并不理解它所写的内容。以创业为例，尽管 ChatGPT 可以根据这个主题编写出看似深入的演讲稿，但它并不理解"创业"的实际含义和涉及的挑战。这就需要我们仔细审查生成的内容，确保它的语境正确，逻辑连贯。

其次，ChatGPT无法产生真正的创新观点或原创洞见。它可以在预训练模型的基础上搜索和重组内容，创建看似新颖的表达，但无法像人一样基于自身的知识和经验进行深度思考，提出对未来的预测或独特的观点。所以，在使用AI生成的内容时，我们需要添加自己的观点和见解，使内容更具创新性和深度。

最后，尽管ChatGPT可以生成数量大且快速的文本，但可能会出现逻辑不连贯、细节不准确或深度不足的情况。这就体现了人工审查和编辑的重要性。我们需要仔细阅读AI生成的内容，检查其逻辑、准确性和深度，进行必要的修正和完善。

例如，我们可能需要验证AI生成的演讲稿中的事实信息的准确性，填补可能遗漏的重要细节，确保演讲稿中明确表达出你想要传达的主题和观点。也可能需要调整段落顺序，以提高演讲的连贯性和吸引力。

尽管使用AI如ChatGPT可以大幅提升文本生成的效率，但也必须理解，它只是一个工具，最终的文本质量仍然取决于人工审查和编辑。我们需要调动自己的知识、判断力和创造性，将AI生成的内容优化到最高质量。通过精心的评估和编辑，我们可以利用AI的强大能力，同时保持人类的独特洞见和创新能力。

第8章

使用 ChatGPT 练习演讲

在我们学习和理解了如何使用ChatGPT来制作演讲稿之后，下一步就是如何有效地进行演讲前的练习。作为一款强大的人工智能工具，ChatGPT不仅能够提供丰富的信息查询和交流功能，也能帮助我们在演讲技巧上有所提升。本章将详细讨论如何利用ChatGPT来练习和改善我们的演讲能力，包括演讲的语气、停顿和重音的建议，以及演讲时的姿势、眼神、手势和表情的建议。

⚠ **注意：** AI的建议并不是唯一正确的方式，应根据个人实际情况灵活采纳。

8.1 让ChatGPT给出语言表达建议

本节将会探讨如何利用ChatGPT来优化你的演讲表达，特别是在语气、停顿和重音的运用上。让你的声音能够更好地传达出你的情感和信息，有效提高你的演讲能力，从而更好地吸引和影响你的听众。我们将一起学习如何制定与ChatGPT的对话提示词、如何获取和理解ChatGPT的建议，以及如何根据这些建议进行调整。这些步骤不仅会帮助你改进你的演讲技巧，还将指引你更好地利用ChatGPT作为你的个人演讲辅导员。

8.1.1 根据演讲稿给出语言表达建议

ChatGPT 不仅可以帮助你撰写演讲稿，还可以在你准备演讲的过程中，为你提供有关如何运用语气、停顿和重音的建议。例如，以前一部分所生成的"保障食品安全：标签明确性的挑战与解决方案"演讲稿的第一段为例。构建提示词时，仍然可以遵循先前介绍的步骤："角色设定、提供上下文、创建任务、任务要求和输出要求。"

1. 案例分析：食品安全主题的演讲

请将自己想象成那名食品科学家，当你已经有了一份完整的关于食品安全的演讲稿时，你可能会寻求如何更有效地传达这些信息。在这个阶段，你可以将 ChatGPT 设置为专业的语言导师，它将帮助你分析你的演讲稿，并为你提供具体的语言表达建议，如语气、停顿、重音和节奏。利用这些专业建议，你可以优化你的演讲方式，使你的演讲更具吸引力，更能打动你的听众。

（1）撰写提示词的步骤。

①角色设定：在这个环节中，你可以将 ChatGPT 设定为专业的语言导师，它将为你提供专业的演讲技巧指导。专业的语言导师对语气、重音、停顿等演讲技巧有深厚的理解，能够为你提供专业和具体的建议。

②提供上下文：你需要为 ChatGPT 提供必要的背景信息，例如演讲者的身份、演讲主题，以及已经准备好的演讲稿。

③创建任务：明确你希望 ChatGPT 完成的任务，即为演讲稿提供语言表达建议。

④任务要求：明确你的期望，告诉 ChatGPT 希望得到哪些方面的指导，例如语气、停顿、重音和节奏。

⑤输出要求：告诉 ChatGPT 你期望的输出格式，例如一份详尽的专业指导，但原有的演讲内容不需要做出改动。

（2）完整提示词。

> 你是一名专业的语言导师，我是一名食品科学家，准备在一次公开演讲

中对公众进行食品安全的演讲。演讲的主题是"保障食品安全：标签明确性的挑战与解决方案"。我的核心观点是"通过提高食品标签的明确性，能有效提升食品安全。"

我已经写好了演讲稿并将段落放在下方 p 标签中。请帮我分析演讲稿内容并逐句标注出来在演讲时建议的语言表达技巧，包含停顿、语气、重音和节奏（在每个建议后加以解释），我希望你尽可能详细地给出专业指导，但不要修改演讲稿原内容。

<p>

尊敬的听众们：

非常荣幸在这个舞台上，跟大家聊聊我心中挂念已久的一个话题——食品安全。作为食品科学家，我感到有责任和大家深度交流这个直接影响我们身体健康的问题。今天，我主要想跟大家探讨一下食品标签的明确性，以及提高食品安全的关键措施。

</p>

（3）使用提示词与 ChatGPT 的对话。

🗐 **用户：**

你是一名专业的语言导师，我是一名食品科学家，准备在一次公开演讲中对公众进行食品安全的演讲。演讲的主题是"保障食品安全：标签明确性的挑战与解决方案"。我的核心观点是"通过提高食品标签的明确性，能有效提升食品安全。"

我已经写好了演讲稿并将段落放在下方 p 标签中。请帮我分析演讲稿内容并逐句标注出来在演讲时建议的语言表达技巧，包含停顿、语气、重音和节奏（在每个建议后加以解释），我希望你尽可能详细地给出专业指导，但不要修改演讲稿原内容。

<p>

尊敬的听众们：

非常荣幸在这个舞台上，跟大家聊聊我心中挂念已久的一个话题——食品安全。作为食品科学家，我感到有责任和大家深度交流这个直接影响我们身体健康的问题。今天，我主要想跟大家探讨一下食品标签的明确性，以及提高食品安全的关键措施。
　　</p>

ChatGPT：
　　<p>
尊敬的听众们：［短暂停顿，建立气氛］
　　非常荣幸在这个舞台上，跟大家聊聊我心中挂念已久的一个话题——食品安全。［停顿，语气偏重，提高"食品安全"四个字的重音，以强调主题。］作为食品科学家，［短暂停顿，让听众明确你的身份］我感到有责任和大家深度交流这个直接影响我们身体健康的问题。［停顿，语气提高，尤其在"直接影响我们身体健康的问题"这一句，以强调问题的重要性。］今天，我主要想跟大家探讨一下食品标签的明确性，以及提高食品安全的关键措施。［停顿，语气均匀，重音在"食品标签的明确性"和"提高食品安全的关键措施"，突出这是你的主要讨论点。］
　　</p>

　　注意，适时的停顿可以帮助你组织语言，同时也给听众留出思考的时间。强调关键词则可以帮助听众更好地关注你的主要观点。调整语气和节奏能使演讲更具动感，使听众更加投入。

　　在上面的对话中，ChatGPT根据食品科学家提供的演讲稿段落逐句进行了标注，并提供了详细的指导。ChatGPT在演讲开头部分建议进行短暂停顿来营造气氛，同时在强调"食品安全"这一关键词时，提高语气和重音以强调主题的重要性。在介绍自己的身份时，建议进行短暂停顿，让听众明确身份。在讨论问题的重要性时，建议提高语气以突出问题的严重性。在讨论演讲主要内容时，建议在适当的位置进行停顿并调整语气和节奏，以突出关键词并使演讲更具动感。

　　通过ChatGPT的指导，食品科学家可以对演讲稿进行相应的调整，以更好地运用停顿、语气、重音和节奏来增强演讲效果。用户可以结合ChatGPT的标注和指导进行演讲的实践和训练，以达到更好的语言表达效果，增加演讲的吸引力。

2. 提示词模板：给出语言表达建议

⚠️ **注意：** 在使用提示词模板时要考虑到 ChatGPT 的版本更新可能会影响其效果和表现，请将此模板作为参考，而不是绝对的指导。

（1）提示词模板。

> 你是一名专业的语言导师，我是一名 {演讲者身份}，准备在一次公开演讲中对 {目标受众} 进行 {演讲的泛主题} 的演讲。演讲的主题是 {演讲的主题}。我的核心观点是 {核心观点}。
>
> 我已经写好了演讲稿并将段落放在下方 p 标签中。请帮我分析演讲稿内容并逐句标注出来在演讲时建议的语言表达技巧，包含停顿、语气、重音和节奏（在每个建议后加以解释），我希望你尽可能详细地给出我专业指导，但不要修改演讲稿原内容。
>
> \<p\>{演讲稿段落}\</p\>

（2）提示词模板使用方法：你只需要将模板中的每个占位符（大括号内的文本）替换为具体内容，即可直接使用。不同占位符说明如下。

① {演讲者身份}：你在演讲中的角色，如"食品科学家""心理学家""社会学家"等。

② {目标受众}：演讲的目标听众，如"公众""高中生""企业家"等。

③ {演讲的泛主题}：演讲的宏观领域或大主题，如"食品安全""环境保护""领导力"等，都涵盖诸多具体主题。

④ {演讲的主题}：演讲的题目，如"保障食品安全：标签明确性的挑战与解决方案"。

⑤ {核心观点}：你对主题的核心看法或立场，是你希望听众接受和理解的主要信息。例如，"你认为通过提高食品标签的明确性，能有效提升食品安全。"

⑥ {演讲稿段落}：是指你需要给出表达建议的演讲稿段落，由于 ChatGPT 每次能够输入和输出的字数有限，因此在此环节建议将你的演

讲稿分段落进行处理，以便得到详细的指导建议。

在公开演讲中，除了内容的精彩与否，语言的表达也起着至关重要的作用。正确的停顿、恰当的语气、强调的重音和流畅的节奏，都可以使你的演讲更具吸引力，更能打动听众。

通过使用这个模板，你可以得到专业的语言表达建议，帮助你在实际演讲中更好地把握和控制自己的语言。请记住，虽然内容是核心，但语言的表达却是连接你和听众的重要桥梁。只有掌握了有效的语言表达技巧，你的演讲才能更具感染力，更能触动听众的心。

8.1.2　对ChatGPT给出的语言表达建议进行调整

ChatGPT 的专业性建议在语言表达上无疑是有益的，然而，这并不表示演讲者应一概采纳。每个人都有自己独特的演讲风格和个性，因此重要的是找到一种结合 ChatGPT 指导和自身风格的平衡点。演讲者需要根据自己的实际情况和风格进行适当的调整和优化。

1. 考虑自身风格

每个人的演讲风格和习惯都是不同的。有些人善于使用高亢激昂的语气，而有些人则更偏向冷静客观的讲解。在接收 ChatGPT 的建议时，要结合自身的特点和风格进行适当调整。

2. 语境的灵活运用

有时，ChatGPT 可能会建议你在某些词或句子上增加重音或更改语调，但在实际演讲中，你需要根据语境和听众的反应灵活调整。例如，如果你感觉到听众对某一主题特别感兴趣，那么你可能需要在那一部分加重语气，以增加演讲的吸引力。

3. 对节奏的把控

ChatGPT 可能会给出在某些地方应该停顿的建议，但在实际演讲中，停顿的长度和频率要根据你自己的演讲速度和听众的反应进行微调。如果你的演讲速度较快，那么停顿可以适当增长一些；反之，如果你的演讲速度较慢，那么停顿可以相对缩短。

4. 反馈的采纳

在实际训练和实践中，你可能会得到其他人的反馈和建议，这些信息对于你调整语言表达技巧很有帮助。如果多数人都表示你的某一表达方式很出色，那么你可以保持甚至加强这种方式；反之，如果多数人认为你的某一表达方式不太合适，那么你可能需要根据反馈进行相应调整。

总的来说，ChatGPT 的语言表达建议可以作为一个起点，但是最终的调整和优化需要结合你自身的特点、语境、节奏和他人反馈来进行。这样，你的演讲才能真正吸引听众，表达你的思想。

8.2　让ChatGPT给出身体语言建议

成功的演讲除了需要一份内容丰富、引人入胜的演讲稿和专业的语言表达技巧，身体语言的表达也同样重要，包括我们的姿势、眼神、手势和面部表情等。在公开演讲中，一个合适的姿势和表情，以及恰到好处的手势和眼神交流，都能大大增强你的演讲力度。本节将会深入探讨如何利用ChatGPT来提升我们的身体语言表达能力。

8.2.1　根据演讲稿给出身体语言建议

当我们的演讲稿已经写作完毕并且完成了语言表达的优化，下一步需要重点关注的就是在演讲过程中的身体语言。因为除了口头语言表达，身体语言也同样能影响我们的演讲效果。身体语言，如姿势、眼神、手势和面部表情等，是在进行演讲时表达感情和观点的重要方式。那么，如何让ChatGPT帮助我们改进身体语言呢？下面以之前的例子——"保障食品安全：标签明确性的挑战与解决方案"的演讲开场白部分为例进行探讨。

1. 案例分析：食品安全主题的演讲

设想一下，假设你是那名食品科学家，你已经准备好了一场关于食品安全的演讲，并已经获取了关于如何运用语气、停顿、重音的建议，接下来希望知道如何使用身体语言来更好地表达你的观点和情感。在这个阶段，你可以将 ChatGPT 设定为专业的演讲导师，它可以分析你的演讲稿，并为你提供具体的身体语言建议。

（1）撰写提示词的步骤。

①角色设定：将 ChatGPT 设定为专业的演讲导师，它将为你提供关于身体语言的专业建议。

②提供上下文：给 ChatGPT 提供必要的背景信息，包括演讲者的身份、演讲主题，以及已经准备好的演讲稿段落。

③创建任务：提供关于身体语言的专业建议。

④任务要求：告诉 ChatGPT 你希望得到哪些方面的身体语言指导，例如姿势、眼神、手势和表情等。

⑤输出要求：让 ChatGPT 知道你希望得到的输出格式，例如一份具有专业指导的建议，并且在每项建议后面推荐一个可以模仿的对象。

（2）完整提示词。

> 你是一名专业的演讲导师，我是一名食品科学家，准备在一次公开演讲中对公众进行食品安全的演讲。演讲的主题是"保障食品安全：标签明确性的挑战与解决方案"。我的核心观点是"通过提高食品标签的明确性，能有效提升食品安全。"
>
> 我已经写好了演讲稿并将段落放在下方 p 标签中。请帮我分析演讲稿内容并标注出来在演讲时我要注意的身体语言，如姿势、眼神、手势和表情等，我希望你尽可能详细地给出专业指导，并在每项指导意见后面帮我推荐一个可以模仿的对象，以便我去深入学习。
>
> \<p\>
> 尊敬的听众们：
> 　　非常荣幸在这个舞台上，跟大家聊聊我心中挂念已久的一个话题——食

品安全。作为食品科学家，我感到有责任和大家深度交流这个直接影响我们
身体健康的问题。今天，我主要想跟大家探讨一下食品标签的明确性，以及
提高食品安全的关键措施。

　　</p>

（3）使用提示词与 ChatGPT 的对话。

🔟 **用户：**

　　你是一名专业的演讲导师，我是一名食品科学家，准备在一次公开演讲
中对公众进行食品安全的演讲。演讲的主题是"保障食品安全：标签明确性
的挑战与解决方案"。我的核心观点是"通过提高食品标签的明确性，能有效
提升食品安全。"

　　我已经写好了演讲稿并将段落放在下方 p 标签中。请帮我分析演讲稿内
容并标注出来在演讲时我要注意的身体语言，如姿势、眼神、手势和表情等，
我希望你尽可能详细地给出专业指导，并在每项指导意见后面帮我推荐一个
可以模仿的对象，以便我去深入学习。

　　<p>
尊敬的听众们：

　　非常荣幸在这个舞台上，跟大家聊聊我心中挂念已久的一个话题——食
品安全。作为食品科学家，我感到有责任和大家深度交流这个直接影响我们
身体健康的问题。今天，我主要想跟大家探讨一下食品标签的明确性，以及
提高食品安全的关键措施。

　　</p>

⑥ **ChatGPT：**

　　<p>
尊敬的听众们：

　　<i>(注：开始时，尝试建立与听众的眼神接触，让他们感受到你的尊重。
也可以模仿乔布斯在其公开演讲中对听众的热情称呼。)</i>

　　非常荣幸在这个舞台上，跟大家聊聊我心中挂念已久的一个话题——食

品安全。

<i>（注：此处要有一个明确的手势，比如展示出扫视全体听众的动作，体现出你对这个话题的重视。参考贝拉克·奥巴马的演讲中，他经常会用手势来加强他的观点。）</i>

作为食品科学家，我感到有责任和大家深度交流这个直接影响我们身体健康的问题。

<i>（注：说到"责任"时，你可以用手击打胸口来表现自己的诚挚和决心。另外，模仿马丁·路德·金的演讲风格，他的演讲通常充满激情和决心。）</i>

今天，我主要想跟大家探讨一下食品标签的明确性，以及提高食品安全的关键措施。

<i>（注：在此部分，将手掌向上，打开放在胸前，表示你愿意和听众共享你的观点和解决方案。你可以参考布伦é·布朗的TED演讲，她在演讲中就经常使用这种开放性的手势。）</i>

</p>从上述对话中，我们可以看出ChatGPT如何根据用户的需求详细地分析演讲稿内容，同时根据各个部分的情感和内容，提供身体语言的建议，并且每一条建议后面，ChatGPT都推荐了一个著名的公众人物供用户参考和模仿，这样既具有参考性，又易于用户理解和实践。

在上面的对话中，食品科学家要求ChatGPT帮助分析演讲稿内容并标注出来在演讲时需要注意的身体语言，包括姿势、眼神、手势和表情等。用户希望ChatGPT能详细地给出专业指导，并在每项指导意见后面推荐一个可以模仿的对象，以便他去深入学习。

对此，ChatGPT分析了用户提供的演讲稿内容，针对不同的部分提出了详细的身体语言建议，包括如何建立眼神接触、如何使用手势等，以增强演讲效果。同时，为了方便用户参考和模仿，ChatGPT也推荐了一些著名的公众人物，如乔布斯、贝拉克·奥巴马、马丁·路德·金和布伦é·布朗等，他们都是公认的优秀演讲者，其演讲风格和身体语言值得学习。

食品科学家可以参考 ChatGPT 推荐的公众人物，学习和模仿他们的身体语言技巧，并在实践中逐步提升自己的演讲表达能力。

2. 提示词模板：给出身体语言建议

> ⚠️ **注意：** 在使用提示词模板时要考虑到 ChatGPT 的版本更新可能会影响其效果和表现，请将此模板作为参考，而不是绝对的指导。

（1）提示词模板。

> 你是一名专业的演讲导师，我是一名{演讲者身份}，准备在一次公开演讲中对{目标受众}进行{演讲的泛主题}的演讲。演讲的主题是{演讲的主题}。我的核心观点是{核心观点}。
>
> 我已经写好了演讲稿并将段落放在下方 p 标签中。请帮我分析演讲稿内容并标注出来在演讲时我要注意的身体语言，如姿势、眼神、手势和表情等，我希望你尽可能详细地给出专业指导，并在每项指导意见后面帮我推荐一个可以模仿的对象，以便我去深入学习。
>
> <p>{演讲稿段落}</p>

（2）提示词模板使用方法：你只需要将模板中的每个占位符（大括号内的文本）替换为具体内容，即可直接使用。不同占位符说明如下。

① {演讲者身份}：你在演讲中的角色，如"食品科学家""心理学家""社会学家"等。

② {目标受众}：演讲的目标听众，如"公众""高中生""企业家"等。

③ {演讲的泛主题}：演讲的宏观领域或大主题，如"食品安全""环境保护""领导力"等，都涵盖诸多具体主题。

④ {演讲的主题}：演讲的题目，如"保障食品安全：标签明确性的挑战与解决方案"。

⑤ {核心观点}：你对主题的核心看法或立场，是你希望听众接受和理解的主要信息。例如，"你认为通过提高食品标签的明确性，能有效提升食品安全。"

⑥ {演讲稿段落}：是指你需要给出身体语言建议的演讲稿段落，由

于 ChatGPT 每次能够输入和输出的字数有限，因此在此环节建议将你的演讲稿分段落进行处理，以便得到详细的指导建议。

演讲不仅是一种口头表达，也是一种全身性的表演。你的身体语言，如姿势、眼神、手势和表情等，能够大大增强你的演讲效果，使你的信息更加生动、具有感染力。

这个模板提供了一个全面的身体语言建议，帮助你在准备和进行演讲时，更好地掌控自己的身体语言，更有效地传达信息。它不仅会针对你的演讲稿内容提出具体的身体语言建议，而且还会为每一项建议推荐一个可以模仿的对象，让你有一个直观的学习目标。

请记住，演讲不仅是说出你的观点，更是通过你的全身心投入，使听众真正理解并接受你的观点。因此，掌握恰当的身体语言，不仅可以提升你的演讲效果，也能使你在演讲时更加自信。所以，无论你是新手还是有经验的演讲者，这个模板都是你提升演讲技巧的重要工具。

8.2.2 对ChatGPT给出的身体语言建议进行调整

虽然 ChatGPT 能够提供专业的身体语言建议，但需要注意的是，身体语言是一种非常个人化的表达形式，所以在实际演讲中，演讲者还需要根据自己的习惯和风格进行适当的调整。

1. 考虑个人习惯和舒适度

身体语言的表达并不是一成不变的，需要根据演讲者的个人习惯和舒适度进行调整。例如，如果你不习惯在讲话时过多使用手势，那么强迫自己模仿一些频繁使用手势的公众人物可能会让你感到不自在，甚至影响到你的演讲效果。因此，你可以尝试对 ChatGPT 的建议进行适当的调整，以符合你的个人习惯。

2. 保持真实性

虽然模仿成功演讲者的身体语言可以帮助你提高演讲效果，但最重要的是要保持自我、保持真实。在模仿他人的同时，也要保持你自己的风格，因为真实的你最能打动人心。

3. 持续练习和调整

身体语言的运用并非一蹴而就的事情，而是需要持续的练习和调整。你可以将ChatGPT的建议作为参考，然后反复练习，逐步调整到最适合你的方式。

接下来通过一个具体的例子，来看一看如何根据ChatGPT的身体语言建议进行调整。

例如，根据食品安全演讲稿进行调整。

在前面的章节中，我们已经获取了ChatGPT针对食品安全演讲的身体语言建议。现在，我们来做一些调整。

原建议："尊敬的听众们：（注：开始时，尝试建立与听众的眼神接触，让他们感受到你的尊重。也可以模仿乔布斯在其公开演讲中对听众的热情称呼。）"

调整后的建议："尊敬的听众们：（注：开始时，尝试建立与听众的眼神接触，让他们感受到你的尊重。如果你不习惯过于直接的眼神交流，也可以尝试让你的目光在听众区域上下扫视。）"

通过这样的调整，演讲者可以更自然地运用身体语言，同时保持个人风格和真实性。

第 9 章

使用 ChatGPT 应对演讲挑战

在演讲过程中，不仅需要准备好演讲稿和表达技巧，还需要应对可能的挑战和意外情况。本章将深入探索如何通过 ChatGPT 解决实际演讲中可能遇到的各种挑战，包括准备 Q&A 环节、应对紧张和意外情况，以及进行演讲后的总结。

!注意：使用 ChatGPT 是为了更好地辅助我们的演讲准备和执行工作，而不是取代我们的努力和实践。

9.1 如何使用ChatGPT准备演讲的Q&A环节

本节将专注于如何使用 ChatGPT 来为演讲的 Q&A 环节做好准备。这主要涉及两个步骤：熟悉与演讲主题相关的关键词，以及从各个角度思考可能会被问到的问题。掌握这些步骤不仅能帮助我们更好地预测并准备可能会在 Q&A 环节中出现的问题，还能增强我们的自信心，使我们在面对听众的提问时能更加从容应对。

9.1.1　使用ChatGPT熟悉与演讲主题相关的关键词

在准备演讲时，深入了解演讲的主题及相关的关键词是至关重要的。在这一步，可以将ChatGPT设定为你的研究助理，帮助你整理出与演讲主题相关的关键词并提供简单的解释。这样可以为你的演讲准备提供更深入的知识背景。

1. 案例分析：食品安全主题的演讲

假设你是那位食品科学家，要为食品安全主题的演讲做准备，你希望对这个主题有更全面的了解。为此，你需要知道与食品安全主题相关的关键词，以及这些关键词的意义和背景。

（1）撰写提示词的步骤。

①角色设定：将ChatGPT设定为研究助理，负责帮你整理与演讲主题相关的关键词。

②提供上下文：告诉ChatGPT你是一名食品科学家，正在准备一个关于食品安全的演讲。

③创建任务：请ChatGPT为你生成一份包含关键词及其解释的清单。

④任务要求：每个关键词都与演讲主题相关，且都需要有简单的解释。

⑤输出要求：希望得到的输出结果是关键词和解释。

（2）完整提示词。

> 你现在是我的研究助理。我是一名食品科学家，准备在一次公开演讲中对公众进行食品安全的演讲。演讲的主题是"保障食品安全：标签明确性的挑战与解决方案"。我的核心观点是"通过提高食品标签的明确性，能有效提升食品安全。"
>
> 我正在准备演讲的问答环节，我希望你可以帮我生成一些主题相关的关键词和简单解释，以便我更全面地了解演讲主题相关的知识。

（3）使用提示词与ChatGPT的对话。

用户：

你现在是我的研究助理。我是一名食品科学家，准备在一次公开演讲中对公众进行食品安全的演讲。演讲的主题是"保障食品安全：标签明确性的挑战与解决方案"。我的核心观点是"通过提高食品标签的明确性，能有效提升食品安全。"

我正在准备演讲的问答环节，我希望你可以帮我生成一些主题相关的关键词和简单解释，以便我更全面地了解演讲主题相关的知识。

ChatGPT：

当涉及食品安全和标签明确性的演讲时，以下是一些相关的关键词和简单解释，可以帮助你更全面地了解这个主题。

1. 食品安全：确保食品不会对人类的健康造成危害的一系列措施和实践。包括食品生产、加工、运输、储存和消费环节中的各种控制措施。

2. 食品标签：在食品包装上提供关于产品成分、营养信息、生产日期、保质期等重要信息的标识。

3. 标签明确性：食品标签的信息清晰、准确、易于理解和正确解读的特性。

4. 食品标签要求：法律或监管机构对食品标签内容的规定和要求，例如营养成分表、过敏原声明、生产加工信息等。

5. 标签误导：食品标签中包含不准确、模糊或具有误导性的信息，可能会给消费者带来困惑或误解。

6. 标签一致性：食品标签在同一产品的不同包装上具有一致的信息，以确保消费者能够准确地了解产品。

7. 食品追溯系统：一种记录和跟踪食品生产和供应链的系统，可以追溯到原材料的来源和产品的流向，以提高食品安全性。

8. 信息技术解决方案：利用现代技术如条形码、二维码、RFID 等来提高食品标签的明确性和可追溯性。

9. 教育和意识提高：通过消费者教育和宣传活动，增加公众对食品标签的重要性和正确解读的认识。

10. 国际标准和法规：各国制定的关于食品标签的规范和法律，旨在确保全球食品安全和贸易的一致性。

　　这些关键词和简单解释可以作为你在问答环节中引入不同方面的讨论，并提供更多详细的解释和实例来支持你的核心观点。记得在演讲中强调提高食品标签的明确性对于提升食品安全的重要性。

　　在上面的对话中，ChatGPT 根据食品科学家的需求，提供了与食品安全和标签明确性相关的关键词和简单解释，以帮助他更全面地了解这个主题。这些关键词包括食品安全、食品标签、标签明确性、食品标签要求、标签误导、标签一致性、食品追溯系统、信息技术解决方案、教育和意识提高及国际标准和法规。

　　通过 ChatGPT 提供的关键词和解释，食品科学家可以在问答环节中回答与食品安全和标签明确性相关的问题，并提供更深入的讨论和解释。这些关键词可以作为食品科学家回答问题时的参考，帮助他提供更全面和准确的回答，并加强他对演讲主题相关知识的理解和掌握。有了这些关键词和简单解释，食品科学家就可以更具针对性地进行研究。

2. 提示词模板：生成与演讲主题相关的关键词

⚠️注意：在使用提示词模板时要考虑到 ChatGPT 的版本更新可能会影响其效果和表现，请将此模板作为参考，而不是绝对的指导。

　　（1）提示词模板。

　　你现在是我的研究助理。我是一名 {演讲者身份}，准备在一次公开演讲中对 {目标受众} 进行 {演讲的泛主题} 的演讲。演讲的主题是 {演讲的主题}。我的核心观点是 {核心观点}。

　　我正在准备演讲的问答环节，我希望你可以帮我生成一些主题相关的关键词和简单解释，以便我更全面地了解演讲主题相关的知识。

　　（2）提示词模板使用方法：你只需要将模板中的每个占位符（大括号内的文本）替换为具体内容，即可直接使用。不同占位符说明如下。

　　①{演讲者身份}：你在演讲中的角色，如"食品科学家""心理学

家""社会学家"等。

②{目标受众}：演讲的目标听众，如"公众""高中生""企业家"等。

③{演讲的泛主题}：演讲的宏观领域或大主题，如"食品安全""环境保护""领导力"等，都涵盖诸多具体主题。

④{演讲的主题}：演讲的题目，如"保障食品安全：标签明确性的挑战与解决方案"。

⑤{核心观点}：你对主题的核心看法或立场，是你希望听众接受和理解的主要信息。例如，"你认为通过提高食品标签的明确性，能有效提升食品安全。"

准备演讲的问答环节是个重要但易被忽视的步骤。通过提前研究和理解关键词，你可以更全面地掌握演讲主题，并对可能的提问有所准备。

这个模板可以充当你的研究助理，帮助你生成与演讲主题相关的关键词，并对这些关键词进行简单的解释。这样，无论你在演讲的哪个环节，都可以根据这些关键词来加深听众对演讲主题的理解，同时也能增强你的自信，提升演讲的专业度。

但生成的关键词只是一个开始，你还需要深入研究，尽可能多地收集并理解与这些关键词相关的信息。这将有助于你在演讲中随机应变，无论听众提出什么样的问题，你都可以从容应对。

9.1.2 使用ChatGPT从不同角度预测问题

为了使你的演讲更全面并有效地与听众互动，预测和准备可能出现的问题及其答案是很有帮助的。ChatGPT能够从不同的角度预测可能会被问到的问题，帮助你在问答环节中更加自如。

1. 案例分析：食品安全主题的演讲

假如你是那位食品科学家，你会探讨通过提高食品标签明确性来提升食品安全的主题。你希望在演讲结束后的问答环节，能够从不同角度应对听众的问题。在这种情况下，你可以把ChatGPT设定为自己的演讲策划师，帮助预测可能被问到的问题。

（1）撰写提示词的步骤。

①角色设定：将 ChatGPT 设定为你的演讲策划师，专门为你生成可能会被问到的问题及其答案。

②提供上下文：告诉 ChatGPT 与演讲相关的背景信息，包括即将进行一场公开演讲，主题是通过提高食品标签明确性来提升食品安全等。

③创建任务：生成一份可能被问到的问题和答案列表。

④任务要求：问题需要从不同的角度提出，且每个问题都要标注提问的角度。

⑤输出要求：希望得到的输出格式，例如一份清晰的问题和答案。

（2）完整提示词。

> 你现在是我的演讲策划师。我是一名食品科学家，准备在一次公开演讲中对公众进行食品安全的演讲。演讲的主题是"保障食品安全：标签明确性的挑战与解决方案"。我的核心观点是"通过提高食品标签的明确性，能有效提升食品安全。"
>
> 我正在准备演讲的问答环节，我希望你可以帮我生成一些可能被问到的问题及相关答案，我希望问题可以从不同受众的角度进行提问，并标注提问的角度。

（3）使用提示词与 ChatGPT 的对话。

🔟 **用户：**

> 你现在是我的演讲策划师。我是一名食品科学家，准备在一次公开演讲中对公众进行食品安全的演讲。演讲的主题是"保障食品安全：标签明确性的挑战与解决方案"。我的核心观点是"通过提高食品标签的明确性，能有效提升食品安全。"
>
> 我正在准备演讲的问答环节，我希望你可以帮我生成一些可能被问到的问题及相关答案，我希望问题可以从不同受众的角度进行提问，并标注提问的角度。

⑨ ChatGPT：

当然，我很乐意帮助你准备演讲的问答环节。以下是一些可能被问到的问题及相关的答案，这些问题涵盖了不同受众的角度。

1. 角度：公众关注食品安全。

问题：为什么食品安全对公众如此重要？

答案：食品安全是关乎每个人的健康和福祉的重要问题。食品污染、添加剂过量或欺诈行为可能导致食物中存在有害物质或营养不足，对人体健康造成严重影响。因此，公众对食品安全的关注是理所当然的，并且应该积极参与确保食品标签的明确性，以保护自己和家人的健康。

2. 角度：消费者角度。

问题：提高食品标签的明确性如何帮助消费者做出更明智的食品选择？

答案：食品标签的明确性提供了消费者所需的关键信息，使他们能够做出明智的食品选择。通过清晰标示食品的成分、营养信息和过敏原提示等，消费者可以更好地了解所购买食品的质量和安全性。明确的食品标签可以帮助消费者避免食物过敏反应、选择符合特定饮食需求的产品，并有助于预防不必要的食品相关疾病。

3. 角度：食品生产商角度。

问题：提高食品标签的明确性会对食品生产商造成哪些挑战？

答案：提高食品标签的明确性确实对食品生产商提出了一些挑战。一方面，他们需要确保标签上提供的信息准确、完整，并符合相关法规和标准。这可能需要对产品配方和生产过程进行详尽的记录和验证。另一方面，食品生产商还需要确保标签设计清晰易懂，并在产品包装上提供足够的空间来显示所需的信息。尽管这些挑战存在，但通过采用先进的技术和合规的流程，食品生产商可以克服这些挑战并提高食品标签的明确性。

4. 角度：政府监管角度。

问题：政府在确保食品标签明确性方面扮演着怎样的角色？

答案：政府在确保食品标签明确性方面扮演着关键的监管角色。他们制定和实施食品标签的法规和标准，以确保食品标签提供准确、一致和易懂的信息。政府机构负责监督和检查食品生产商的合规性，并对不符合标签要求的产品进行处罚。政府还应该加强与食品行业的合作，鼓励食品生产商积极采用最佳实践，并提供培训和指导，以确保食品标签明确性的持续提升。

5. 角度：学术界角度。

问题：学术界如何参与提高食品标签的明确性？

答案：学术界在提高食品标签的明确性方面起着重要作用。食品科学家和研究人员可以进行食品成分分析、营养价值评估和食品过敏原研究等方面的研究，为制定相关的标签标准和指南提供科学依据。他们还可以通过与政府、食品行业和消费者组织的合作，推动食品标签研究的进展，并提供专业意见和建议，以促进食品标签明确性的不断改进和创新。

希望这些问题和答案能够帮助你在演讲的问答环节中更好地回答听众的提问。如果你有其他需要，请随时告诉我。祝你演讲顺利！

在上面的对话中，食品科学家希望ChatGPT作为演讲策划师，帮助生成一些可能被问到的问题及相关答案，以便用户能够更全面地了解演讲主题，并准备问答环节。

ChatGPT根据食品科学家的需求，提供了一些可能被问到的问题和相关答案，从不同受众的角度进行提问。这些问题和答案涵盖了公众关注食品安全、消费者角度、食品生产商角度、政府监管角度和学术界角度等不同的角度。问题涉及食品安全的重要性、提高食品标签明确性对消费者的影响、食品生产商面临的挑战、政府在食品标签监管方面的作用及学术界在提高食品标签明确性方面的参与等。

这些问题和答案可以帮助食品科学家更好地准备演讲的问答环节，回答听众的提问。问题从不同角度出发，有助于展示演讲主题的多个方面，并提供了相关答案作为参考。食品科学家可以根据自己的专业知识和演讲内容，进一步扩展和详细解答这些问题，以便与听众进行深入的讨论和交流。

2. 提示词模板：从不同角度预测问题

⚠️ 注意：在使用提示词模板时要考虑到ChatGPT的版本更新可能会影响其效果和表现，请将此模板作为参考，而不是绝对的指导。

（1）提示词模板。

> 你现在是我的演讲策划师。我是一名{演讲者身份}，准备在一次公开演讲中对{目标受众}进行{演讲的泛主题}的演讲。演讲的主题是{演讲的主题}。我的核心观点是{核心观点}。
>
> 我正在准备演讲的问答环节，我希望你可以帮我生成一些可能被问到的问题及相关答案，我希望问题可以从不同受众的角度进行提问，并标注提问的角度。

（2）提示词模板使用方法：你只需要将模板中的每个占位符（大括号内的文本）替换为具体内容，即可直接使用。不同占位符说明如下。

①{演讲者身份}：你在演讲中的角色，如"食品科学家""心理学家""社会学家"等。

②{目标受众}：演讲的目标听众，如"公众""高中生""企业家"等。

③{演讲的泛主题}：演讲的宏观领域或大主题，如"食品安全""环境保护""领导力"等，都涵盖诸多具体主题。

④{演讲的主题}：演讲的题目，如"保障食品安全：标签明确性的挑战与解决方案"。

⑤{核心观点}：你对主题的核心看法或立场，是你希望听众接受和理解的主要信息。例如，"你认为通过提高食品标签的明确性，能有效提升食品安全。"

问答环节是演讲的重要组成部分，也是与听众互动、展示你对主题深入理解的机会。此模板旨在帮助你预测可能的问题，并提前准备答案，从而在问答环节中充满自信。

这个模板鼓励你从不同的角度预测问题。这意味着考虑不同听众群体可能会有的疑问，例如专业人士可能关注的技术细节，或者普通公众可能关注的日常应用。通过从不同的视角考虑问题，你可以准备全面的回答，满足不同听众的需求。

9.2　如何使用ChatGPT应对紧张和意外情况

本节将探讨如何使用ChatGPT应对演讲中的紧张和意外情况。理解并预备这些情况不仅可以提升你在面对压力时的应对能力，还能帮助你在出现突发状况时快速做出反应，从而更好地维护演讲的连贯性和专业性。我们将学习如何使用ChatGPT识别并处理这些常见情况，确保你在任何场合都能自如应对。

9.2.1　使用ChatGPT应对常见的演讲紧张情况

无论是在商业环境、学术场合还是在社区活动中，演讲者都可能会感到压力或紧张。尽管场合和主题不同，压力的来源却大多相似，通常来自对公众的恐惧、对主题的不确定，以及对表达方式的担忧。利用ChatGPT，我们可以提前预测并应对这些常见的压力情况，以便在真正的演讲中更好地应对。

1. 案例分析：食品安全主题的演讲

现在，想象你自己就是那位食品科学家，你将在一个公开的场合进行一场主题为"保障食品安全：标签明确性的挑战与解决方案"的演讲。但你性格内向，并且有些社交障碍，因此对这次的演讲感到紧张。

（1）撰写提示词的步骤。

①角色设定：将ChatGPT设定为你的心理咨询师，专门为你提供有效的策略以应对演讲紧张的情况。

②提供上下文：向ChatGPT说明背景情况，如"我即将进行一场关于食品安全的公开演讲，但由于我性格内向且存在一些社交障碍，对即将到来的演讲感到紧张"。

③创建任务：向ChatGPT寻求一套可行的应对演讲紧张的策略。

④任务要求：期待得到实用、直接的策略，而非纯理论性的建议。

⑤输出要求：希望得到的是一套能直接应用的实用策略。

（2）完整提示词。

你现在是我的心理咨询师。我是一名食品科学家，准备在一次公开演讲中对公众进行食品安全的演讲。但我性格内向，有些社交障碍，因此我对这次演讲感到紧张，你能否给我提供一些实用的策略来应对我的社交障碍和演讲前的焦虑呢？

（3）使用提示词与 ChatGPT 的对话。

⑩ 用户：

你现在是我的心理咨询师。我是一名食品科学家，准备在一次公开演讲中对公众进行食品安全的演讲。但我性格内向，有些社交障碍，因此我对这次演讲感到紧张，你能否给我提供一些实用的策略来应对我的社交障碍和演讲前的焦虑呢？

⑥ ChatGPT：

当然！我可以为你提供一些应对社交障碍和演讲焦虑的实用策略。下面是一些建议。

1. 了解并准备演讲内容：深入了解你要演讲的主题，准备充分的内容，包括背景知识、统计数据和相关案例。自信来自对自己所说的东西的熟悉程度。

2. 练习演讲：通过反复练习演讲，可以增加自信和熟悉感。可以在镜子前面、录像设备前或面对朋友/家人进行模拟演讲，以增加对自己演讲能力的信心。

3. 制定详细的演讲大纲：将演讲内容划分为逻辑清晰的部分，并制定详细的演讲大纲。这将帮助你在演讲过程中保持结构和方向，并减少可能的迷失和紧张情绪。

4. 做好演讲场地的考察：提前去演讲场地考察，熟悉环境，了解投影仪、麦克风等设备的操作方法，这样可以减少因陌生环境而产生的不确定感。

5. 借助视觉辅助工具：在演讲中使用幻灯片或其他视觉辅助工具，可以帮助你组织思路和提供重要信息的支持。这也有助于吸引听众的注意力，减轻你的焦虑感。

6. 练习放松技巧：学习一些放松技巧，如深呼吸、渐进肌肉放松法或冥想。这些技巧可以在演讲前帮助你保持冷静和放松。

7. 与听众建立联系：在演讲开始前，尝试与听众建立联系。你可以与前排的一些听众进行眼神交流，微笑并友好地与他们打招呼。这有助于营造一种友好的氛围，减少紧张感。

8. 认识到你的听众是支持者：请记住，大多数听众都是希望你成功的，他们对你的演讲感兴趣并愿意倾听。抱着积极的心态，相信自己能够提供有价值的内容。

9. 接受演讲后的反馈：无论演讲结果如何，都要接受听众的反馈和评价。这有助于你了解自己的优势和需要改进的地方，并在下次演讲中提升自己。

10. 寻求专业支持：如果你的社交障碍和演讲焦虑问题严重影响你的生活和工作，考虑寻求专业心理咨询师或治疗师的帮助，他们可以为你提供个性化的支持和建议。

希望这些策略对你有所帮助！祝你在演讲中取得成功，并克服社交障碍。

在上面的对话中，食品科学家向 ChatGPT 进行咨询，希望提供实用的策略来应对社交障碍和演讲前的焦虑。ChatGPT 作为心理咨询师，从准备演讲内容、练习演讲、放松技巧到与听众建立联系方面给出了建议，这些建议旨在增加自信、减轻焦虑，并提供实际的行动指导。

2. 提示词模板：应对常见的演讲紧张情况

> ⚠️ **注意：** 在使用提示词模板时要考虑到 ChatGPT 的版本更新可能会影响其效果和表现，请将此模板作为参考，而不是绝对的指导。

（1）提示词模板。

> 你现在是我的心理咨询师。我是一名{演讲者身份}，准备在一次公开演讲中对{目标受众}进行{演讲的泛主题}的演讲。但我{紧张的原因}，因此我对这次演讲感到紧张，你能否给我提供一些实用的策略来应对我的这种紧张呢？

（2）提示词模板使用方法：你只需要将模板中的每个占位符（大括号内的文本）替换为具体内容，即可直接使用。不同占位符说明如下。

①{演讲者身份}：你在演讲中的角色，如"食品科学家""心理学

家""社会学家"等。

②{目标受众}：演讲的目标听众，如"公众""高中生""企业家"等。

③{演讲的泛主题}：演讲的宏观领域或大主题，如"食品安全""环境保护""领导力"等，都涵盖诸多具体主题。

④{紧张的原因}：你因为什么而感到紧张和焦虑。

演讲时的紧张情况是非常常见的，这个模板可以帮助你在感到紧张或焦虑的时候，找到有效的应对策略。当你在模板中描述你的演讲者身份、目标听众、演讲的主题及紧张的原因时，它可以提供针对性的建议，帮助你克服紧张，从而提升你的演讲效果。

这些建议可能包括深呼吸、积极的自我对话、充分的准备及熟悉演讲环境等方法。它们都是基于心理学研究，可以帮助你降低焦虑，提高自信心。

请记住，每个人对压力的应对方法可能不同，你可能需要尝试多种方法，看看哪一种对你最有效。通过实践和经验，你将找到最适合自己的应对紧张的策略，使你在未来的演讲中更加从容和自信。

9.2.2　使用ChatGPT应对常见的演讲意外情况

在公开演讲中，我们常常需要面对一些意外的情况，如技术故障、听众的突然提问，甚至是自己的情绪波动。应对这些意外的关键在于做好充分的准备，利用ChatGPT，我们可以提前模拟和预测可能的意外情况，以及设计应对策略。

1. 案例分析：食品安全主题的演讲

请你把自己想象成那位食品科学家，你将在一个公开的场合进行一场主题为"保障食品安全：标签明确性的挑战与解决方案"的演讲。然而，公开演讲中可能会出现各种意外情况，你需要做好充分的准备。

（1）撰写提示词的步骤。

①角色设定：你需要将ChatGPT设定为你的演讲顾问，以便它能为你提供有关公开演讲的专业建议和策略。

②提供上下文：你需要向 ChatGPT 提供关于你的职业背景、即将进行的演讲主题，以及你希望预备可能出现的意外情况的信息。

③创建任务：向 ChatGPT 明确提出你的需求，例如预测可能出现的意外情况，并为每一种情况制定具有实用性和操作性强的应对策略。

④任务要求：具体告诉 ChatGPT 你希望了解哪些可能出现的意外情况，例如技术故障、突然的提问等。

⑤输出要求：请求 ChatGPT 提供清晰、有条理的应对策略和预测的意外情况列表。

（2）完整提示词。

> 你现在是我的公开演讲顾问。我是一名食品科学家，即将在一次公开演讲中对公众进行食品安全的主题演讲。
>
> 我希望你能帮我预测可能出现的意外情况，例如技术故障、突然的提问等，以及提供具有实用性、操作性强的策略来应对这些意外。

（3）使用提示词与 ChatGPT 的对话。

> 👤 **用户：**
>
> 你现在是我的公开演讲顾问。我是一名食品科学家，即将在一次公开演讲中对公众进行食品安全的主题演讲。
>
> 我希望你能帮我预测可能出现的意外情况，例如技术故障、突然的提问等，以及提供具有实用性、操作性强的策略来应对这些意外。

> ⑯ **ChatGPT：**
>
> 当你进行公开演讲时，确实可能会遇到一些意外情况。以下是一些常见的意外情况及应对策略，供你参考。
>
> 1. 技术故障。
>
> - 提前进行技术检查，确保投影仪、音频设备等正常工作。
>
> - 准备备用计划，例如如果出现幻灯片无法显示的情况，你可以快速调整并进行口头说明。
>
> - 建议在演讲开始前向技术工作人员通报，以便他们能够及时解决任何

可能出现的问题。

2. 突然的提问。

– 掌握演讲主题的核心知识，以便能够自信地回答各种提问。

– 如果你不确定如何回答问题，可以承认自己对该问题的了解有限，并表示愿意进一步研究并与提问者联系以提供更准确的答案。

– 尝试与听众建立互动，鼓励他们提问，并借此机会展示你的专业知识。

3. 时间限制。

– 在演讲前进行充分的练习和时间管理，以确保你的演讲内容适应所分配的时间。

– 在演讲稿中标记关键点和重点，以便在时间紧迫时可以优先涵盖最重要的内容。

– 如果时间不足，可以提供一个简要的总结，并鼓励听众提出问题或留下联系方式以便进一步讨论。

4. 管理紧张情绪。

– 做好充分的准备工作，包括准备演讲稿、练习演讲和了解听众背景。

– 使用深呼吸和放松技巧来控制紧张情绪。

– 将注意力集中在你要传达的信息上，关注与听众建立连接，而不是过度关注自己的紧张情绪。

5. 听众反馈。

– 接受听众的反馈，无论是正面的还是负面的，以改进你的演讲技巧和内容。

– 鼓励听众发表意见和提问，以增强互动和参与感。

在上面的对话中，食品科学家希望ChatGPT预测可能出现的意外情况，并提供应对策略。

ChatGPT给出了一些意外情况及相应的应对策略，这些策略可以帮助食品科学家应对可能出现的意外情况，保持自信和提高应变能力。通过提前准备、掌握核心知识、灵活调整和接受听众反馈，食品科学家可以完成出色的演讲并与听众建立良好的互动。

2. 提示词模板：应对常见的演讲意外情况

> 📄**注意：** 在使用提示词模板时要考虑到 ChatGPT 的版本更新可能会影响其效果和表现，请将此模板作为参考，而不是绝对的指导。

（1）提示词模板。

> 　　你现在是我的演讲顾问。我是一名{演讲者身份}，准备在一次公开演讲中对{目标受众}进行{演讲的泛主题}的演讲。
> 　　我希望你能帮我预测可能出现的意外情况，例如技术故障、突然的提问等，以及提供具有实用性、操作性强的策略来应对这些意外。

（2）提示词模板使用方法：你只需要将模板中的每个占位符（大括号内的文本）替换为具体内容，即可直接使用。不同占位符说明如下。

①{演讲者身份}：你在演讲中的角色，如"食品科学家""心理学家""社会学家"等。

②{目标受众}：演讲的目标听众，如"公众""高中生""企业家"等。

③{演讲的泛主题}：演讲的宏观领域或大主题，如"食品安全""环境保护""领导力"等，都涵盖诸多具体主题。

在演讲过程中，可能会出现各种不可预测的意外情况。利用此模板，你可以预期并准备应对这些可能的突发状况，例如技术故障、突然的提问或其他可能出现的干扰。

你可能会得到关于如何预备备用设备、如何安排场地试讲、如何做好处理问题的准备等方面的建议。此外，你也会学到如何保持冷静、如何用幽默和自信应对突发状况，以及如何将这些意外转化为有利于你的演讲的机会。

尽管你可能无法预见所有的意外情况，但你可以通过良好的预备和充足的演讲经验来提升你应对意外的能力。只要保持开放和适应的态度，任何意外都可以转化为你的优势。

第 10 章

探索国内大模型的应用与技巧迁移

在当今这个日新月异的科技时代，人工智能（AI）模型正以前所未有的方式改变着我们的生活和工作。中国作为全球科技创新的重要力量，已经推出了首批 AI 大模型，这些模型在多个领域中具有广泛的应用前景。本章将深入探讨这些国内领先的 AI 模型，分析其核心功能和使用技巧。

> ⚠ **注意：** 本章的重点是理解如何有效地利用国内的 AI 技术，以及这些技术如何与国际趋势相融合，从而为读者提供一个全面的视角来理解和应用这些先进的 AI 模型。

10.1 国内大语言模型概述

本节将重点介绍国内先进的 AI 大模型，包括它们的功能、优势，以及在实际生活和工作中的应用场景。这些 AI 模型不仅展示了我国在人工智能领域的创新能力，而且为各行各业提供了智能化解决方案，从日常生活的便捷服务到工业生产的智能升级，这些模型都在起着关键作用。

10.1.1 国内首批备案的八大AI模型的概览

我国首批通过《生成式人工智能服务管理暂行办法》备案的大模型有：

文心一言（百度）、云雀大模型（抖音）、GLM 大模型（智谱 AI）、紫东太初大模型（中国科学院自动化研究所）、百川大模型（百川智能）、日日新大模型（商汤）、ABAB 大模型（MiniMax）、书生通用大模型（上海人工智能实验室）。

1. 文心一言

百度开发，应用于搜索引擎、智能客服等，也为第三方开发者提供 API，同时具备在线 AI 绘画功能。

2. 云雀大模型

字节跳动旗下抖音开发，应用于聊天机器人、文本生成等，提供丰富的接口和工具方便二次开发。

3. GLM 大模型

清华大学和智谱 AI 合作开发，应用于机器翻译、文本生成等，是大规模语言模型的重要突破。

4. 紫东太初大模型

中国科学院自动化研究所开发，是全球首个图文音三模态预训练模型，支持全场景 AI 应用。

5. 百川大模型

百川智能开发，应用于问答系统、聊天机器人等，在自然语言处理领域中表现突出。

6. 日日新大模型

商汤科技开发，专注于视频生成与理解，提供多风格视频生成和视频分析。

7. ABAB 大模型

MiniMax 开发，专为数据增强和压缩设计，能生成丰富的数据并优化压缩数据。

8. 书生通用大模型

上海人工智能实验室开发，是通用自然语言处理AI模型，能自动完成翻译、摘要、对话等任务，并评估任务的难度和效果。

以上各模型展示了国内在AI大模型领域的多元化发展，每个模型都有其独特的应用场景和技术特点，共同推动了中国AI技术的进步。

10.1.2 国内的"百模大战"及两大成熟模型介绍

随着人工智能技术的飞速发展，我国已经迈入了大模型的研发与应用的新时代。除了之前提到的八大AI模型成功通过备案外，国内还有数百款AI大模型正在紧锣密鼓地进行内测，这预示着中国已步入"百模大战"的激励阶段。在这百花齐放的大战中，华为的盘古大模型、腾讯的混元大模型和科大讯飞的讯飞星火认知大模型等都是内测阶段的佼佼者。

在百模大战的激流涌动中，表现最为成熟且实力非凡的无疑是文心一言与讯飞星火认知大模型。这两大模型不仅技术成熟，而且已经向公众免费开放，展现了其强大的实用价值和广泛的应用前景。因此，接下来的篇幅将重点探讨这两大模型的技术特性和应用实例，以期为读者展现国内自然语言处理技术的最新发展成果。

1. 百度的文心一言

文心一言是百度开发的一款人工智能模型，于2023年3月发布。这款模型采用了深度学习技术，在自然语言处理、图像识别、语音识别等领域中有着广泛的应用前景。

在技术特性方面，文心一言采用了先进的深度学习算法，具有以下特点。

（1）双向预训练：文心一言采用了双向预训练技术，能够更好地捕捉文本中的上下文信息，提高模型的语义理解能力。

（2）多任务学习：文心一言采用了多任务学习技术，能够在多个任务之间共享参数，提高模型的泛化能力。

（3）知识增强：文心一言通过海量的数据和知识库进行训练，从而具备了知识增强的能力，能更好地理解和应用所学到的知识。

（4）高性能：文心一言拥有高性能的计算能力和高效的算法，能够在短时间内处理大量的数据。

在应用实例方面，文心一言已经应用于多个领域，其中最具代表性的如下。

（1）自然语言处理：文心一言在自然语言处理领域中有着广泛的应用，包括文本分类、情感分析、语言翻译等。例如，百度提供的人工智能语音翻译服务就是采用了文心一言的技术。

（2）智能客服：文心一言也可以应用于智能客服领域，例如百度提供的智能问答、智能推荐等服务中均应用了其技术。通过该技术，可以轻松地解答用户的问题或提供相关建议，从而提高了客户服务的效率和质量。

2. 科大讯飞的讯飞星火认知大模型

讯飞星火认知大模型是科大讯飞推出的新一代认知智能大模型，拥有跨领域的知识和语言理解能力，能够基于自然对话方式理解与执行任务，并能从海量数据和大规模知识中持续进化，实现从提出、规划到解决问题的全流程闭环。

在技术特性方面，讯飞星火认知大模型具备七大核心能力，包括文本生成能力、语言理解能力、知识问答能力、逻辑推理能力、数学能力、代码能力和多模态能力。这些能力使得讯飞星火认知大模型能够在多个领域中发挥重要作用，具体如下。

（1）文本生成能力：可以进行多风格、多任务的长文本生成，例如邮件、文案、公文、作文、对话等。

（2）语言理解能力：可以进行多层次、跨语种的语言理解，实现语法检查、要素抽取、语篇归整、文本摘要、情感分析、多语言翻译等。

（3）知识问答能力：可以回答各种各样的问题，包括生活知识、工作技能、医学知识等。

（4）逻辑推理能力：能够进行科学推理、常识推理等。

（5）数学能力：具备一定的数学思维，能理解数学问题，覆盖多种题型，并能给出解题步骤。

（6）代码能力：可以进行代码理解、代码修改及代码编写等工作。

（7）多模态能力：可以实现多模态理解和生成。

3. 百模大战的意义与展望

"百模大战"不仅仅是技术的竞争，更是国内 AI 企业和研究机构创新能力的体现。通过这场激烈的技术竞赛，不仅可以推动国内 AI 技术的快速发展，还能为社会的多个领域提供强大的技术支持和解决方案。

在未来，随着技术的不断进步和应用的不断拓展，我们有理由相信，国内的 AI 大模型将会在全球舞台上发挥更为重要的作用，为人类社会的进步贡献中国的智慧和力量。

10.2 使用技巧的迁移——讯飞星火认知大模型应用实例

了解 AI 模型的基础功能和应用场景只是第一步，如何有效地使用这些模型才是关键。本节将探讨如何将我们在使用国际 AI 模型（如 ChatGPT）中积累的经验和技巧转移到这些国内模型中。

10.2.1 掌握模型的核心功能

每个 AI 模型都有其独特的功能和优势，而掌握这些核心功能无疑是有效使用模型的前提条件。通过深入了解模型的能力，我们可以针对不同的任务或需求选择最合适的模型，并充分利用其功能以实现期望的效果。

示例一：文本生成

假设我们的任务是生成高质量的文本。在此场景下，我们依旧可以利用向 ChatGPT 提问时使用提示词的原则和结构来向讯飞星火认知大模型进行提问。例如，我们可以输入一些关键词或主题，让讯飞星火认知大模型根据这些输入生成相应的文章或演讲稿。

示例二：语音识别

如果我们的目标是将语音转换为文本，讯飞星火认知大模型的语音识别功能将非常有用。我们可以提供音频文件，让模型自动将其中的语音内容转换为文字，方便我们进行进一步的分析和处理。

示例三：自然语言理解

在面对需要理解自然语言的任务时，讯飞星火认知大模型的自然语言理解能力可以帮助我们分析和解析文本内容，从而获取我们所需的信息。

10.2.2 迁移使用经验

从 ChatGPT 到讯飞星火认知大模型的使用技巧迁移不仅仅是技术层面的转换，更是思维和方法论的迁移。我们可以通过以下几点来实现这种迁移。

1. 理解模型的基础

深入理解两种模型的基础结构和原理，可以帮助我们更好地理解其功能和限制，从而做出更为明智的决策。

2. 转换输入和输出格式

不同的模型可能需要不同格式的输入和输出。我们需要学会如何转换这些格式，以确保能够顺利地从一个模型迁移到另一个模型。

3. 调整参数和设置

每个模型都有其独特的参数和设置。了解和掌握这些参数的含义和作用，可以帮助我们更好地调整模型，以实现最佳的性能。

4. 学习和应用新功能

每个模型都有其独特的新功能。通过学习和应用这些新功能，我们可以充分利用模型的能力，以实现更为优秀的效果。

10.2.3 实例分析

接下来，我们可以通过一些具体的实例来展示如何将从 ChatGPT 中学到的技巧和方法应用到讯飞星火认知大模型中。

实例一：使用讯飞星火认知大模型进行问卷设计

我们把 7.1.2 小节用于向 ChatGPT 提问的提示词直接输入讯飞星火认知大模型中，可以实现同样的效果。

（1）完整提示词。

你现在是我的市场研究顾问。我是一名食品科学家，准备在一次公开演讲中对公众进行食品安全的演讲。我的宏观目的是激发公众对食品安全的兴趣，增强其食品安全意识并促使他们采取积极的行动，以保障自己和社区的食品安全。微观目的包括提高公众食品安全意识、传达食品安全知识、强调食品监管的重要性及提供实用的行动建议。我需要你帮助我设计一份问卷，收集这些听众对食品安全的看法。问卷需要包含听众的基本信息（如年龄、性别、教育背景和职业等）、他们对食品安全的理解和期望，以及他们最关心的食品安全相关问题。请以 Markdown 格式输出这份问卷。

（2）使用提示词与讯飞星火认知大模型的对话。

🔟 用户：

你现在是我的市场研究顾问。我是一名食品科学家，准备在一次公开演讲中对公众进行食品安全的演讲。我的宏观目的是激发公众对食品安全的兴趣，增强其食品安全意识并促使他们采取积极的行动，以保障自己和社区的食品安全。微观目的包括提高公众食品安全意识、传达食品安全知识、强调食品监管的重要性及提供实用的行动建议。我需要你帮助我设计一份问卷，收集这些听众对食品安全的看法。问卷需要包含听众的基本信息（如年龄、性别、教育背景和职业等）、他们对食品安全的理解和期望，以及他们最关心的食品安全相关问题。请以 Markdown 格式输出这份问卷。

讯飞星火认知大模型：

食品安全意识问卷

感谢您参与我们的食品安全意识问卷调查。您的反馈将帮助我们更好地理解公众对食品安全的看法和需求，以便我们提供更有效的教育和行动建议。请您花费几分钟时间完成以下问卷，所有信息将严格保密。

基本信息

1. 您的年龄范围是?

- 18 岁以下

- 18-24 岁

- 25-34 岁

- 35-44 岁

- 45-54 岁

- 55 岁以上

2. 您的性别是?

- 男

- 女

- 其他

- 选择不回答

3. 您的最高受教育程度是?

- 高中或以下

- 大学/专科

- 硕士

- 博士或以上

4. 您的职业是?

- 学生

- 教师

- 医生

- 工程师

- 其他，请说明：_____

食品安全理解和期望

5. 您如何理解"食品安全"？

　　– 请简单描述您对食品安全的理解：_____

6. 您对食品安全有哪些期望？

　　– 请列举您对食品安全的期望：_____

食品安全相关问题

7. 您最关心哪种食品安全问题？

　　– 食品添加剂过多

　　– 食品污染（如化学污染、生物污染）

　　– 食品欺诈（如假冒伪劣食品）

　　– 食品过期或变质

　　– 其他，请说明：_____

8. 您是否了解您所在地区的食品安全监管政策和程序？

　　– 完全了解

　　– 大致了解

　　– 知道一些基本的信息，但不完全了解

　　– 完全不了解

9. 如果有更多的食品安全教育和资源，您是否愿意学习和分享？

　　– 非常愿意

　　– 愿意

　　– 不确定

　　– 不愿意

实例二：使用讯飞星火认知大模型进行演讲稿写作

　　如果之前已经使用ChatGPT完成了一些翻译任务，那么可以将相同的方法应用到讯飞星火认知大模型中，以实现高质量的翻译效果。

　　（1）完整提示词。

　　你现在是我的演讲辅助专家。我是一名食品科学家，准备在一次公开演讲中对公众进行食品安全的演讲。演讲的主题是"保障食品安全：标签明确性的挑战与解决方案"。我的核心观点是"通过提高食品标签的明确性，能有效提升食品安全。"

我打算首先介绍食品标签当前的状况，然后讨论标签规范对食品安全的重要性，最后总结一些可能的解决方案。你能帮助我完善这个大纲，提供更具体的细分话题和论据吗？以 Markdown 格式输出。

（2）使用提示词与讯飞星火认知大模型的对话。

⌒ 用户：

你现在是我的演讲辅助专家。我是一名食品科学家，准备在一次公开演讲中对公众进行食品安全的演讲。演讲的主题是"保障食品安全：标签明确性的挑战与解决方案"。我的核心观点是"通过提高食品标签的明确性，能有效提升食品安全。"

我打算首先介绍食品标签当前的状况，然后讨论标签规范对食品安全的重要性，最后总结一些可能的解决方案。你能帮助我完善这个大纲，提供更具体的细分话题和论据吗？以 Markdown 格式输出。

⌒ 讯飞星火认知大模型：

当然可以！以下是我为您准备的演讲大纲，按照 Markdown 格式呈现。

保障食品安全：标签明确性的挑战与解决方案

引言
- 介绍自己是一名食品科学家
- 引发听众对食品安全的关注和兴趣

第一部分：食品标签当前的状况
- 描述食品标签的作用和重要性
- 分析当前食品标签存在的问题和挑战
  - 缺乏明确的信息和指导
  - 难以理解的技术术语和缩写
  - 标签内容不一致和不准确

第二部分：标签规范对食品安全的重要性
- 解释标签规范的定义和目的
- 强调标签规范对食品安全的关键作用
  - 提供消费者必要的信息，如成分、营养含量等
  - 帮助消费者做出明智的食品选择
  - 促进食品行业的透明度和责任意识

第三部分：可能的解决方案
- 提出一些可行的解决方案来提高食品标签的明确性
  - 简化标签语言，使用更通俗易懂的词汇和表达方式
  - 统一标签内容和格式，确保一致性和准确性
  - 加强监管和执法力度，确保食品标签符合规范要求

结论
- 总结演讲的核心观点：通过提高食品标签的明确性，能有效提升食品安全
- 强调每个人都应该关注食品安全，并积极参与改善食品标签的行动
- 鼓励听众在日常生活中更加关注食品标签，做出明智的食品选择

通过以上分析和实例，我们可以看到，虽然不同的模型可能有其独特的特点和功能，但通过正确的方法和技术，我们完全可以将在一个模型中学到的经验和技巧迁移到另一个模型中，从而更加高效、高质量地完成任务。

第 11 章

商业演讲

在商业领域中，无论是企业家的演讲，还是投资者的演讲，都在我们的日常生活中扮演着重要的角色。这些演讲不仅是传递信息的工具，更是塑造观点、鼓舞士气和建立信任的桥梁。本章将深入探讨商业演讲的精髓，助你在各种场合下展现出色的演讲才能。

本章将分为两部分进行讨论，第一部分将关注企业家的演讲。我们将研究如何利用演讲来塑造观点、激励团队和影响决策。此外，我们还将深入探讨如何利用 ChatGPT 来撰写出有影响力的企业家演讲稿，让你在准备演讲时更加得心应手。

第二部分将聚焦于投资者的演讲。我们将研究这种演讲的核心目标——建立和维护投资者的信心，以及如何通过演讲有效地向投资者传递重要的公司信息或项目信息。此外，我们还将一起探索如何通过 ChatGPT 来编写吸引人的投资者演讲稿，使你在演讲中更加自信。

希望这一章的内容能为你在未来的商业演讲中提供有力的指导和帮助。

11.1 企业家的演讲

在当今快节奏、竞争激烈的商业世界中，企业家的演讲成为一种重要的沟通和领导工具。企业家的演讲不仅仅是向听众传达信息，更是一种强有力的塑造观点、激励团队、影响决策并建立与利益相关者的深厚联系的方式。

企业家的演讲旨在通过说服力强的言辞和精确的表达，向听众传递特定的信息和理念。它的目标是激发人们的思考、激励他们采取行动，并为共同的目标和愿景建立共识。这种演讲形式追求的不仅仅是表面上的演讲技巧，更是通过情感共鸣和逻辑推理来打动人心。

企业家的演讲通常旨在在商业环境中塑造个人或组织的形象和声誉，建立信任和认可度。这种演讲可以是向内部团队传达战略方向和价值观，激发员工的工作热情和创新能力；也可以是向外部受众传递品牌使命和愿景，吸引投资者、客户和合作伙伴。

企业家的演讲的成功与否，取决于演讲者的能力和准备程度。一位优秀的企业家演讲者不仅具备出色的口才和演讲技巧，还具备专业的行业知识、战略洞察力和领导力。他们能够将复杂的商业概念转化为简明扼要的语言，通过生动的故事和具体的案例来吸引听众的注意力，并以积极的姿态和坚定的目标来激发人们的行动力。

因此，企业家的演讲是一种力量强大的工具，可以帮助他们在商业舞台上展示魅力、影响他人并实现其战略目标。通过精心准备和灵活运用演讲技巧，企业家们可以在竞争激烈的市场中脱颖而出，赢得关键利益相关者的支持和认可，实现商业上的成功。

1. 撰写演讲稿的步骤

（1）角色设定：将 ChatGPT 设定为"企业家演讲稿撰写助手"的角色，让其为你提供具有洞察力和影响力的演讲内容，以激发听众的思考并传达你的目标和价值观。

（2）提供上下文：向 ChatGPT 提供详细的背景信息，如你的行业背景、演讲的主题、目标听众及演讲场合等。例如，"我是一位科技创业者，即将在一场创业峰会上发表演讲。我的主题是'创新思维和科技驱动的未来'，目标听众包括投资者、创业者和行业专家。"

（3）创建任务：将整个演讲稿撰写过程分解成若干个任务，如开场白、主体内容、故事讲述、呼吁行动等，并为每个任务设定明确的指示。例如，"请撰写一个引人入胜的开场白，吸引听众的注意力并提出演讲的核心议题。"

（4）任务要求：对每个任务设定具体的要求，这可能包括关键观点、支撑数据、成功案例等。同时，指定特定的语言风格、演讲技巧或情感元素，以增加演讲的说服力和吸引力。例如，"在主体内容中，请分享你的行业洞察和创新思维的实际案例，用数据和趋势图表来支持你的观点。"

（5）输出要求：明确告诉 ChatGPT 你希望生成的内容是一个按照开场白、主体内容、故事讲述和呼吁行动的顺序组织的完整演讲稿，并给出预期的字数或页数。例如，"请生成一份大约 1200 字的演讲稿，以简洁明了的语言和积极激励的口吻来激发听众的兴趣和行动。"

2. 完整提示词示例

你现在是我的企业家演讲稿撰写助手。我是一位科技创业者，即将在一场创业峰会上发表演讲。演讲的主题是"创新思维和科技驱动的未来"。我希望通过这次演讲，激发听众对科技创新的兴趣，分享一些成功案例，并呼吁大家勇于追求创新和变革。

现在，请帮我写一份演讲稿。在开场白中，请用一些引人入胜的句子，吸引听众的注意力，提出创新思维和科技驱动的重要性。在主体内容中，我希望你能分享一些行业洞察和实际案例，展示科技创新对企业成功的影响，并用数据和趋势图表来支持我的观点。在故事讲述部分，请以生动有趣的方式描述一些成功的创新故事，激发听众的想象力。最后，在呼吁行动中，请强调每个人都有创新的能力，并鼓励他们积极参与到科技驱动的未来中。

请生成一份大约 1200 字的演讲稿，按照开场白、主体内容、故事讲述和呼吁行动的顺序进行组织。演讲稿应采用简洁明了的语言，充满激情和动力，以吸引听众的兴趣并激发他们的行动力。谢谢！

3. 生成的演讲初稿示例

尊敬的听众们，大家好！

今天，我站在这里，为大家带来一个关于创新思维和科技驱动的未来的演讲。在这个充满机遇和挑战的时代，创新已经成为推动社会进步的引擎，而科技则是我们驾驭创新的利器。正是创新思维和科技驱动，塑造了我们的现在，也将引领我们的未来。

创新思维是人类进步的源泉。从古至今，人类不断追求突破和变革，正是因为我们拥有勇于挑战现状、不断探索新领域的创新思维。创新思维使我们敢于打破常规，寻找新的解决方案，创造出前所未有的价值。正是这种思维方式，推动了科技的发展，让我们的生活变得更加便捷、高效。

然而，创新思维需要有科技的支持，才能真正发挥出它的力量。科技是我们的助力器，它为创新提供了无限的可能性。无论是人工智能、大数据、云计算还是物联网，科技驱动的力量正在改变着各行各业。通过科技的应用，我们可以更好地理解市场需求，提供个性化的解决方案，提高生产效率，降低成本，甚至创造全新的商业模式。

让我们来看一些令人瞩目的数据。根据最新的研究，科技驱动的企业在过去几年中取得了显著的成功。与传统企业相比，科技驱动的企业的收入增长速度是它们的两倍以上。此外，科技驱动的企业在市场份额、创新能力和员工满意度等方面也表现出了明显的优势。这些数据不仅反映了科技创新对企业的重要性，也预示着科技驱动的未来将会更加辉煌。

让我们回顾一下一些行业的变革。在交通领域中，我们见证了无人驾驶汽车的崛起，它们不仅提高了交通安全性，还缩短了通勤时间，为人们带来了更多的便利。在医疗健康领域中，人工智能技术的应用使医生能够更准确地诊断疾病，为患者提供更好的治疗方案。在教育领域中，虚拟现实技术为学生提供了更加生动、互动的学习体验，激发了他们的学习兴趣。这些例子告诉我们，科技创新正在改变着我们的生活，也为我们带来了更多的机会。

让我与大家分享一个有趣的创新故事。曾经有一位年轻的创业者，他的名字叫马克·扎克伯格，他创立了一个名为 Facebook 的社交网络平台。起初，Facebook只是一个校园社交网站，但马克·扎克伯格的创新思维和对科技的驱动力使Facebook迅速成长为全球最大的社交媒体平台之一。通过不断改进和创新，Facebook不仅改变了人们之间的社交方式，也为企业提供了新的推广和营销渠道。马克·扎克伯格的故事告诉我们，只要我们拥有创新思维和科技驱动，就能够创造出令人瞩目的成就。

最后，我想呼吁每一个人都积极参与到科技驱动的未来中。无论你是企业家、学生还是普通的职场人士，每个人都有创新的能力。我们可以从身边的问题出发，运用创新思维，寻找解决方案。我们可以关注科技的发展趋势，学习新的技能，为自己的职业发展做好准备。也可以积极参与到创新的项目中，与他人合作，共同创造出更加美好和繁荣的未来。

在这个充满机遇和挑战的时代，让我们勇于追求创新和变革。让我们拥抱科技驱动的未来，为社会带来更多的进步和发展。让我们相信，每个人都可以成为创新的推动者，每个人都可以成为改变世界的力量。

谢谢大家！

11.2　投资者的演讲

投资者的演讲，顾名思义，是一种主要针对投资者群体的公开发言或报告。这类演讲往往来自公司高管、财务顾问或创业者，旨在分享关于公司或项目的重要信息，进而吸引和保持投资者的兴趣。它们是公司与投资者沟通的重要工具，使投资者能够更好地理解公司的业务、战略、行业动态和未来前景。

投资者的演讲的核心目标是建立和维护投资者信心。一个好的投资者演讲不仅需要提供详尽的事实和数据，还需要以透明、可信赖的方式进行，从而让投资者对公司或项目充满信心。这样的信心是建立在坦诚、透明和及时的信息传递基础上的。

另一方面，投资者的演讲也用来吸引潜在的新投资者。一次成功的投资者演讲，通常会展现出公司或项目的独特价值和吸引力，使潜在的新投资者对其产生兴趣。

总的来说，投资者的演讲是一种策略性的沟通工具，旨在吸引投资者并建立其信心，以及提供必要的信息，帮助他们做出投资决策。通过分享公司的愿景、计划和成就，这类演讲可以塑造投资者对公司或项目的看法，进而影响他们的投资行为。

1. 撰写演讲稿的步骤

（1）角色设定：将 ChatGPT 设定为"投资者演讲稿撰写师"的角色，让其为你提供深度的财经知识及专业的投资观点。

（2）提供上下文：向 ChatGPT 提供详细的背景信息，如演讲者的公司背景、演讲主题、主要投资观点及预期的听众等。例如，"我是一家科技创业公司的 CEO，准备在年度股东大会上进行一次公开演讲。我的主题是'公司的创新策略和未来前景'，主要的听众是现有和潜在的投资者。"

（3）创建任务：将整个演讲稿撰写过程分解成若干个任务，如撰写开场白、主体部分、结论等，并为每个任务设置具体的指示。例如，"请撰写一个引人入胜的开场白，引起投资者对公司的创新策略和未来前景的关注。"

（4）任务要求：对每个任务设定具体的要求，这可能包括关键观点、数据引证、案例讲述等，也可以包括对该部分风格和语言的特殊要求。例如，"在主体部分，请使用实际的业绩数据和案例来阐述我们的创新策略的成功。"

（5）输出要求：明确告诉 ChatGPT 你希望输出的内容是一个按照开场白、主要内容、结论和致谢的顺序组织的完整演讲稿，并给出预期的字数或页数。例如，"请生成一份大约 1500 字的演讲稿。"

2. 完整提示词示例

你现在是我的投资者演讲稿撰写师。我是一家创新型科技公司的 CEO，准备在即将举行的年度股东大会上，向现有和潜在的投资者进行一次公开演讲。演讲的主题是"公司的创新策略和未来前景"。我的核心观点是，我们的创新策略已经为公司带来了显著的业绩增长，并且我们对未来的发展充满信心。

　　现在，请帮我写一份演讲稿。我希望在演讲中引用一些公司的实际业绩数据和成功案例，以此证明我们的创新策略的成功，同时，我也想分享我们对未来的规划和预期。这个演讲稿需要能够打动现有的投资者，同时也能吸引潜在的新投资者。

　　请生成一份大约 1500 字的演讲稿，并以标准的演讲稿格式进行组织，包括开场白、主要内容、结论和致谢。

3. 生成的演讲初稿示例

　　尊敬的各位股东、各位投资者，大家好!

　　我非常荣幸能够在这个年度股东大会上向大家介绍我们公司的创新策略和未来前景。作为这家创新型科技公司的首席执行官，我深信我们的创新策略已经为公司带来了显著的业绩增长，并且我们对未来的发展充满信心。

　　首先，我想与大家分享一些令人振奋的实际业绩数据和成功案例。在过去的一年中，我们的公司实现了××%的收入增长，这超过了行业平均增长率。这一成绩的背后，是我们持续不断的创新和努力。我们不是简单地跟随市场趋势，而是积极引领着行业的发展。

　　我们的创新策略主要集中在以下几个方面。

　　首先，我们致力于推动技术的前沿。我们的研发团队不断探索新的技术领域，寻找机会并解决行业中的挑战。我们的最新产品在市场上取得了巨大的成功，赢得了许多新客户，并增加了现有客户的业务规模。例如，我们最近推出的智能家居解决方案，通过整合人工智能、物联网和大数据分析技术，为用户提供了更智能、更便捷的居家体验。这一创新不仅赢得了用户的青睐，还为公司带来了可观的收入增长。

　　其次，我们注重用户体验和市场需求。我们的产品和服务始终以用户为中心，不断与客户进行沟通和反馈，以确保我们的产品能够满足他们的需求。这种用户导向的创新使我们能够在竞争激烈的市场中脱颖而出，并赢得了客户的忠诚。举个例子，我们的移动应用程序经过精心设计，提供了直观、简洁的界面和丰富的功能，为用户带来了卓越的使用体验。这种关注用户需求的创新策略使我们能够不断吸引新用户，并保持现有用户的满意度。

最后，我们还积极与其他公司和组织进行合作，共同推动行业的发展。我们与一些领先的科技公司建立了战略合作关系，共同研发新的解决方案。这种合作不仅加强了我们的技术实力，还为我们开拓了新的市场机会。例如，我们与一家人工智能技术公司合作，共同开发了一款创新的语音识别系统，该系统在准确性和响应速度方面超越了市场上的竞争产品。这种合作帮助我们扩大了市场份额，并进一步巩固了我们在行业中的领先地位。

通过这些创新策略的实施，我们已经取得了显著的业绩增长和市场份额的扩大。但是，我们的创新之路并没有止步于此。我们对未来充满信心，并制定了一系列的发展规划和预期目标。

首先，我们将继续加大研发投入，不断推出新的创新产品和解决方案。我们相信，只有通过持续的创新，才能在竞争激烈的市场中保持领先地位。我们将加强与高校和研究机构的合作，吸纳更多的科研人才，推动技术的不断突破和创新。

其次，我们将加强市场营销和销售渠道的建设，进一步扩大我们的市场份额。我们将加强与客户的合作，提供更好的解决方案，并通过积极的营销策略吸引更多的潜在客户。我们将加大对市场趋势和竞争对手的研究，及时调整我们的市场策略，以保持市场的敏锐度和竞争力。

最后，我们将继续寻求合作关系，拓展我们的业务领域。我们将与其他公司和组织开展合作，共享资源和经验，实现互利共赢。我们将积极参与行业协会和展览会，与行业内的领军企业进行交流和合作，共同推动整个行业的发展。

尊敬的各位股东、各位投资者，我们的创新策略已经为公司带来了巨大的成功，并为未来的发展奠定了坚实的基础。我们相信，通过持续的创新和发展，我们将取得更大的成就。我们诚挚地邀请您加入我们，共同见证公司的辉煌未来！

谢谢大家！

第 12 章

学术演讲

　　学术领域不可或缺的一部分便是学术演讲，它用于分享研究成果、探索新的理论观点，以及和全球的学者们进行交流。而演讲的质量无疑会影响到这些目标的实现。那么，如何提高学术演讲的质量呢？本章将对此进行详细的探讨。

　　本章将分为两部分来进行研究，第一部分将探讨如何在学术会议上进行出色的报告。我们将分析这种特殊形式的演讲的基本元素，以及如何在其中有效地表达你的研究成果。此外，我们还将讨论如何使用ChatGPT来帮助撰写学术报告，让你在准备过程中更加得心应手。

　　第二部分将研究如何进行一次精彩的教授讲座。不同于学术会议上的报告，教授的讲座更加注重知识的传递和观念的启发。因此，我们将探索如何将复杂的学术内容用简单易懂的方式表达出来，以及如何引发听众的思考和探索。

　　希望这一章的内容能为你在未来的学术演讲中提供一些有用的指导和帮助。

12.1 学术会议上的报告

学术会议上的报告是一种特殊的演讲形式，以分享、讨论和传播学术研究成果为核心目标。它在学术界中占据了重要的地位，为研究者提供了一个将理论转化为实践、与同行建立联系，以及为科学知识的积累和发展做出贡献的平台。

该类型的演讲通常由学者、研究员或专业领域的专家进行，内容广泛，包括但不限于最新的研究发现、理论模型、技术方法、实验结果或研究领域的新兴主题。其目标不仅是为了分享研究成果，也是为了引导和刺激更广泛的学术讨论，激发创新思维，在某些情况下可能也是为了寻求合作或获取项目支持。

学术会议上的报告作为一次深度的交流和学习机会，要求演讲者具备深入的专业知识、良好的沟通技巧及对研究领域前沿的敏感度。同时，该类演讲的撰写和制作，除了需要精准阐述自己的研究成果，还需要充分考虑如何更有效地与听众沟通、引发共鸣，以及如何使自己的演讲在众多学术报告中脱颖而出。

使用 ChatGPT 来编写学术会议的演讲稿，可以帮助演讲者更有效地组织和表达他们的想法，节省他们的时间和精力，使他们更专注于自己的研究。然而，由于学术领域的特殊性和专业性，ChatGPT 并不能代替专业的学术研究和人类的独特视角，但它可以作为一种强大的工具，提供一种新的视角，帮助学者们提升演讲质量和效果。

1. 撰写演讲稿的步骤

（1）角色设定：将 ChatGPT 设定为"学术会议演讲稿撰写师"的角色，让其提供深度的科研内容解析及通俗易懂的语言表达。

（2）提供上下文：向 ChatGPT 提供详细的背景信息，如演讲者的专业背景、演讲主题、核心论点及预期的听众等。例如，"我是一名气候科学家，准备在全球气候变化大会上进行一次公开演讲。我的主题是'全球暖化对海平面上升的影响'，主要的听众是科研人员和媒体。"

（3）创建任务：将整个演讲稿撰写过程分解成若干个任务，如撰写开场白、主体部分、结论等，并为每个任务设置具体的指示。例如，"请撰写一个引人入胜的开场白，引起听众对全球暖化与海平面上升关系的关注。"

（4）任务要求：对每个任务设定具体的要求，这可能包括关键观点、数据引证、案例讲述等，也可以包括对该部分风格和语言的特殊要求。例如，"在开场白中，请使用一些鲜活的例子来描述全球暖化对海平面上升的影响。"

（5）输出要求：明确告诉ChatGPT你希望输出的内容是一个按照开场白、主要内容、结论和致谢的顺序组织的完整演讲稿，并给出预期的字数或页数。例如，"请生成一份大约 800 字的演讲稿。"

2. 完整提示词示例

> 你现在是我的学术会议演讲稿撰写师。我是一名气候科学家，准备在即将举行的全球气候变化大会上向同行和媒体进行一次公开演讲。演讲的主题是"全球暖化对海平面上升的影响"。我的核心观点是全球暖化导致的极地冰川融化正在加快海平面上升的速度，这对全球的许多沿海城市构成了严重的威胁，我们需要采取行动来减缓全球暖化并适应这一变化。
>
> 现在，请帮我写一份演讲稿。我希望在演讲中引用一些科学研究结果、加入一些形象的比喻和例子使听众更容易理解，以及提出一些实际可行的解决策略。这个演讲稿需要能被科学家、政策制定者，以及对气候问题感兴趣的普通公众所理解。
>
> 请生成一份大约 800 字的演讲稿，并以标准的演讲稿格式进行组织，包括开场白、主要内容、结论和致谢。

3. 生成的演讲初稿示例

> 尊敬的同行学者、政策制定者，以及所有对我们的共同家园的未来充满关切的朋友们，大家好。
>
> 我是一名气候科学家，今天我要与大家分享的主题是"全球暖化对海平

面上升的影响"。尽管这个问题已经被多次提及，但它的紧迫性和复杂性远超出我们的想象。让我先给大家引用一项科学研究结果。

据国际海洋科学研究所的最新报告显示，由于全球变暖，北极和南极的冰层正在以每年 390 亿吨的速度融化。这种速度的融化，使海平面每年上升约 3.6 毫米，这意味着，只用不到三十年的时间，海平面就会上升超过一只脚的高度。

对许多人来说，一只脚可能并不显得很高，但对全球所有的沿海城市和岛国来说，这是毁灭性的。例如，孟加拉国的首都达卡，以及我们熟知的纽约、上海等城市，都将面临严重的洪水威胁。然而，这只是冰山一角，真正的影响远超于此。

那么，我们能做什么呢？首先，我们需要明确一点，那就是减缓全球暖化才是解决问题的根本途径。我们需要采取具体的行动来降低温室气体排放，包括发展清洁能源、提高能源效率，以及改变我们的消费习惯。这需要全球的努力，无论是政府、企业，还是每一个普通公民，都需要行动起来。

其次，我们需要建立适应性策略来应对海平面上升带来的影响。这包括建立防洪堤、推动海岸线退却、提升城市排水系统的效率，以及提高社区的抗洪能力。这些策略需要科学家和决策者的紧密合作，我们需要共同寻找最适合当地情况的解决方案。

最后，我们需要提高公众的意识。让更多的人了解全球变暖对我们生活的影响，让他们知道，他们的行为，无论是出行方式的选择，还是饮食和消费的习惯，都与全球暖化和海平面上升息息相关。

作为科学家，我们的职责是提供确凿的科学证据，让决策者和公众了解全球暖化和海平面上升的严重性。但是，更重要的是，我们要给人们希望。我们需要让人们相信，只要我们团结一致，采取行动，就能应对这个挑战。

在此，我要感谢所有对气候变化研究做出贡献的科学家们，你们的努力让我们有了解决问题的可能。我也要感谢所有关注这个问题的人，是你们的关心让我们有了改变的动力。

让我们一起，对抗全球暖化，应对海平面上升，为我们和未来的世代，保护我们共同的家园！谢谢大家！

12.2 教授的讲座

在任何公共演讲的定义中，教授的讲座都占据了一席重要的地位。教授讲座的核心目标是传递知识和启发思考，其效果的度量并不仅仅在于信息的传达，更在于对听众深层次理解能力的培养和观念的塑造。

教授的讲座通常涵盖了大量的学术研究，深入研究的细节和背后的思想，这是为了激发学生和听众的学习兴趣，以及引导他们深入思考和理解复杂的概念。因此，教授的讲座不仅是传递信息的一种方式，更是教育和学习的一种方式。

从更广泛的角度看，教授的讲座是向学术界和公众传递最新研究成果的一种途径，是科学、技术、人文及其他学科知识普及的主要途径。这样的演讲常常包含了对当前主流观点的挑战、新的研究方法的介绍，或者是关于未来研究方向的探讨。

总的来说，教授的讲座是一种深度和广度并重的学术性演讲。它是为了传递知识、启发思维、提升理解能力，以及传递最新的学术进展。这种演讲的成功与否，取决于听众是否能够更深入地理解主题、激发出对学术研究的兴趣和热情，以及对新知识的探索欲望。

1. 撰写演讲稿的步骤

（1）角色设定：将ChatGPT设定为"学术讲座演讲稿撰写师"的角色，使其能提供高质量的学术内容及引人入胜的讲解方式。

（2）提供上下文：向ChatGPT提供详细的背景信息，如演讲者的学术背景、讲座主题、主要论点及预期听众。例如，"我是一名人工智能教授，我正在为一场在全国人工智能大会上的公开讲座做准备。我的主题是'人工智能在医疗领域中的应用与影响'，主要听众是其他学者和学生。"

（3）创建任务：将演讲稿撰写的过程拆分为一系列的任务，如撰写开场白、主体部分、结论等，并为每个任务设置具体的指示。例如，"请撰写一个引人入胜的开场白，以吸引听众对人工智能在医疗领域中的应用与影响的关注。"

（4）任务要求：对每个任务设定具体的要求，这可能包括要包含的关键观点、数据引用、案例等，也可以包括对该部分风格和语言的特殊要求。例如，"在开场白中，使用具体的案例来展示人工智能在医疗领域中的应用。"

（5）输出要求：明确告诉 ChatGPT 你期望的输出是一个完整的演讲稿，按照开场白、主要内容、结论和致谢的顺序组织，并给出预期的字数或页数。例如，"请生成一份大约 1000 字的演讲稿。"

2. 完整提示词示例

> 你现在是我的学术讲座演讲稿撰写师。我是一名人工智能教授，正在为全国人工智能大会上的公开讲座做准备。讲座的主题是"人工智能在医疗领域中的应用与影响"。我的核心观点是，人工智能的进步为医疗领域带来了巨大的机遇，但也带来了一些挑战和风险。主要的听众是其他学者、学生及感兴趣的公众。
>
> 现在，请帮我撰写一份演讲稿。我希望在讲座中引用最新的研究成果，给出实际的应用例子以帮助听众更好地理解，并且讨论一些与人工智能在医疗领域中应用相关的伦理问题。这份演讲稿需要在深度和广度上达到平衡，以便吸引不同背景的听众。
>
> 请生成一份大约 1000 字的演讲稿，按照标准的演讲稿格式进行组织，包括开场白、主要内容、结论和致谢。

3. 生成的演讲初稿示例

尊敬的各位听众、教授、学生和公众朋友们：

大家好！我非常荣幸能在这次全国人工智能大会上为大家带来关于"人工智能在医疗领域中的应用与影响"的演讲。作为一名人工智能教授，我深知人工智能在医疗领域中的巨大潜力和引发的挑战。今天，我将与大家分享最新的研究成果、实际的应用案例，并探讨与人工智能在医疗领域中应用相关的伦理问题。

首先，让我们看一下人工智能在医疗领域中带来的机遇。近年来，人工智能的快速发展使医疗诊断、药物研发和治疗方案个性化等方面取得了显著进展。例如，深度学习算法在医学影像分析中的应用已经取得了令人瞩目的成果。研究表明，与传统方法相比，人工智能在乳腺癌、皮肤癌和眼疾等疾病的早期检测和诊断方面具有更高的准确性和敏感性。这意味着患者能够更早地接受治疗，提高了治疗效果和生存率。

此外，人工智能在药物研发和治疗方案制定中也发挥着重要作用。通过分析大规模的医疗数据，人工智能可以识别药物之间的相互作用、个体差异及治疗反应的模式。这有助于医生制定更加个性化的治疗方案，提高治疗效果并降低不良反应的风险。同时，人工智能还可以通过大规模的基因组学数据分析，为基因治疗和精准医学提供支持，进一步推动医学的发展。

然而，随着人工智能在医疗领域中的广泛应用，我们也面临着一些挑战和风险。首先是数据隐私和安全性的问题。医疗数据是非常敏感的，包含个人的健康信息，因此确保医疗数据的安全性和隐私性至关重要。我们需要建立健全的数据管理和安全措施，以保护患者的隐私权。

其次，伦理问题也是人工智能在医疗领域中应用需要关注的重要方面。例如，在决策支持系统中，算法的决策依据可能存在偏见，这可能导致不公平的结果。我们需要审慎评估和解决这些伦理问题，确保人工智能系统在医疗决策中不会产生歧视或不公平待遇。

另一个需要思考的问题是人工智能系统的透明度和可解释性。虽然深度学习等算法在医疗图像诊断等领域中取得了巨大成功，但其黑盒性也让医生和患者难以理解算法的决策过程。因此，我们需要努力研究具有可解释性的人工智能算法，使医生和患者能够理解和信任这些系统的决策。

在结束演讲之前，我想强调人工智能在医疗领域中的应用需要在深度和广度上取得平衡。我们必须继续推动技术的发展，同时注重伦理、隐私和社会影响等问题。只有这样，我们才能最大限度地发挥人工智能在医疗领域中的潜力，造福于人类的健康。

最后，我要对这次演讲的机会表示衷心的感谢。感谢大家的聆听和关注，也希望这次演讲能够为大家提供新的思考和启发。谢谢！

第13章

颁奖演讲

　　颁奖典礼上的颁奖词和获奖者的致辞是一场盛大庆典的重要组成部分。颁奖词作为一种特殊类型的演讲，旨在向听众介绍、赞扬和表彰在特定领域或事件中取得卓越成就的个人或团体。它以庄重、敬意和赞美为特点，通过精心设计的言辞和感人的语言，激励鼓舞其他人，树立榜样，并提醒人们奋发努力、追求卓越。

　　而获奖者的致辞则是一个表达感激之情、分享成功经验和传达人生观的重要机会。在这个特殊的演讲中，获奖者通常会表达对赞助者、评委、家人、朋友、同事或教练等的感谢之情，并分享在获奖过程中的挑战和困难，以及如何克服这些问题的经验和见解。同时，他们也借此机会传达对成功的理解和所信奉的价值观，为听众提供启发和引导。

　　颁奖典礼上的颁奖词和获奖者的致辞相辅相成，共同展现出获奖者的杰出成就和对特定领域的贡献，同时激发听众的兴趣和灵感。这两种演讲形式都需要充分的准备和精心的组织，以确保表达的感情真挚动人，语言优雅生动，为整个庆典增添光彩。

　　接下来，我们将探讨如何撰写一份精彩、感人的颁奖词，以及如何构思一份深情、激动且颇具感悟的获奖者的致辞。通过ChatGPT的帮助，我们将能够创作出引人入胜、充满敬意的演讲，让获奖者的荣誉得到充分的赞美。

13.1 颁奖典礼上的颁奖词

颁奖典礼上的颁奖词是一种特定类型的演讲，这种演讲形式常常在各种庄重的仪式、活动或盛典中出现，例如电影颁奖典礼、音乐颁奖典礼、体育颁奖典礼等。

颁奖典礼上的颁奖词的主要目标是向听众介绍获奖者的背景、成就和贡献，并向其致以崇高的敬意和赞美。

在这种演讲中，演讲者通常会使用各种修辞手法、感人的语言和生动的描述，以确保获奖者的成就得到充分的表达。此外，演讲者还会对获奖者进行正式宣布并颁发奖品，以凸显其特殊地位和重要性。

不同类型的颁奖典礼有着不同的特点和目的。例如，在电影颁奖典礼中，颁奖词可能强调电影艺术的贡献、创造力和影响力；在音乐颁奖典礼中，颁奖词可能突出音乐家的才华、创新和艺术成就。无论颁奖典礼的类型如何，这种演讲都应该以庄重、敬意和赞美为特点，并以鼓舞人心的方式向听众传达获奖者的重要性和价值。

在撰写颁奖典礼上的颁奖词时，演讲者需要充分了解获奖者的背景和成就，并根据不同的场合和受众进行适当的演讲调整。演讲者的目标是以精心设计的言辞和令人难忘的表达方式，为获奖者的荣誉增添光彩，并在听众中营造出充满喜悦和令人振奋的氛围。

1. 撰写演讲稿的步骤

（1）角色设定：将 ChatGPT 设定为"颁奖典礼上的颁奖词撰写助手"的角色，让其提供精彩、感人的演讲内容，突出获奖者的成就和贡献。

（2）提供上下文：向 ChatGPT 提供详细的背景信息，包括颁奖的具体活动、获奖者的身份、取得的成就等。例如，"我们正在举办年度文学奖颁奖典礼，荣誉的焦点是一位杰出的作家，他的作品在文学界中产生了深远的影响。请撰写一份感人而激励人心的颁奖词，以表彰他的杰出成就和对文学发展的贡献。"

（3）创建任务：将整个颁奖词撰写过程分解成若干个任务，如介绍获奖者的背景、突出其成就、表达敬意等，并为每个任务设置具体的指示。例如，"请撰写一个引人入胜的开场白，突出获奖者在文学界中的地位和重要性。接着，详细描述他的杰出成就和对文学界的影响，并用感人的语言表达我们对他的敬意和赞美。"

（4）任务要求：对每个任务设定具体的要求，这可能包括关键信息、突出的成就、相关的背景知识等。同时，可以提供关于语言风格、修辞手法和情感表达的特殊要求。例如，"在描述获奖者的杰出成就时，请提及他的代表作品、获奖记录及对文学发展的独特贡献。同时，用生动的比喻和情感充沛的语言来展现他的成就对文学界和读者的影响。"

（5）输出要求：明确告诉ChatGPT你希望输出的内容是一份完整的颁奖词，包括引人入胜的开场白、详细描述获奖者的成就、对他的敬意和赞美的表达，并在结尾处适当表达感谢之情。可以给出预期的字数或段落数量。例如，"请生成一份大约 1000 字的颁奖词，以饱含情感和庄重的语言表达对获奖者的赞美和祝贺。"

2. 完整提示词示例

> 你现在是我的颁奖典礼上的颁奖词撰写助手。我们正在举办一场盛大的颁奖典礼，来表彰一位名叫李伟的杰出作家，他的作品《远方》对文学界产生了深远的影响，主要讲述对生命意义的思考，曾在国内外获奖无数。在这个重要的活动中，我们希望通过你的帮助，撰写一份感人而激励人心的颁奖词，以充分表达对他的杰出成就和贡献的敬意。
>
> 请撰写一个引人入胜的开场白，突出获奖者在文学界中的地位和重要性。接着，详细描述他的杰出成就和对文学界的影响，并用感人的语言表达我们对他的敬意和赞美。在描述获奖者的杰出成就时，请提及他的代表作品、获奖记录及对文学发展的独特贡献。同时，用生动的比喻和情感充沛的语言来展现他的成就对文学界和读者的影响。
>
> 请生成一份大约 1000 字的颁奖词，以饱含情感和庄重的语言表达对获奖者的赞美和祝贺。

3. 生成的演讲初稿示例

尊敬的嘉宾朋友们，晚上好！

今天，我们齐聚在这个庄严而光辉的时刻，以向一位真正的文学巨匠致敬。他的作品穿越了时光的长河，触动了千千万万读者的心灵，犹如星辰璀璨，照亮了整个文学界。让我们以掌声和赞美声，热烈欢迎杰出作家李伟先生！

李伟先生是当代文学领域中最受推崇和喜爱的作家之一。他的作品《远方》深刻而细腻地展示了对生命意义的思考，令人震撼和感动。这部作品不仅在国内外屡获殊荣，更是对整个文学界产生了深远的影响。李伟先生的笔触如同指尖的花瓣，将每一个人的心灵触动得如泉水般澄明，使我们思索存在的意义，引领我们走向更高尚的文学境地。

李伟先生的杰出成就堪称令人瞩目。他以深邃的洞察力和独特的文风，创作出了一系列震撼人心的作品。他的代表作《远方》被誉为文学史上的经典之作，它如同一道闪亮的彗星划破黑夜，让读者在文字的海洋中遨游，感受到人生的美丽和意义。这部作品不仅收获了国内外无数的文学奖项，更引起了广泛的社会反响，让我们对人性、生命的终极意义产生了更深刻的思考。

李伟先生的文学影响力远远超越了作品本身。他的作品如同倾诉者的心声，将读者带入一个个真实而感人的故事中，让我们瞬间与那些书中的角色产生共鸣。他的文字犹如一股温暖的潮流，滋润了我们内心枯竭的情感，点燃了我们对生命的热爱。他的作品既深邃又真实，给予读者力量和启示，成为他们心灵的指南针。

正如一位文学评论家所言，李伟先生的作品是一颗颗种子，撒在文学大地上，开出了一朵朵美丽的花。他的独特贡献不仅仅体现在他的作品中，更体现在对文学发展的影响上。他的创作引领了一代又一代作家，激发了他们对艺术的追求，让文学之花在时光的长廊中盛开。李伟先生就如同一位无私的导航者，引领着我们穿越困惑和迷茫的文学航线，驶向更加辽阔的创作海域。

李伟先生，您的杰出成就让我们无尽敬佩，您的作品让我们深受感动。您用心灵的触角触摸到了我们内心最深处的柔软，您用文字的魔力点亮了我们生命中的星星。我们由衷地向您表示崇高的敬意和最热烈的祝贺！

愿您继续砥砺前行，创作出更多意义深远的作品，给予读者更多的思索与温暖。愿您的创作之路如同夜空中最明亮的星辰，照耀着文学界的前行之路。祝贺您，李伟先生，获得这个属于您的荣耀！感谢您为文学事业所做出的杰出贡献！

谢谢大家！

13.2 获奖者的致辞

获奖者的致辞是一种特殊类型的演讲，它通常在个人或团队被授予奖项后发表。这种演讲的主要目标是表达感谢、分享经验，以及传达获得成功的道路和心得。

首先，获奖者的致辞常常是为了表达感谢。这包括对赞助者、评委、家人、朋友、同事、教练或任何对个人或团队的成功起到帮助作用的人的感谢。这不仅是对他们的支持、鼓励和信任的认知，也是对他们付出的努力的赞赏。

其次，获奖者的致辞是一个分享经验和故事的机会。讲述获奖者在获奖过程中的挑战和困难，以及如何克服这些问题，可以给听众提供深入的理解和独特的见解。这也可以为其他追求目标的人提供启发和鼓励。

最后，获奖者的致辞是传达心得和人生观的一个平台。获奖者通常会分享他们对成功的理解，或者他们所信奉的价值观。这些思考和观点可以影响听众，尤其是年轻的一代，引导他们在未来的道路上做出有意义的选择。

总的来说，获奖者的致辞不仅是一个表达感激之情、分享成功经验的场合，也是一个启发他人、传播价值观的重要机会。这个演讲应该展示出获奖者的谦虚、感激和智慧，同时也要能激发听众的兴趣和灵感。

1. 撰写演讲稿的步骤

（1）角色设定：将 ChatGPT 设定为"获奖者致辞撰写师"的角色，让其写出一份深情、激动且颇具感悟的获奖者的致辞。

（2）提供上下文：向 ChatGPT 提供详细的背景信息，如获奖者的背景、获奖原因、预期的听众等。例如，"我是一名环保工作者，刚刚获得了全球环保领袖奖。我的主要听众是环保同仁、支持者及公众。"

（3）创建任务：将整个致辞过程分解成若干个任务，如撰写开场白、感谢、经验分享、心得表达等，并为每个任务设置具体的指示。例如，"请撰写一段引人入胜的开场白，让听众对我的环保工作及所取得的成就产生兴趣。"

（4）任务要求：对每个任务设定具体的要求，这可能包括感谢对象、经验的具体内容、心得的主要观点等。例如，"在经验分享中，请使用具体的例子来说明我如何保护环境。"

（5）输出要求：明确告诉 ChatGPT 你希望输出的内容是一份按照开场白、感谢、经验分享和心得表达的顺序组织的完整致辞，并给出预期的字数或页数。例如，"请生成一份大约 1000 字的获奖者的致辞。"

2. 完整提示词示例

> 你现在是我的获奖者致辞撰写师。我是一名环保工作者，最近荣获全球环保领袖奖。我的主要听众是环保同仁、支持者及广大公众。我希望在致辞中，向给予我支持的所有人表达深深的感谢、分享我的环保工作经验，以及我对环保工作的理解和展望。
>
> 现在，请帮我写一份获奖者的致辞。我希望在感谢部分，感谢我的团队、家人及所有支持我工作的人。在经验分享部分，我希望你能用一些具体的例子，描绘出我是如何投入环保工作，以及在这个过程中的一些收获。在心得表达部分，我想向听众表达我对环保工作的坚定信念，以及对未来的期待。
>
> 请生成一份大约 1000 字的获奖者的致辞，包括开场白、感谢、经验分享和心得表达等部分。

3. 生成的演讲初稿示例

> 尊敬的环保同仁、支持者及广大公众：

大家好!

首先，我想以满怀感激的心情向每一位支持我、鼓励我、激励我前行的人表示最衷心的感谢。我荣幸地站在这里，接受全球环保领袖奖，这是对我及整个团队长期以来的努力和奉献的肯定。同时我也想感谢我的团队、家人及所有支持我工作的人，是你们的支持与鼓励使我得以坚定地追求环保事业的梦想。

回顾过去的岁月，我的环保之旅是充满热情和挑战的。我还记得刚开始投身于环保事业时，我亲眼看见了一片美丽森林被砍伐，那种无助和愤怒深深触动了我内心的敏感神经。于是，我下定决心，将自己的力量投入保护地球的使命中。我成立了一支小团队，我们一起开展植树造林的项目，并在不同地区推广可持续发展的理念。

在这个过程中，我们面临着许多挑战，但每一次困难都使我们更加坚定地前行。我记得有一次，在推广环保意识的路上，我们遇到了一些质疑和阻碍。有人认为我们的努力只是杯水车薪，对环境问题无济于事。然而，我们没有屈服于压力，而是继续不断努力，通过与当地社区合作，举办环保教育活动，改变人们对环境的认知。最终，我们取得了可喜的成果，许多人开始关注环境保护，采取积极的行动。

在这一过程中，我也收获了许多宝贵的经验。我明白，环保不只是一项工作，更是一种生活态度。每一个人都有能力在自己的日常生活中做出改变，无论是减少用水、垃圾分类还是使用可再生能源，每一个小小的行动都会累积成巨大的力量。我还学会了倾听大自然的声音，从树木的呼吸、河流的流淌中感受到了环境的脆弱与无私。这些经验让我更加坚信，只有我们积极行动起来，守护地球家园，才能创造一个可持续发展的未来。

亲爱的朋友们，我想告诉你们，环保事业并非一蹴而就，它需要我们每一个人的共同努力。我们是地球的守护者，我们肩负着保护它的使命。无论我们的工作是种树、清理海滩、减少碳排放还是推动环保政策，每一个行动都将对我们的地球产生深远的影响。

展望未来，我对环保事业充满信心与期待。我相信，随着科技的进步和全球合作的加强，我们将能够找到更多创新的解决方案，实现资源的可持续利用和环境的全面保护。我期待着看到更多人加入我们的行列，共同努力，为下一代留下一个更加美好的世界。

　　最后，我再次衷心感谢每一位支持我的人。你们的鼓励是我坚持不懈的动力，我将永远怀着感激的心情，致力于环保事业的推进和发展。让我们携手并肩，共同努力，让地球的每一个角落都充满生机与美丽！

　　谢谢大家！

第 14 章

社交场合的演讲

在社交场合中，演讲也是我们无法回避的一项重要任务。它为自己提供了一个独特的机会，让我们有机会在各种庆祝活动中分享自己的感情和想法，为这些特殊的时刻增添更深的情感和意义。然而，社交场合的演讲同样需要精准和感人的表达技巧，以确保我们的话语能够真正打动听众的心。那么，如何才能撰写一篇有感染力的社交场合演讲呢？这就是本章将要探讨的问题。

本章将分为两部分来进行研究，第一部分将研究如何撰写一篇婚礼上的祝福演讲。我们将深入了解这种特殊类型的演讲，分析它如何通过深情的话语和真挚的祝福，为新婚夫妇的婚礼增添更深的意义。此外，我们还将介绍如何利用ChatGPT来帮助撰写婚礼祝福演讲稿，让你在这一重要任务中更加得心应手。

第二部分将研究如何撰写一篇生日宴会上的祝福演讲。这种类型的演讲主要是对庆生者的赞美和祝福，其中混杂着亲情、友情和敬意。我们将探讨如何通过简单易懂的方式将这些情感表达出来，同时也要考虑如何使演讲更具感染力，以此激发听众的共鸣。

本章的目标是提供一些实用的策略和技巧，帮助你在各种社交场合的演讲中，能更好地表达自己的情感和想法，为这些特殊的时刻增添更多的温度和深度。

14.1 婚礼上的祝福演讲

婚礼上的祝福是一种特殊类型的演讲，通常在婚礼仪式中进行。它的目标是向新婚夫妇表达最真挚的祝福和美好的愿望，同时向所有参加婚礼的亲朋好友传递喜悦和感激之情。

这种演讲与其他类型的演讲不同，因为它更加个人化且以情感为导向。演讲者通常是新婚夫妇的亲朋好友之一，他们通过自己的言辞和情感，分享对新婚夫妇的深厚情感和对他们未来幸福生活的美好期许。

婚礼上的祝福演讲不仅是为了向新婚夫妇表达祝福，也是为了向婚礼现场的所有参与者传递一种喜庆的氛围。通过演讲者真诚的祝福和赞美，点燃在场每个人的喜悦之情，促使大家一同分享这个特殊时刻的欢乐。

与其他类型的演讲相比，婚礼上的祝福演讲更注重情感表达和个人化的语言风格。演讲者经常使用温馨、幽默和感人的话语，结合自己与新婚夫妇之间的特殊关系和共同回忆，营造出一种亲密、轻松而又温暖的演讲氛围。

总之，婚礼上的祝福演讲是一种以表达祝福和感恩为目标的个人化演讲形式。它旨在通过快乐的情感和美好的期许，为新婚夫妇和婚礼现场的所有参与者带来欢乐。

1. 撰写演讲稿的步骤

（1）角色设定：将 ChatGPT 设定为"婚礼祝福演讲稿撰写助手"的角色，让其创作感人而温馨的祝福演讲。

（2）提供上下文：向 ChatGPT 提供婚礼的相关上下文，包括新婚夫妇的姓名、婚礼日期、与新婚夫妇的关系等。例如，"我是新娘的姐姐，即将在她的婚礼上发表一篇祝福演讲。新娘名叫莉莉，新郎名叫迈克，他们将在 2023 年 7 月 15 日举行婚礼。"

（3）创建任务：将整个演讲稿撰写过程分解成若干个任务，如撰写开场白、回忆分享、祝福新婚夫妇等，并为每个任务设置具体的指示。例如，"请为开场白撰写一段温馨而引人入胜的文字，让听众立刻被吸引。"

（4）任务要求：对每个任务设定具体的要求，这可能包括表达祝福的方式、回忆的内容、语言风格等。例如，"在回忆分享部分，请以亲切的语气描述与莉莉共度的美好时光，用感性的词语表达对她的喜爱和祝福。"

（5）输出要求：明确告诉ChatGPT你希望生成的内容是一个完整的演讲稿，包括开场白、回忆分享、祝福和结尾等部分。你可以指定预期的字数或段落数。例如，"请生成一份大约500字的演讲稿，按照开场白、回忆分享、祝福和结尾的顺序组织。"

2. 完整提示词示例

你现在是我的婚礼祝福演讲稿撰写助手。我是新娘的姐姐，即将在她的婚礼上发表一篇祝福演讲。新娘名叫莉莉，新郎名叫迈克，他们将在近期举行婚礼。

现在，请帮我写一份感人而温馨的演讲稿。我希望在演讲中能够回顾与莉莉共度的美好时光，表达对她的深深祝福，并以亲切的方式将我的情感传递给所有参加婚礼的亲友们。

请生成一份大约500字的演讲稿，按照开场白、回忆分享、祝福和结尾的顺序组织。在回忆分享部分，请以亲切的语气描述与莉莉共度的美好时光，用感性的词语表达对她的喜爱和祝福。演讲稿需要既感人又温馨，让在场的每个人都能够感受到我对新婚夫妇的爱和祝福。

3. 生成的演讲初稿示例

亲爱的亲朋好友们：

非常感谢你们今天能够出席莉莉和迈克的婚礼，我感到无比荣幸能够站在这里，为我的妹妹送上最真挚的祝福。对于我来说，这不仅仅是一个姐姐的祝福演讲，更是一段关于我们共度美好时光的回忆分享。

回想起和莉莉一起度过的那些美好时光，我被深深的感动和喜悦所包围。我们从小就是最亲密的姐妹，分享着无数的欢笑、秘密和梦想。无论是在阳光明媚的夏天还是在寒冷的冬天，我们总是携手探索生活的奥秘，为彼此的成长和幸福而努力。

莉莉，你是那个总是给我带来勇气和鼓舞的人。你那乐观开朗的性格和无尽的正能量，像一道灿烂的阳光，照亮了我的生活。每次我感到迷茫或失落的时候，你总是站在我身边，用你那温柔的话语和温暖的拥抱给予我力量。你是我最亲爱的妹妹，也是我最亲密的朋友。

我们一起度过了许多难忘的瞬间。还记得我们小时候在花园里追逐嬉戏的场景吗？那时候我们总是笑个不停，完全不在意时间的流逝。还记得我们一起度过的圣诞节吗？我们坐在火炉旁，互相分享着梦想和期待，希望这个世界充满爱和善意。

如今，当我看到你与迈克牵手走向婚姻的殿堂，我感到由衷的开心和欣慰。迈克，你是一个温文尔雅、体贴入微的人，我很高兴你成了我们家庭中的一员。我相信你们将共同创造出一个充满爱与和谐的家庭，无论是喜悦还是困难，你们都将相互扶持，共同度过。

莉莉和迈克，我要告诉你们，你们是我心中最珍贵的人。我祝福你们的婚姻能够像我们姐妹般的友谊一样坚固和持久。愿你们的爱情永远燃烧，如同这个美丽的仪式上的烛光一样明亮。愿你们的生活充满快乐、健康和成功，无论在哪里，无论何时，我都会永远支持你们。

最后，让我们举杯共庆新婚夫妇的幸福。愿这个婚礼成为我们珍贵的回忆之一，我们将永远怀念这个特殊的时刻。感谢你们所有人的到来，你们的存在让这个婚礼更加完美。让我们一起为莉莉和迈克的未来干杯，祝福他们的婚姻幸福美满！

谢谢大家！

14.2 生日宴会上的祝福演讲

在探讨如何使用ChatGPT来撰写生日宴会上的祝福演讲之前，我们首先需要了解这种类型演讲的定义和目标。

生日宴会上的祝福演讲是一种特殊的公众演讲，主要是在庆祝个人或团体的生日时进行。与其他类型的演讲有不同的目的，生日宴会上的祝福演讲旨在通过言辞表达对庆生者的深深祝福和美好愿望，同时传达对庆生者的赞美和敬意。

这种类型的演讲可能来自家人、朋友或同事，其主要目的是强化与庆生者的情感纽带，同时分享他们对庆生者的喜爱、尊重和期待。生日宴会上的祝福演讲通常会涵盖庆生者的生活轶事、个人成就或对他们性格特点的赞扬。通过这种演讲，演讲者和听众共同分享庆祝的气氛，进一步增强他们与庆生者的关系。

另外，生日宴会上的祝福演讲通常具有积极和乐观的基调，不仅为了庆祝庆生者的生日，还为了表达对他们未来的美好祝愿。在这种情况下，演讲者的目标不仅是向庆生者表示祝福，也是向在场的所有人传递一种庆祝和感激的氛围。

总的来说，生日宴会上的祝福演讲是一种用言辞表达对庆生者的尊重、祝福和期待的演讲形式。其目标是在庆祝的同时，增强人们之间的情感联系，提升整个宴会的氛围，并对庆生者的未来寄予美好的期望。

1. 撰写演讲稿的步骤

（1）角色设定：将 ChatGPT 设定为"生日祝福演讲稿撰写师"的角色，让其提供热情洋溢、富有感情的祝福语和亲切的语言表达。

（2）提供上下文：向 ChatGPT 提供详细的背景信息，如演讲者与庆生者的关系（如朋友、家人等），庆生者的年龄、性格、成就、兴趣爱好等信息，以及预期的听众等。例如，"我是一个为朋友庆生的人，我的朋友是一位充满热情、热爱旅游的 45 岁的建筑师，主要的听众是我们的共同朋友和他的家人。"

（3）创建任务：将整个演讲稿撰写过程分解成若干个任务，如撰写开场白、祝福、庆生者特点和成就的分享、结尾等，并为每个任务设置具体的指示。例如，"请撰写一个热情洋溢的开场白，引起听众对庆生者的关注。"

（4）任务要求：对每个任务设定具体的要求，这可能包括关键祝福、庆生者的个人特点和成就等，也可以包括对该部分风格和语言的特殊要求。例如，"在祝福部分，请使用一些积极乐观的词语来表达对庆生者的祝福。"

（5）输出要求：明确告诉ChatGPT你希望输出的内容是一个按照开场白、祝福、庆生者特点和成就的分享、结尾的顺序组织的完整演讲稿，并给出预期的字数或页数。例如，"请生成一份大约 500 字的演讲稿。"

2. 完整提示词示例

你现在是我的生日祝福演讲稿撰写师。我将在朋友的生日宴会上发表演讲。这位朋友是一位 45 岁的建筑师，他热爱生活，热爱旅游，具有丰富的生活经验和杰出的职业成就。我想通过演讲向他表达我对他的尊重和祝福，并分享他的一些个人特点和成就。主要的听众是我们的共同朋友和他的家人。

现在，请帮我写一份演讲稿。我希望演讲中充满热情，语言亲切，内容涉及庆生者的个人特点和成就，同时传达出对他未来的美好祝福。这个演讲稿需要能被朋友和他的家人所理解，充满节日的欢乐气氛。

请生成一份大约 500 字的演讲稿，并以标准的演讲稿格式进行组织，包括开场白、祝福、庆生者特点和成就的分享，以及结尾。

3. 生成的演讲初稿示例

尊敬的朋友们和亲爱的庆生者：

大家好！今天，我站在这里，心怀喜悦和激动，为我们伟大的建筑师庆祝他的 45 岁生日！让我们齐声高喊："生日快乐！"

作为建筑师，他不仅仅是一个构筑世界的艺术家，更是一位热爱生活的人。他的生命充满了热情、对探索未知的渴望，以及对美的独特追求。亲爱的朋友，你给我们带来了无尽的惊喜和启发！

正因为你的丰富生活经验和杰出职业成就，你成了我们的灵感之源。你的设计作品不仅是惊艳的建筑之美，更是你内心对于人们幸福与舒适的追求。你的努力与创造力无疑改变了我们的城市面貌，为无数人带来了美好的居住与工作环境。

然而，在我眼中，你的最大成就是你对生活的热爱和积极态度。无论是探索未知的地方，还是品味不同文化的精髓，你总是保持着开放的心态，欣赏世界的多样性。你不仅拥有令人艳羡的职业生涯，还在每一段旅程中都收获了珍贵的回忆和人生智慧。

在这个特殊的日子里，我希望传达我对你的崇敬和祝福。愿你的未来充满无限可能和创造力！愿每一个新的项目都为你带来满满的成就感和喜悦！愿你的旅程继续延伸，带给你更多灵感和丰富的体验！

最后，让我们举杯共庆这个非凡的时刻！亲爱的庆生者，生日快乐！愿你的岁月充满幸福和满足！感谢你为我们所做的一切，愿我们共同的朋友和你的家人在今天的欢乐气氛中分享你的喜悦！

谢谢大家！

第 15 章

学校典礼演讲

在学校典礼中，演讲并非单纯的一种信息传递，而是一种强大的影响工具，无论是学校领导还是毕业生代表的发言，都带有明确的目标和意义。本章将深入探讨这两种不同角度的演讲，并分析如何利用ChatGPT这样的人工智能技术来提升演讲质量和效果。

第一，我们将研究学校领导的演讲，他们的发言不仅是传达学校政策的方式，更是影响学校文化、激励师生，以及处理学校危机的重要手段。我们将探索如何使用ChatGPT来帮助构建这样一种具有深远影响力的演讲。

第二，我们将转向毕业生代表的演讲。这些发言者是学生的代言人，他们的发言是对过去四年学习生活的总结，以及对未来的展望。我们将一起看看如何利用ChatGPT来帮助这些毕业生构建一场深情、感人，而又饱含力量的演讲。

本章的目标是，通过以上两个角度的探讨，读者能够理解并学习如何利用ChatGPT来撰写出既有深度又有影响力的演讲稿。而这样的技能，不仅限于学校典礼的演讲，它更可以运用到生活中的任何一个需要公开演讲的场合。接下来，让我们一起深入探索。

15.1 学校领导的演讲

学校领导的演讲，首要的目标通常是传达重要的学校政策和信息，以及建立或增强教职工、学生、家长和社区之间的信任和理解。这种类型的演讲需要表达清晰、准确且具有影响力的信息，能够引导学校内部和外部的看法和行动。其中，强调教育的价值、目标和策略是非常重要的组成部分。

校长或其他学校领导的演讲，不仅仅是单纯的信息传达。他们的言辞可以影响学校的文化，激励教师和学生超越自我，引导他们实现更高的目标。另外，这种演讲也可以用来处理学校面临的危机，解决学校的问题，甚至在特定的场合，例如毕业典礼上，表达对学生的祝贺和鼓励。

同样，学校领导的演讲也可以帮助社区和家长更好地理解学校的运营和教育目标。通过清晰、有力的演讲，可以引导家长和社区对学校的看法，增加他们对学校工作的理解和支持，共同推进学校的发展。

总的来说，学校领导的演讲是一种特殊的沟通工具，可以塑造学校的未来，引导并影响所有相关人员的思维方式，最终达到提升教育质量、实现学校长远发展的目标。

1. 撰写提示词的步骤

（1）角色设定：将 ChatGPT 设定为"学校领导演讲稿撰写师"的角色，让其提供针对教育行业的深度解析及合适的语言表达。

（2）提供上下文：向 ChatGPT 提供详细的背景信息，如演讲者的身份、演讲的场合、主要议题、预期的听众等。例如，"我是一名初中的校长，我需要在学期开学典礼上对师生和家长进行一次公开演讲。我的主题是'共同为提升教育质量努力'，主要的听众是教师、学生和学生的家长。"

（3）创建任务：将整个演讲稿撰写过程分解成若干个任务，如撰写开场白、主体部分、结论等，并为每个任务设置具体的指示。例如，"请撰写一个引人入胜的开场白，展现出我们学校对提高教育质量的决心。"

（4）任务要求：对每个任务设定具体的要求，这可能包括关键观点、政策解释、案例讲述等，也可以包括对该部分风格和语言的特殊要求。例如，"在主体部分，请详细解释我们提高教育质量的具体措施和预期效果。"

（5）输出要求：明确告诉 ChatGPT 你希望输出的内容是一个按照开场白、主要内容、结论和致谢的顺序组织的完整演讲稿，并给出预期的字数或页数。例如，"请生成一份大约 1000 字的演讲稿。"

2. 完整提示词示例

> 你现在是我的学校领导演讲稿撰写师。我是一名初中的校长，我需要在即将举行的学期开学典礼上，向全体师生和家长进行一次公开演讲。演讲的主题是"共同为提升教育质量努力"。我的核心观点是我们学校将采取一系列的教育改革措施，以提高教育质量，并期望师生和家长共同参与和支持。
>
> 现在，请帮我写一份演讲稿。我希望在演讲中详细解释我们的教育改革措施和预期效果、举出一些形象的例子使听众更容易理解，以及呼吁师生和家长的积极参与和支持。这个演讲稿需要能被教师、学生、家长，以及对我们学校发展感兴趣的社区成员所理解。
>
> 请生成一份大约 1000 字的演讲稿，并以标准的演讲稿格式进行组织，包括开场白、主要内容、结论和致谢。

3. 生成的演讲初稿示例

> 尊敬的各位教师、亲爱的同学们、各位家长，以及对我们学校发展感兴趣的社区成员：
>
> 大家好！我是这所学校的校长，很荣幸能在这个学期的开学典礼上与大家共聚一堂。今天，我想和大家分享的主题是"共同为提升教育质量努力"。我相信，只有我们共同努力，才能实现教育的腾飞，为每一位学生带来更好的未来。
>
> 作为一所追求卓越的学校，我们始终致力于不断提升教育质量，为每一位学生创造良好的学习环境和发展机会。为了实现这一目标，我们将采取一系列的教育改革措施，以确保每个孩子都能够充分发挥自己的潜力。

首先，我们将推行个性化学习计划。我们深知每个学生都有自己独特的学习方式和需求。因此，我们将为每个学生设计个性化的学习计划，根据他们的兴趣、能力和学习节奏来提供定制化的教育。这样，每位学生都能在自己的舒适区内学习，并在自己擅长的领域取得更大的成就。

其次，我们将加强科技教育。在当今科技飞速发展的时代，培养学生的创新思维和科技能力至关重要。我们将引入最新的科技设施和教学方法，为学生提供丰富的科技教育资源和机会，培养他们的数字素养和解决问题的能力。通过科技教育，学生将能够更好地适应未来社会的挑战。

最后，我们将加强社区参与。教育是我们的共同事业，需要学校、家庭和社区的共同合作。我们鼓励家长积极参与学校活动和家校合作会议，与教师密切沟通，了解孩子的学习进展和需求。同时，我们也欢迎社区成员参与学校的志愿者活动和课程讲座，与学生分享他们的经验和知识。通过这种合作与参与，我们可以共同营造一个良好的学习氛围，为学生提供更多的学习资源和机会。

这些教育改革措施的预期效果将是显而易见的。首先，每位学生都将能够找到适合自己的学习方式，充分发挥自己的潜力。他们将体验到更多的成功和成就感，为未来的学习树立信心。其次，科技教育的强化将培养学生的创新和解决问题的能力，为他们未来的职业发展打下坚实的基础。最后，通过社区的参与和支持，学校将形成一个更加包容和温暖的大家庭，为学生的成长提供全方位的支持和引导。

让我用一个形象的例子来说明我们的教育改革措施。想象一下，每个学生都像一朵花，拥有自己独特的颜色和芬芳。而我们学校就是一个花园，致力于为每朵花提供适宜的土壤、阳光和水源。个性化学习计划就像是为每朵花定制的养护方案，确保每朵花都能茁壮成长。科技教育就像是为花园增添了新的工具和设备，让每朵花都能在科技的滋养下绽放出绚丽的色彩。而社区参与就像是花园的园丁，与学校共同照料和呵护每朵花的成长。

亲爱的师生们和家长们，我真诚地邀请你们积极参与并支持我们的教育改革措施。教育事业需要我们每一个人的共同努力，只有通过大家的合作与奉献，我们才能够共同创造一个更美好的未来。

最后，我要衷心感谢所有教职员工、家长及社区成员对我们学校的支持和贡献。没有你们的辛勤付出，我们的教育事业就不可能取得如此丰硕的成果。让我们携手并肩，为提升教育质量而努力，为每个孩子的未来铺就一条充满希望的道路！

　　谢谢大家！

15.2　毕业生代表的演讲

　　毕业生代表的演讲是一种独特而重要的公共演讲类型。它在毕业典礼上进行，是为了代表即将步入新生活阶段的一批学生向大家表达他们的感受、经历、希望和理想。这种演讲的主要目标包括两个方面，具体如下。

　　首先，毕业生代表的演讲是对学生在学校所获得的知识、技能、经历和价值观的总结，这可以通过分享他们在学习旅程中的挑战、成就和成长来实现。这样的分享不仅能让同学们回忆起共同的记忆，也可以让他们看到自己的成长和进步。

　　其次，毕业生代表的演讲也是对未来的展望，以及毕业生对未来的希望和计划的表达。这通常涉及对毕业后生活的想象，对未来社会、行业或个人发展的期待，以及对与毕业生自身梦想和目标相关的深入思考。

　　毕业生代表的演讲也经常会对听众产生深远的影响，尤其是对毕业生的家长、教师和未来的雇主。这不仅可以帮助他们更深入地了解这批学生，也可以启发他们反思自己的教育理念、教学方式或招聘策略。

　　总的来说，毕业生代表的演讲是一种对过去的回顾、对未来的展望、对毕业生共同经历的纪念，以及对毕业生个人理想和目标的展示。

1. 撰写演讲稿的步骤

　　（1）角色设定：将 ChatGPT 设定为一位专业的"毕业演讲稿撰写师"。让 ChatGPT 理解它的任务是为毕业生写一篇感人、富有深度和内涵的演讲稿。

　　（2）提供上下文：向 ChatGPT 提供详细的背景信息，如毕业生的学术背景、他们的经历和感受、演讲主题、预期的听众等。例如，"我是一名即将毕业的软件工程专业学生，准备在毕业典礼上代表我的同班同学发表演讲。我的主题是'我们的旅程，我们的成长'，主要的听众是校方代表、教师、学生及学生的家长。"

（3）创建任务：将整个演讲稿撰写过程分解成若干个任务，如撰写开场白、主体部分、结论等，并为每个任务设置具体的指示。例如，"请撰写一个鼓舞人心的开场白，引起听众对我们学习旅程的回顾和成长历程的兴趣。"

（4）任务要求：对每个任务设定具体的要求，这可能包括关键观点、特定的感人事件、学习心得等，也可以包括对该部分风格和语言的特殊要求。例如，"在开场白中，可以引用我们班级在学习期间的一个具体的、有代表性的事件，引导听众进入主题。"

（5）输出要求：明确告诉 ChatGPT 你希望输出的内容是一个按照开场白、主要内容、结论和致谢的顺序组织的完整演讲稿，并给出预期的字数或页数。例如，"请生成一份大约 1000 字的演讲稿。"

2. 完整提示词示例

> 你现在是我的毕业演讲稿撰写师。我是一名即将毕业的软件工程专业学生，准备在毕业典礼上代表我的同班同学发表演讲。我希望分享我们这一路的学习旅程和成长历程，向所有人展示我们的勇气、坚韧和创新精神。演讲的主题是"我们的旅程，我们的成长"。我的核心观点是，虽然我们经历了种种挑战和困难，但这正是促使我们成长的动力，因此我们更加明白，每一次挑战都是一个成长和学习的机会。
>
> 现在，请帮我写一份演讲稿。我希望在演讲中回顾我们的学习经历，分享一些有代表性的事件和我们的心得感悟，展望我们的未来，并表达我们对未来的希望和信心。这个演讲稿需要让教师、家长和同学们都能感到我们的真诚和坚定。
>
> 请生成一份大约 1000 字的演讲稿，并以标准的演讲稿格式进行组织，包括开场白、主要内容、结论和致谢。

3. 生成的演讲初稿示例

尊敬的教师、家长和同学们：

大家好！今天，我站在这里，代表同学们发表毕业演讲。首先，我要感谢学校和教职员工的培养和辛勤付出。同时，也要向我们的家长们表示衷心的感谢，感谢你们对我们的支持和鼓励。没有你们的支持，我们将无法走到今天。

毕业典礼是一个重要的时刻，它不仅仅代表我们完成了学业，更是我们成长旅程的里程碑。回顾过去的几年，我想分享我们这一路的学习旅程和成长历程。这是一个充满挑战和困难的旅程，但正是这些挑战和困难让我们成长，并塑造了我们今天的模样。

我们从零开始，学习了编程语言、算法和软件开发的基础知识。那些看似晦涩难懂的代码和抽象的概念曾经让我们感到迷茫和无助。然而，我们没有放弃。我们努力克服困难，寻找解决问题的方法。每一次挫折都激发着我们的动力，让我们更加坚定地前行。

在这段旅程中，我们不仅学到了专业知识，还锻炼了自己的团队合作能力。在项目中，我们学会了倾听和尊重他人的意见，学会了分工合作和相互支持。我们一起度过了无数个熬夜奋战的夜晚，一起解决了一个个看似无解的难题。这些经历让我们懂得，团队的力量是无穷的，只要我们心手相连，就能创造奇迹。

当然，学习的道路上并不只有成功和胜利。我们也曾遭遇失败和挫折。有时候，我们的代码会崩溃，项目会出现延误，计划会出现偏差。然而，正是这些失败教会了我们勇敢面对困难和错误，并从中吸取教训。我们相信，每一次挑战都是一个成长和学习的机会。

而今天，当我们站在毕业的门槛上，我们不仅仅拥有知识和技能，更重要的是，我们培养了勇气、坚韧和创新精神。

我们学会了不怕失败，勇敢尝试；学会了在困境中坚持，永不放弃；学会了面对未知，勇往直前。这些品质将伴随我们走向未来，成为我们成功的基石。

展望未来，我对同学们充满信心。无论是投身于软件行业、创业还是进一步深造，我相信我们都能取得卓越的成就。我们拥有扎实的专业知识，拥有解决问题的能力，拥有积极的心态和创新的思维。我们将勇敢面对未来的挑战，并为之努力奋斗。

最后，我要向所有教师们表示衷心的感谢。感谢你们不仅仅传授了知识，更是启迪了我们的思维，激发了我们的潜能。感谢你们在我们遇到困难时给予的耐心指导和鼓励。没有你们的教诲和关怀，我们无法成长为今天的自己。

亲爱的家长们，感谢你们一直以来的支持和信任。是你们给予了我们无尽的爱和鼓励，让我们有了勇气追逐梦想。在未来的道路上，我们将继续努力，不辜负你们的期望。

亲爱的同学们，我们的旅程尚未结束，未来等待着我们去书写。让我们牢记我们的成长历程，勇敢面对未来的挑战。相信自己的能力，发挥创新的力量，追求卓越。无论遇到什么困难，都要记住，每一次挑战都是我们成长和学习的机会。

谢谢大家！

第 16 章

文艺演讲

在文艺的世界里，演讲是一个精彩而富有创意的领域。它为我们提供了一个平台，去分享我们的创作经验、传播我们的艺术观念，以及激发听众对生活的思考。

本章将分为两部分来进行研究，第一部分将关注作家、文艺工作者的讲座。我们将探讨如何分享创作经验、如何传播文艺观念，以及如何激发听众的思考。此外，我们还将研究如何利用ChatGPT来帮助撰写演讲稿，使讲座更加深入人心。

第二部分将深入探讨文艺创作成果展示。我们将研究如何通过演讲来展示你的艺术作品、分享你的创作理念，以及引导听众进入你的创作世界。此外，我们还将讨论如何利用ChatGPT来帮助撰写演讲稿，使创作成果展示更加生动有趣。

希望这一章的内容能为你在未来的文艺演讲中提供一些有用的指导和帮助。

16.1 作家、文艺工作者的讲座演讲

作家、文艺工作者的讲座演讲主要是以分享创作经验、传播文艺观念、

激发听众对艺术的热爱和对生活的思考为核心。这种类型的演讲的主要功能并不在于传达信息或影响观点，而在于启发灵感，传播艺术价值和对生活的洞察。

一方面，作家、文艺工作者的讲座演讲往往是为了让听众了解他们的创作过程和思考逻辑，通过分享自己的创作经历和心得，激发听众对艺术创作的兴趣和热情，甚至鼓励他们自己动手去创作。这就需要演讲者具有深厚的艺术修养和丰富的个人经验，同时也需要他们有能力把复杂的创作过程和艺术理念讲解得浅显易懂，让听众能够接受和理解。

另一方面，作家、文艺工作者的讲座演讲也是为了让听众从艺术的角度去理解和感受生活，引导他们去思考生活中的各种问题，从而达到提升精神境界、丰富生活体验的目标。这就需要演讲者有深入洞察生活的能力，有敏锐的观察力和丰富的人文素养，同时也需要他们有能力把抽象的艺术观念和生活哲学表达得具体生动，让听众能够感同身受，从而引发他们的思考和共鸣。

总的来说，作家、文艺工作者的讲座演讲是一个复杂而微妙的过程，它涉及的不仅仅是艺术创作的技巧和过程，更是对人生、对世界的理解和表达。这就需要演讲者有高度的艺术素养和丰富的人生经验，同时也需要他们有深入人心的语言表达能力。

1. 撰写演讲稿的步骤

（1）角色设定：将 ChatGPT 设定为"作家和文艺工作者的演讲稿撰写师"的角色，让其提供有深度的艺术理解及感人的语言表达。

（2）提供上下文：向 ChatGPT 提供详细的背景信息，如演讲者的专业背景、演讲主题、核心观点及预期的听众等。例如，"我是一名知名作家，准备在全国文艺工作者大会上进行一次公开演讲。我的主题是'文学与生活'，主要的听众是作家、文艺工作者及对文学艺术有浓厚兴趣的公众。"

（3）创建任务：将整个演讲稿撰写过程分解成若干个任务，如撰写开场白、主体部分、结论等，并为每个任务设置具体的指示。例如，"请撰写一个引人入胜的开场白，引起听众对文学与生活关系的关注。"

（4）任务要求：对每个任务设定具体的要求，这可能包括关键观点、数据引证、案例讲述等，也可以包括对该部分风格和语言的特殊要求。例如，"在开场白中，请使用一些自己的写作经历来描述文学如何反映和洞察生活。"

（5）输出要求：明确告诉ChatGPT你希望输出的内容是一个按照开场白、主要内容、结论和致谢的顺序组织的完整演讲稿，并给出预期的字数或页数。例如，"请生成一份大约1000字的演讲稿。"

2. 完整提示词示例

> 你现在是我的作家和文艺工作者的演讲稿撰写师。我是一名知名作家，准备在即将举行的全国文艺工作者大会上，向作家、文艺工作者及对文学艺术有浓厚兴趣的公众进行一次公开演讲。演讲的主题是"文学与生活"。我的核心观点是，文学是对生活的反映和批判，它能帮助我们深入理解生活，感受人性，同时也能激发我们的创新和想象力。
>
> 现在，请帮我写一份演讲稿。我希望在演讲中引用一些文学作品的例子、分享一些自己的写作经验和心得，以及提出对当前文艺创作的一些观察和思考。这个演讲稿需要能被作家、文艺工作者及对文学艺术有浓厚兴趣的公众的所理解。
>
> 请生成一份大约1000字的演讲稿，并以标准的演讲稿格式进行组织，包括开场白、主要内容、结论和致谢。

3. 生成的演讲初稿示例

尊敬的作家、文艺工作者，以及所有对文学艺术有浓厚兴趣的公众，大家好！

我是一名作家，在这里，我很荣幸能够和大家一起探讨"文学与生活"的主题。这是一个每个人都可以从中发现自己的故事，感受生活的颜色，理解人性的复杂性，甚至激发出我们心中的创新与想象力的主题。

文学，是对生活的反映，同时也是对生活的批判。你们可能都读过陀思妥耶夫斯基的《罪与罚》。那个被生活逼入绝境的罗斯科尔尼科夫，他的挣扎，他的罪与罚，让我们看到了生活对人性的残酷考验。然而，那并不是绝望的结局，而是深入理解生活、感受人性的开始。

作为一名作家，我从写作中学到了如何用文学来理解和感受生活。我记得在写我的小说《时间的河流》时，我深入那些平凡人的生活中，探索他们的喜怒哀乐，他们的爱和恨，他们的理想和妥协。这让我深深感受到，无论我们身处何地，无论我们的生活如何，我们都有共同的人性，都有我们想要追求的梦想，都有我们热爱的人和事。

然而，文学不仅仅是对生活的反映和批判，它还是我们想象力和创新的源泉。记得卡尔维诺的《树上的男爵》吗？那个选择在树上度过一生的男爵，为我们展示了一个与众不同的世界。这种创新的思考方式，为我们提供了另一个看待世界和生活的角度。

当前，我们的文艺创作面临着诸多的挑战和机遇。在互联网的冲击下，人们的阅读习惯发生了改变，同时也带来了更大的发展空间。我们应该拥抱这种改变，利用新的技术和手段，让文学作品更好地与人们的生活接轨，以此激发人们的阅读热情，让文学在现代社会中继续发挥其独特的作用。

我想给大家的建议是，无论你是一个作家，还是一个文艺工作者，或者是一个对文学艺术有浓厚兴趣的公众，都应该深入生活，观察生活，体验生活。因为只有真正理解和感受生活，我们才能创作出有力量的文学作品，才能真正地体验到文学的魅力。

我想说，文学是对生活的反映和批判，它能帮助我们深入理解生活，感受人性，同时也能激发我们的创新和想象力。让我们一起深入生活，创作出更多有力量的文学作品，让文学继续在我们的生活中发挥其独特的作用。

最后，我要感谢大家给我这个机会，让我在这里分享我的想法和体验。我期待与大家一起在文学的世界中，找到更多的启示和乐趣。

谢谢大家！

16.2　文艺创作成果展示的演讲

当我们谈论到文艺创作成果展示的演讲，我们首先要对其进行定义并明确其目标。这类演讲主要是由艺术家或创作者用来展示他们的艺术创作成果、分享他们的创作理念，以及与听众分享创作过程中的灵感来源和心得体验。

这种类型的演讲和其他类型的演讲有着显著的不同。首先，其目标在于展示艺术作品，分享创作思维，同时吸引和启发听众对于艺术创作的兴趣和理解。通过这样的演讲，艺术家或创作者可以更深入地让听众理解他们的作品，体验他们的创作过程，同时可能激发出听众对于艺术的热情，甚至激发出他们的创作灵感。

其次，这种演讲通常要求艺术家或创作者具有高度的个人化和情感化的表达能力。他们需要用自己的语言，讲述自己的创作故事，分享自己的情感体验，使听众能够更好地理解艺术作品的内在含义，感受到作品背后的情感和创作动力。

总的来说，文艺创作成果展示的演讲是一种独特的艺术表达方式，其主要目标在于展示艺术作品、分享创作经验、与听众交流创作思想、提升公众对于艺术的理解和感受，从而激发社会对于艺术创作的热爱和尊重。

1. 撰写演讲稿的步骤

（1）角色设定：将 ChatGPT 设定为"艺术创作演讲稿撰写师"的角色，让其提供独特而富有感染力的语言表达和描述。

（2）提供上下文：向 ChatGPT 提供详细的背景信息，如演讲者的艺术背景、展示作品的类型、核心创作理念及预期的听众等。例如，"我是一名小说家，准备在我的新书发布会上进行一次公开演讲。我的新作主题是'超越自我：一场精神探索之旅'，主要的听众是读者和媒体。"

（3）创建任务：将整个演讲稿撰写过程分解成若干个任务，如撰写开场白、主体部分、结论等，并为每个任务设置具体的指示。例如，"请撰写一个引人入胜的开场白，引起听众对我新作的兴趣。"

（4）任务要求：对每个任务设定具体的要求，这可能包括作品描绘、创作经验分享、读者反馈等，也可以包括对该部分风格和语言的特殊要求。

例如，"在主体部分，请详细描述我新作的创作过程和背后的思考。"

（5）输出要求：明确告诉 ChatGPT 你希望输出的内容是一个按照开场白、主要内容、结论和致谢的顺序组织的完整演讲稿，并给出预期的字数或页数。例如，"请生成一份大约 1000 字的演讲稿。"

2. 完整提示词示例

你现在是我的艺术创作演讲稿撰写师。我是一名小说家，准备在我的新书发布会上，向读者和媒体进行一次公开演讲。演讲的主题是"超越自我：一场精神探索之旅"。我的核心观点是通过创作这部作品，我走上了一次探索内心世界和理解生命意义的旅程，这既是一次自我超越的体验，也是对读者精神成长的启迪。

现在，请帮我写一份演讲稿。我希望在演讲中详细介绍我的新作，分享我在创作过程中的思考和感悟，以及读者对这部作品的反馈和感受。这个演讲稿需要能被热爱文学的读者、出版界人士，以及对人生哲理感兴趣的普通公众所理解。

请生成一份大约 1000 字的演讲稿，并以标准的演讲稿格式进行组织，包括开场白、主要内容、结论和致谢。

3. 生成的演讲初稿示例

尊敬的读者、媒体朋友们：

大家好！感谢大家今天能出席我的新书发布会，与我共同分享这段令人激动的时刻。我非常荣幸站在这里，向大家展示我的新作，并与你们分享我在创作过程中的思考和感悟。今天，我要和大家谈论的主题是："超越自我：一场精神探索之旅"。

作为一名小说家，我的职责不仅是讲述故事，更是探索内心的奥秘，寻求生命的真谛。在这部新书中，我踏上了一次独特而深刻的旅程，一次穿越内心世界的探索之旅。这是一次超越自我的体验，一次让我重新思考生命意义的旅程。

在这个作品中，我通过故事中的主人公，带领读者穿越了时间和空间的边界，进入了一个神秘而美丽的世界。我试图探索人类内心深处的情感和欲望，寻找人类存在的意义所在。这个旅程并非只是一个虚构的故事，而是我自己内心的映射，也是对人类精神成长的启迪。

在创作这部作品的过程中，我深深沉浸在其中。每一个篇章，每一个场景，都是我与自己对话的机会。我与主人公一同面对挑战，一同经历成长。在这个过程中，我领悟到了许多重要的道理。我学会了珍惜当下的时光，学会了接纳自己的不完美，学会了放下过去的遗憾，学会了寻找内心的平静与安宁。通过创作，我不仅是在给读者讲述故事，更是在和自己对话，通过故事中的人物和情节，与自己共同成长。

这部作品问世后，我收到了许多读者的反馈和感受。有人说，他们在阅读这本书时，仿佛自己也经历了一次心灵的洗礼，找到了内心深处的勇气和力量。有人说，这本书让他们重新思考了生活的意义，看到了生命中更加珍贵的价值。这些反馈让我感到无比欣慰，因为我的初衷就是希望通过作品的力量，给读者带来一些思考和启发。

我相信，文学是一种强大的媒介，它能够触动人的内心，唤起读者对人生的思考。在这个喧嚣而繁忙的世界中，我们往往被琐事所困扰，迷失了自己的方向。而文学就像一面镜子，让我们反思自己，审视内心的声音。通过阅读和创作，我们能够超越自我，找到内心的平衡与和谐。

在结束演讲之前，我想向所有支持我的人表示由衷的感谢。首先，我要感谢我的家人和朋友，是你们的支持和鼓励让我勇敢地走上了这条创作之路。同时，我要感谢我的编辑和出版团队，是你们的辛勤工作让这本书得以面世，并将其推向更多的读者。最后，我要感谢所有的读者和媒体朋友，是你们的关注和支持，让我的作品有了生命和意义。

在今天的演讲中，我向大家展示了我的新作，并分享了我的思考和感悟。我希望这本书能够给每一个读者带来一些启示，引发内心的共鸣。无论我们身处何地，面对何种困境，我们都可以超越自我，通过对内心世界的探索，找到生命的意义和价值。谢谢大家！

第 17 章

新闻发布会

新闻发布会是公共演讲的一种重要形式，其目的是向媒体和公众传递重要的信息。在这个环境中，演讲者需要能够清晰、精确、有说服力地传达他们的信息。本章将探讨两种特殊类型的新闻发布会：企业发布新产品和政府部门发布政策。

本章将分为两部分来进行研究，第一部分将讨论如何在企业发布新产品的场合中进行有效的演讲。我们将深入解析这种特殊形式的演讲的关键要素，包括如何介绍和推广新产品，如何展示其创新性、功能和特色，以及如何预期其市场表现。此外，我们还将讨论如何利用ChatGPT来撰写演讲稿，使你在准备过程中更加得心应手。

第二部分将探讨如何进行一次有效的政府部门发布政策的演讲。这种演讲的目标是确保公众理解和知晓这些政策。我们将研究如何清晰地传达政策的目标和含义、如何解答公众的疑惑，以及如何解释该政策对公民生活的影响。此外，我们还将分享如何使用ChatGPT来撰写此类演讲稿，让你能更有效地向公众传达政策信息。

本章的内容旨在为你在新闻发布会上进行演讲提供全面的指导，无论你是在商业环境下推介新产品，还是在公共环境下发布新的政策方向，都能找到适合的策略和技巧。

17.1 / **企业发布新产品的演讲**

企业发布新产品的演讲是一种特定类型的公共演讲，其核心目的是向公众介绍并推广公司的最新产品或服务。这种类型的演讲的主要特点在于展示产品的创新性、功能、特色和应用，以及预期的市场表现。该类型的演讲常常在产品发布会、贸易展览会或公司的年度大会等场合进行。

这种类型的演讲的目标是多样化的。首先，最明显的目标就是让潜在的消费者和其他相关方对新产品有所了解，并激发他们的购买意愿。此外，企业还期望通过这种演讲形式来增强其品牌形象，展示其创新能力和行业领先地位。同时，这也是一个向投资者传达公司战略方向、提升市场信心的重要场合。企业发布新产品的演讲通常需要鲜明的视觉元素，如产品演示、视频或幻灯片等，来增强信息的传递效果。

此外，这种演讲还有助于企业建立和维护与各方（包括消费者、投资者、业界同行、媒体等）的关系，通过与听众的交流和互动，收集他们对新产品的反馈，及时调整市场策略，以实现更好的市场表现。

1. 撰写演讲稿的步骤

（1）角色设定：将 ChatGPT 设定为"企业新产品发布演讲稿撰写师"的角色，让其提供独特的产品亮点展示及富有吸引力的语言表达。

（2）提供上下文：向 ChatGPT 提供详细的背景信息，如演讲者的企业背景、新产品的主要特点、目标市场及预期的听众等。例如，"我是一家科技公司的产品经理，我们即将在年度大会上发布一款创新的人工智能产品。我们的主要目标市场是科技爱好者和企业用户。"

（3）创建任务：将整个演讲稿撰写过程分解成若干个任务，如撰写开场白、产品介绍、预期市场表现等，并为每个任务设置具体的指示。例如，"请撰写一个吸引人的开场白，引起听众对我们新产品的期待。"

（4）任务要求：对每个任务设定具体的要求，这可能包括产品特色、应用场景、预期效益等，也可以包括对该部分风格和语言的特殊要求。例如，"在产品介绍部分，请详细介绍产品的创新性和特色，以及如何满足用户的需求。"

（5）输出要求：明确告诉ChatGPT你希望输出的内容是一个按照开场白、产品介绍、市场预期和结束语的顺序组织的完整演讲稿，并给出预期的字数或页数。例如，"请生成一份大约1000字的演讲稿。"

2. 完整提示词示例

你现在是我的企业新产品发布演讲稿撰写师。我是一家科技公司的产品经理，我们即将在年度大会上发布一款创新的人工智能产品，主要面向科技爱好者和企业用户。新产品具有出色的学习能力，使用简便，并能极大地提高工作效率。

现在，我需要你帮我撰写一份演讲稿。我希望在演讲中详细介绍新产品的创新性和特色，强调其如何满足用户需求，并预测其在市场上的表现。在语言表达上，希望能生动形象，易于理解，以便吸引各类听众的注意力。

请为我生成一份大约1000字的演讲稿，按照开场白、产品介绍、市场预期和结束语的顺序进行组织。

3. 生成的演讲初稿示例

尊敬的各位科技爱好者和企业用户：

大家好！我是一家科技公司的产品经理。今天，我非常荣幸能够站在这里，向各位介绍我们即将发布的一款创新的人工智能产品。这款产品将为科技爱好者和企业用户带来前所未有的体验，助力您提升工作效率，实现更多的成就。

首先，让我向大家介绍这款令人激动的新产品。它拥有出色的学习能力，能够快速理解和掌握各种任务。无论您是处理大数据、进行复杂分析，还是需要进行自然语言处理或图像识别，这款产品都能够轻松胜任。它不仅能够处理海量的数据，还能够提供准确的结果和智能的建议，帮助您做出更明智的决策。

这款产品的另一个特色是其简便的使用方式。我们深知用户对于科技产品的期望，因此我们致力于打造一个用户友好的界面和交互方式。无论您是科技专家还是初学者，都能够轻松上手并充分发挥其强大的功能。通过简单的操作，您可以快速完成复杂的任务，节省宝贵的时间和精力。

正因为这些创新特点，我们有信心这款产品将满足您的需求，并为您带来巨大的效益。对于科技爱好者来说，这款产品将成为您探索科技世界的得力助手。它将帮助您解决技术难题，提供灵感和创意，让您的想法得以更好地实现。对于企业用户而言，这款产品将成为您提升工作效率的秘密武器。它将帮助您快速处理烦琐的工作，提供准确的数据分析和智能的决策支持，使您能够更加专注于核心业务和创新。

在市场上，我们对这款产品有着极高的期望。根据市场调研和用户反馈，我们相信这款产品将迎来巨大的成功。当前，人工智能技术正处于快速发展的阶段，而我们的产品正是紧跟科技潮流的产物。我们相信，随着科技爱好者和企业用户对于智能化工具的需求不断增长，这款产品将获得广泛的认可和应用。

最后，我想以一句话来总结这款产品的核心理念：简单、智能、高效。我们的目标是为用户提供一种全新的体验，让您在科技的海洋中航行自如。这款产品将成为您的得力助手，帮助您实现更多的成就。

感谢各位的聆听！我们期待着与您一同见证这款创新的人工智能产品的发布，让我们一起开启科技的未来！

谢谢！

17.2　政府部门发布政策的演讲

在演讲的各种类型中，政府部门发布政策的演讲在社会运行中起着关键作用。此类演讲的基本定义是：由政府官员或代表进行的，用以公开介绍、解释或推广新的或修改的政府政策的一种通信方式。这些政策可以涵盖多个领域，如环境、经济、教育、公共卫生等。

这种类型的演讲的主要目标是确保公众理解和知晓这些政策。通过有效的演讲，政府可以清晰地传达其政策的目标和含义、解答公众的疑惑，以及解释该政策对公民生活的影响。这种类型的演讲也可以用来引导公众看法和舆论，使其更好地理解并接受政府的决策。

此外，政府部门发布政策的演讲也常被用来确立政府在公共议题上的立场和影响力。在这种背景下，演讲不仅是向公众传达政策的工具，也是塑造政府形象、强化公众信任和参与度的重要手段。因此，写作此类演讲需要对政策内容的深入理解，以及对公众心理和舆论动态的敏感洞察。

1. 撰写演讲稿的步骤

（1）角色设定：将ChatGPT设定为"政府官员演讲稿撰写师"的角色，让其提供精准的政策解读和优雅的语言表达。

（2）提供上下文：向ChatGPT提供具体的背景信息，包括演讲者的角色、政策的主要内容、预期的听众等。例如，"我是教育部部长，准备发布一个关于全国中小学在线教育改革的新政策，主要的听众是学校教师、学生和家长等。"

（3）创建任务：将整个演讲稿撰写过程分解成若干个任务，如撰写引入、政策阐述、结论等，并为每个任务设置具体的指示。例如，"请撰写一个引人入胜的开场白，引导听众关注在线教育改革的重要性。"

（4）任务要求：为每个任务设置具体的要求，这可能包括关键点、数据引证、例子讲述等，也可以包括对该部分风格和语言的特殊要求。例如，"在阐述政策内容时，请使用简单明了的语言，帮助公众理解政策的核心要点和意图。"

（5）输出要求：明确告诉ChatGPT你需要一个完整的演讲稿，包括引入、政策阐述、结论和致谢等部分，并给出预期的字数。例如，"请生成一份大约1000字的演讲稿。"

2. 完整提示词示例

你现在是我的政府官员演讲稿撰写师。我是教育部部长，正在准备发布一项全国中小学在线教育改革的新政策。此次政策主要针对学校教师、学生和家长等，旨在通过改革提升在线教育的质量和效率，减轻学生和家长的压力。

请你帮我撰写一份演讲稿。我希望在演讲中，能详细解释政策的背景、内容、目标和影响，用明确、易懂的语言传达给公众。在介绍政策内容时，你可以使用一些实例或比喻，使复杂的政策内容更容易被理解。同时，我希望你能帮我构思一些有效的表达，以引导公众理解并接受这一改革。

最后，我需要你生成一份大约 1000 字的演讲稿，包括引入、政策阐述、结论和致谢等部分。在内容编排上，也请你考虑到逻辑性和语言的连贯性。

3. 生成的演讲初稿示例

尊敬的教育界的朋友们：

大家好！我是教育部部长，今天非常荣幸能够在此向大家介绍一项重要的全国中小学在线教育改革新政策。这项政策旨在通过改革提升在线教育的质量和效率，减轻学生和家长的压力。我相信，这一政策将为我们的教育事业带来深远的影响，为我们的下一代创造更好的学习环境和机会。

首先，让我们来了解一下这项政策的背景。随着科技的迅猛发展，互联网已经深刻改变了我们的生活方式和社会结构。在教育领域中，在线教育作为一种新兴的教育模式，为学生提供了更广泛的学习资源和个性化的学习方式。然而，我们也要面对在线教育中存在的一些问题，比如质量参差不齐、教学效果难以评估等。因此，我们迫切需要一项全面的在线教育改革政策来解决这些问题，以推动教育的进步和发展。

接下来，让我向大家介绍这项政策的内容和目标。首先，我们将加强对学校教师的培训和支持。通过提供专业的在线培训课程和资源，我们将帮助教师们提升在线教学的能力和水平，使他们能够更好地应对教学挑战，并为学生提供高质量的教育。其次，我们将推动学校与在线教育平台的合作，共同开发适合学生需求的在线教学内容和工具。通过合作，我们将为学生提供更多元化、互动性强的学习资源，激发他们的学习兴趣和创造力。此外，我们还将加强对家长的指导和支持，帮助他们更好地理解和应对在线教育的挑战，与学校共同促进孩子的学习和成长。

这项政策的目标是提高在线教育的质量和效率，减轻学生和家长的压力。我们将通过优化教学资源的配置，提升教育服务的质量，并加强对学生学习效果的评估和反馈。同时，我们也将推动在线教育与传统教育的有机结合，使学生能够在线上和线下获得全面的教育体验。我们相信,通过这些努力,我们能够为学生提供更好的学习机会和平台,帮助他们实现自己的梦想。

让我用一个比喻来说明这项政策的重要性和影响。想象一下,我们的教育体系就像一座大桥,连接着学生和知识的彼岸。而这项政策,就是为了加固这座大桥的基础,使它更坚固、更稳定。我们要确保学生能够安全地跨越这座桥,获得优质的教育资源和学习机会。同时,我们也要让家长们放心,知道他们的孩子正站在一座坚实的桥上,迈向成功的未来。

最后,我要感谢各位教育工作者和家长的支持和合作。没有你们的努力和付出,我们无法实现这项改革的目标。我相信,在我们共同的努力下,这项政策将为我们的教育事业带来积极的变革和发展。

谢谢大家!

第 18 章

竞选演讲

　　在公众生活中，无论是学生社团还是社会组织，竞选演讲都占有重要的位置。它是一种特殊的公共演讲方式，候选人通过它向听众展示自己的领导才能、理念和目标。因此，竞选演讲的质量将直接影响听众对候选人的评价和投票决定。本章将深入探讨如何提高竞选演讲的质量，以帮助候选人更好地传达他们的信息，获得更多的支持。

　　本章将分为两部分来进行研究，第一部分将探讨学生竞选演讲的相关问题。我们将介绍学生竞选演讲的目标和重要性，以及如何有效地组织和准备这样的演讲。此外，我们还将介绍如何利用ChatGPT来撰写学生竞选演讲稿，帮助候选人清晰、准确地表达他们的观点和目标。

　　第二部分将深入研究社会组织竞选演讲的相关问题。这种类型的竞选演讲旨在吸引选民对候选人或其提出的议题产生兴趣和信任。我们将讨论如何撰写和组织有效的社会组织竞选演讲，以及如何使用ChatGPT来提高演讲稿的质量。

　　希望通过这一章的内容，能够帮助未来的候选人提升他们的竞选演讲水平，无论是在学生会竞选中，还是在社会组织竞选中，都能脱颖而出。

18.1 学生竞选演讲

　　学生竞选演讲是学生在学校选举中作为候选人，用来向其他学生、教师甚至父母展示自己的才能，阐述自己的理念和目标的一种演讲形式。这种类型的演讲具有特定的定义和目标，旨在为学生提供一个平台，让他们展示自己的能力、分享观点，并争取选民支持。

　　学生竞选演讲的首要目标之一是自我介绍和展示。在这样的演讲中，候选人有机会向同伴介绍自己，展示他们的领导力、公众演讲能力及处理问题的策略。通过自我介绍，他们可以向其他学生展示自己的品行和才能，为自己赢得信任和支持。

　　其次，学生竞选演讲也是候选人分享视角和策略的重要途径。在演讲中，候选人可以详细解释他们希望带领学校走向哪个方向，以及他们打算如何实现这些目标。他们可以分享自己的观点、价值观和想法，以便让选民更好地了解他们的愿景和计划。

　　此外，学生竞选演讲的目标之一是动员和激励听众。候选人需要说服他们的同学，证明自己是最佳的候选人，并号召他们在选举中投票支持。他们可以利用演讲的力量激发听众的热情和行动，鼓励他们积极参与选举活动，并将自己的声音传达出去。

　　最后，学生竞选演讲也能促进对话和交流。候选人的演讲引发学生们对学校问题和未来方向的讨论，鼓励更多的学生参与进来，表达自己的观点。这种开放的对话氛围有助于建立学生之间的联系和理解，推动学校社区的发展和进步。

　　总的来说，学生竞选演讲是一种推动学校社区改进、建立领导力，并提高公众演讲技巧的重要方式。通过有效的竞选演讲，候选人不仅能展示他们的才能和领导力，还能推动学校向前发展，并为自己赢得选举票数。这样的演讲为学生提供了锻炼自己能力和参与民主决策的宝贵机会，同时也促进了学校社区的团结和发展。

1. 撰写演讲稿的步骤

（1）角色设定：将 ChatGPT 设定为"学生竞选演讲的演讲稿撰写助手"的角色，让其提供相关的演讲主题、内容和语言表达的帮助。

（2）提供上下文：向 ChatGPT 提供详细的背景信息，如你参加的学生竞选职位、竞选宣言、个人经历和才能等。例如，"我是一名高中学生，要参加学生会主席的竞选。我在学校积极参与各类活动，拥有领导才能和团队合作精神。"

（3）创建任务：将整个演讲稿撰写过程分解成若干个任务，如撰写开场白、个人介绍、政策承诺等，并为每个任务设置具体的指示。例如，"请撰写一个引人入胜的开场白，吸引听众的注意力并介绍我的竞选目标。"

（4）任务要求：对每个任务设定具体的要求，这可能包括核心信息、理念和承诺，以及对语言风格和演讲技巧的特殊要求。例如，"在个人介绍中，请强调你的领导经验和对学生们的关心，用简洁明了的语言表达你的理念。"

（5）输出要求：明确告诉 ChatGPT 你希望输出的内容是一个按照开场白、个人介绍和政策承诺的顺序组织的完整演讲稿，并给出预期的字数或时间限制。例如，"请生成一份大约 3 分钟的演讲稿，包括开场白、个人介绍和至少三项政策承诺。"

2. 完整提示词示例

你现在是我的学生竞选演讲的演讲稿撰写助手。我是一名高中学生，要参加学生会主席的竞选。我在学校积极参与各类活动，拥有领导才能和团队合作精神。

我希望你能帮我写一份竞选演讲稿。我的竞选目标是改善学校的学习环境、促进学生活动的丰富多样化，以及增进学生和教师之间的沟通和合作。在演讲中，我想向同学们传达我对学校发展的愿景和承诺，并展示我作为学生会主席的能力和决心。

请帮我撰写一份大约 3 分钟的演讲稿，包括开场白、个人介绍和至少三项政策承诺。在开场白中，请用生动有趣的语言吸引同学们的注意力。在个人介绍中，请强调我的领导经验和对同学们的关心。在政策承诺中，请提出具体可行的改进措施，并用简明扼要的语言表达出来。

3. 生成的演讲初稿示例

亲爱的同学们：

大家好！我很荣幸能站在这里，作为一名候选人竞选学生会主席。我是你们中的一员，一个对学校发展充满热情的高中生。在过去的几年里，我积极参与各类活动，拥有领导才能和团队合作精神。今天，我想与大家分享我的愿景和承诺，以及我作为学生会主席的能力和决心。

首先，让我向大家介绍一下自己。我叫［你的名字］，来自［你的班级］班。作为一名学生，我一直以来都非常关心同学们的需求和意见。我曾担任班级干部，组织过各种活动，包括文化节、运动会等。通过这些经历，我深刻体会到了团队合作的重要性，也学会了倾听和尊重每个人的声音。作为学生会主席，我将用我的领导经验和对同学们的关心，努力为大家创造更好的学习环境。

那么，我作为学生会主席的承诺是什么呢？

首先，我将致力于改善学校的学习环境。我们每个人都渴望一个舒适、安静、充满灵感的学习空间。我将与学校管理团队合作，争取提供更好的教室设施和学习资源。我还计划组织学习讲座和辅导班，帮助同学们提高学习技巧和应对压力的能力。我相信，一个良好的学习环境将激发我们的潜能，让我们更好地实现自己的目标。

其次，我将推动学生活动的丰富多样化。学校生活不仅仅是课堂上的学习，还应该包括丰富多彩的课外活动。作为学生会主席，我将组织各类社团和俱乐部，提供更多的选择和机会，让每个人都能找到自己感兴趣的活动。我还计划举办文化艺术节、体育比赛和志愿者活动，为同学们提供展示才艺和贡献社会的平台。通过这些活动，我们将建立更紧密的联系，共同创造一个充满活力和创意的学校。

最后，我将致力于增进学生和教师之间的沟通和合作。学生和教师是学校大家庭中的重要成员，我们需要建立起一种良好的互动关系。我将设立定期的学生代表会议，邀请教师参与其中，听取大家的意见和建议。我还计划组织师生座谈会和互动活动，让双方更好地了解彼此，共同解决问题。我相信，通过加强学生和教师之间的沟通和合作，我们能够共同推动学校的发展。

亲爱的同学们，我对学校的发展充满信心，也坚信我们每个人都有无限的潜力。作为学生会主席，我将全力以赴，为大家创造更好的学习环境，推动学生活动的丰富多样化，增进学生和教师之间的沟通和合作。我希望得到你们的支持和信任，让我们一起努力，共同实现美好的学校愿景！

谢谢大家！

18.2　社会组织竞选演讲

社会组织竞选演讲是一种专门的公共表达形式，它的核心目的在于吸引投票者对候选人或其提出的议题产生兴趣和信任。这种类型的演讲通常由社区组织、非营利机构、学生团体、专业协会等社会组织中的候选人发表。候选人可以是组织内的成员，也可能是希望加入该组织并在其中担任一定职务的外部人士。这种演讲的主题可以是多种多样的，例如改革议程、组织的未来方向，或者是候选人个人的价值观和背景。

社会组织竞选演讲的主要目标是传达和推广候选人的理念和计划，赢得选民的支持。在许多情况下，这样的演讲不仅仅是向听众介绍候选人，更是为了影响和改变他们的看法，使其与候选人的立场更为一致。因此，一个成功的社会组织竞选演讲应该有助于候选人与听众建立信任、产生共鸣，并激发听众的热情，让他们愿意投票支持。

这种演讲的另一重要目标是提供信息。候选人需要清楚、准确地阐述他们的观点和计划，让选民明白他们对特定问题的立场，以及他们将如何采取行动来改善组织或社区。这种信息的提供并非单向的，而是希望与听众进行互动，倾听他们的意见和问题，以便更好地满足他们的需求和期望。

总的来说，社会组织竞选演讲是一个关于影响和信息交流的复杂过程，通过这种过程，候选人希望能够赢得选民的支持，实现自己在组织中的目标。

1. 撰写演讲稿的步骤

（1）角色设定：将 ChatGPT 设定为"社会组织竞选演讲稿撰写师"的角色，让其提供深度的议题分析及引人入胜的表达方式。

（2）提供上下文：向 ChatGPT 提供详细的背景信息，如候选人的个人背景、竞选主题、主要议题及预期的选民等。例如，"我是一名社区公园的志愿者，现在准备参加公园管理委员会的主席竞选。我的主题是'为了一个更绿色的社区'，主要的选民是社区的居民。"

（3）创建任务：将整个演讲稿撰写过程分解成若干个任务，如撰写开场白、主体部分、结论等，并为每个任务设置具体的指示。例如，"请撰写一个引人入胜的开场白，引起选民对公园绿化问题的关注。"

（4）任务要求：对每个任务设定具体的要求，这可能包括关键观点、数据引证、案例讲述等，也可以包括对该部分风格和语言的特殊要求。例如，"在开场白中，请使用一些鲜活的例子来描述公园绿化的重要性。"

（5）输出要求：明确告诉 ChatGPT 你希望输出的内容是一个按照开场白、主要内容、结论和致谢的顺序组织的完整演讲稿，并给出预期的字数或页数。例如，"请生成一份大约 800 字的演讲稿。"

2. 完整提示词示例

> 你现在是我的社会组织竞选演讲稿撰写师。我是一名积极参与社区公园建设和维护的志愿者，现在我计划参选我们社区公园管理委员会的主席。我的竞选主题是"为了一个更绿色的社区"，我希望推动更多的环保项目，如公园绿化、垃圾分类等。我的主要选民是社区的居民。
>
> 现在，请帮我撰写一份竞选演讲稿。我希望在演讲中引用一些关于绿化对社区生活质量的影响的数据、分享我在公园志愿者工作中的一些经历，以及提出我作为主席将推动的一些环保措施。我希望这份演讲稿能引起选民的共鸣，让他们看到我对社区的热爱和承诺。
>
> 请生成一份大约 800 字的演讲稿，并以标准的演讲稿格式进行组织，包括开场白、主要内容、结论和致谢。

3. 生成的演讲初稿示例

尊敬的社区居民们：

大家好！我是你们社区公园的一名积极参与者，也是一位志愿者。我站在这里，非常荣幸地向大家宣布，我计划参选我们社区公园管理委员会的主席一职。我的竞选主题是"为了一个更绿色的社区"。我相信，通过推动更多的环保项目，如公园绿化和垃圾分类等措施，我们可以共同打造一个更美丽、更宜居的社区。

首先，我想与大家分享一些关于绿化对社区生活质量的影响的数据。根据最新研究，生活在绿化环境中的人更容易感到快乐和满足，他们的心理健康水平更高，更少患有焦虑和抑郁症。绿色空间不仅可以提供休闲娱乐的场所，还能减轻压力，促进人们的身心健康。因此，我将致力于增加我们社区公园的绿化面积，为大家创造一个更健康、更舒适的居住环境。

作为公园志愿者，我有幸亲眼看见了公园的变化和社区居民的快乐。在过去的几年里，我和其他志愿者们一起参与了公园的建设和维护工作。我们一起种下了树苗，修剪了花坛，清理了垃圾。每一次活动都充满了团队合作和社区凝聚的力量。我深深地体会到，一个充满绿意的公园不仅仅是一片美丽的风景，更是社区凝聚力的象征。通过我的努力，我希望能够将这份热情和团结带入我们的管理委员会，并将其延续下去。

作为社区公园管理委员会的主席，我将推动一系列环保措施，以建设一个更绿色的社区。首先，我将致力于推动公园绿化项目的发展。我们将增加植树造林的活动，为公园增添更多的绿意。同时，我将鼓励居民参与到公园的养护工作中，共同守护我们的绿色家园。

其次，我将提倡垃圾分类和回收利用。通过加强对垃圾分类知识的宣传和教育，我相信我们可以改变居民们的行为习惯，减少废物的产生，并促进资源的有效利用。我将与相关机构合作，建立更多的垃圾分类回收站点，方便居民进行垃圾分类投放。

最后，我将致力于提升公园设施和服务水平。我将争取更多的资金和资源，改善公园的设施，增加儿童游乐区、健身设施和休闲区域，满足居民们的多样化需求。同时，我将建立一个反馈机制，听取居民的意见和建议，不断改进公园的管理和服务质量。

亲爱的社区居民们，我相信我们的社区有着无限的潜力。作为社区公园管理委员会的主席，我将全力以赴，为了一个更绿色的社区而努力奋斗。我希望能够得到大家的支持和信任，让我们一起为社区的繁荣和发展贡献自己的力量。

最后，我要感谢每一位居民的支持和鼓励。没有你们的支持，我无法成为社区公园管理委员会的主席候选人。我将竭尽全力，不辜负大家的期望和信任。让我们携手共进，为了一个更绿色的社区，共同创造美好的未来！

谢谢大家！

第 19 章

社会公益演讲

在我们的生活中，社会公益演讲扮演着非常重要的角色。它旨在提升公众对社会问题的认识，调动公众的参与意识，并激发社会变革的动力。本章将深入探讨如何进行一次高质量的社会公益演讲。

本章将分为两部分来进行研究，第一部分将关注如何在社会公益活动中进行有效的宣传演讲。我们将探索如何明确传达信息，引起听众的情感共鸣，并最终激发听众的行动。此外，我们还将讨论如何利用ChatGPT帮助撰写这类演讲稿，使其能够更有效地达到你的目标。

第二部分将讨论环保、健康等方面的讲座演讲。这类演讲的目标不仅在于传达关于环保和健康的重要知识，更在于引起听众的兴趣，激发他们采取行动，以实现更加可持续、健康和美好的未来。我们将探讨如何使用易于理解的语言表达深度的科研内容、如何提供具体的解决方案，以及如何鼓励听众参与到相关的行动中。

无论你是公益活动的组织者，还是环保和健康议题的推动者，都希望这一章能为你在社会公益演讲的道路上提供一些有益的启示和指导。

19.1 社会公益活动中的宣传演讲

社会公益活动中的宣传演讲是一种特殊的公共演讲，其主要目标是引导听众理解并参与某个特定的社会公益事业。这种演讲通常需要解释社会问题的重要性、展示公益活动是如何解决这些问题的，以及公众参与其中的重要性。

这种演讲的主要目标是以鼓励、教育和启发听众的方式，推动社会公益活动的发展并提高活动的参与度。它旨在创造对社会问题的深入理解、激发听众的同情心和共情心，以及让他们行动起来，参与到这些公益事业中。

例如，一位环保运动者可能会通过演讲向公众展示气候变化的严重性、解释他们的组织是如何通过种植树木来对抗这一问题的，以及听众如何能够参与到这一行动中来。

在社会公益活动的宣传演讲中，演讲者不仅仅是要传达信息，更是要影响听众的情感和行为。他们可能需要使用故事、事实和数据来帮助听众理解社会问题，并用情感上的触动来鼓励他们参与其中。而最终的目标，是让更多的人了解这些社会问题、同情受影响的人群，以及采取行动参与到解决问题的公益活动中。

1. 撰写演讲稿的步骤

（1）角色设定：将 ChatGPT 设定为"社会公益活动宣传演讲稿撰写师"的角色，让其提供有深度的公益议题解析及感人至深的语言表达。

（2）提供上下文：向 ChatGPT 提供详细的背景信息，如演讲者的社会身份、演讲主题、核心论点及预期的听众等。例如，"我是一名环保公益组织的领导者，准备在全球环保峰会上进行一次公开演讲。我的主题是'种树行动对抗气候变化'，主要的听众是公众和潜在的公益活动参与者。"

（3）创建任务：将整个演讲稿撰写过程分解成若干个任务，如撰写开场白、主体部分、结论等，并为每个任务设置具体的指示。例如，"请撰写一个引人入胜的开场白，引起听众对种树行动的关注。"

（4）任务要求：对每个任务设定具体的要求，这可能包括关键观点、数据引证、案例讲述等，也可以包括对该部分风格和语言的特殊要求。例如，"在开场白中，请使用一些实际的例子来描述种树行动如何对抗气候变化。"

（5）输出要求：明确告诉ChatGPT你希望输出的内容是一个按照开场白、主要内容、结论和致谢的顺序组织的完整演讲稿，并给出预期的字数或页数。例如，"请生成一份大约1000字的演讲稿。"

2. 完整提示词示例

你现在是我的社会公益活动宣传演讲稿撰写师。我是一家环保公益组织的领导者，准备在即将举行的全球环保峰会上，向公众和潜在的公益活动参与者进行一次公开演讲。演讲的主题是"种树行动对抗气候变化"。我的核心观点是种树行动可以有效地吸收大气中的二氧化碳，有助于减缓全球暖化的趋势，我们需要更多的人参与到这个行动中来。

现在，请帮我写一份演讲稿。我希望在演讲中引用一些科学研究结果、加入一些形象的例子使听众更容易理解，以及呼吁听众参与到种树行动中。这个演讲稿需要能被各年龄段、各社会身份的人所理解。

请生成一份大约1000字的演讲稿，并以标准的演讲稿格式进行组织，包括开场白、主要内容、结论和致谢。

3. 生成的演讲初稿示例

尊敬的嘉宾朋友们：

大家好！我很荣幸能在这个全球环保峰会上与大家分享我对"种树行动对抗气候变化"的见解。我是一家环保公益组织的领导者，今天我想向大家强调种树行动的重要性，并呼吁更多人加入这个行动中来。

在追求可持续发展的道路上，气候变化是我们面临的最大挑战之一。科学研究表明，人类活动产生的大量二氧化碳排放是导致地球变暖的主要原因之一。然而，我们有一个简单而有效的解决方案：种树。

树木是地球上最古老、最伟大的生命形式之一。它们以惊人的方式与环境互动，不仅为我们提供氧气，还吸收二氧化碳。树木通过光合作用将二氧化碳转化为氧气，同时将碳储存在自身的组织中。这个过程被称为"固碳"，它可以有效地减少大气中的温室气体含量，减缓全球变暖的趋势。

科学研究显示，一棵成熟的树每年可以吸收约 22 公斤的二氧化碳。这意味着，如果我们能够种植更多的树木，就能够显著减少大气中的二氧化碳含量。想象一下，如果每个人都在自己的家园或社区种下一棵树，我们将共同创造一个更清洁、更健康的地球。

让我通过一个形象的例子来帮助大家更好地理解。想象一下，当我们种下一棵树时，就像是在为地球添上一把绿色的雨伞。这把雨伞可以为我们的地球提供防晒和降温的效果。它能够减少城市中的热岛效应，改善空气质量，提供清新的气息和美丽的风景。同时，这把雨伞还能为我们的生态系统提供栖息地，保护野生动植物的多样性。每一棵树都是我们为未来创造的一份礼物，它们将为我们的后代留下一个更美好的世界。

尊敬的听众们，我们每个人都可以为种树行动做出贡献。无论你是年轻人还是年长者，无论你是学生还是职场人士，无论你是城市居民还是农村居民，都可以采取行动。你可以参加社区植树活动，或者在你的家园中种植一棵树。你可以支持环保组织，捐款购买树苗，或者与朋友们一起组织种树活动。每一个小小的行动都会产生巨大的影响，让我们携起手来，共同为我们的地球尽一份力量。

最后，我要衷心感谢所有支持和参与种树行动的人。你们的热情和努力使这个世界变得更加美好。让我们共同努力，使种树行动成为我们对抗气候变化的有力武器！

谢谢大家！

19.2 环保、健康等方面的讲座演讲

环保和健康等方面的演讲旨在呼吁和教育人们关于环境保护和健康意识的重要性。这类演讲的目标是通过传达相关信息、分享观点和提供解决方案，激发听众对环境和健康议题的兴趣，并推动他们采取行动以

改善和维护环境健康。

首先，这样的演讲追求增强听众的意识和认识。演讲者通过向听众传递关键信息和数据，揭示当今社会所面临的环境问题及其对个人和社会健康的影响。演讲者分享先进的科学研究和最佳实践，以加深听众对环保和健康领域的认识。通过这种方式，听众能够更好地了解环境问题和健康挑战的紧迫性和复杂性。

其次，环保和健康演讲旨在激发共鸣和情感共鸣。演讲者利用引人入胜的故事、描述个人经历和与听众共有的价值观，与听众建立情感联系，引起听众对环境和健康问题的关注和关心。通过共鸣，演讲者能够打动听众的心灵，并激发他们的同理心。这种情感共鸣有助于推动听众在日常生活中采取可持续和健康的行动，因为他们能够意识到个人行为对环境和健康的影响。

最后，环保和健康演讲的目标之一是提供解决方案并鼓励行动。演讲者向听众展示可行的解决方案，并激励他们采取积极行动。演讲者分享可持续发展的实践案例、环境友好的生活方式和促进健康的方法。此外，演讲者鼓励听众参与环保组织、志愿者活动或支持相关政策，以推动环境和健康议题的发展和变革。通过提供解决方案并鼓励行动，演讲者希望激发听众的个人责任感和参与意愿，以创造一个更加可持续、健康和美好的未来。

总之，环保和健康演讲的定义在于传达环境保护和健康意识，以引起听众的兴趣并推动他们在日常生活中采取行动。通过增强意识、激发情感共鸣和提供解决方案，建立一个更加可持续、健康和美好的未来。

1. 撰写演讲稿的步骤

（1）角色设定：将ChatGPT设定为"演讲稿撰写师"的角色，让其提供深度的科研内容解析及通俗易懂的语言表达。

（2）提供上下文：向ChatGPT提供详细的背景信息，如演讲者的身份、演讲主题、核心论点及预期的听众等。例如，"我是一名环保活动家，准备在一场学术研讨会上发表演讲，主题是'可持续发展与环境保护'，听众是来自各个领域的专业人士和学者。"

（3）创建任务：将整个演讲稿撰写过程分解成若干个任务，如撰写开场白、阐述问题、提供解决方案等，并为每个任务设置具体的指示。例如，"请撰写一个引人入胜的开场白，引起听众对环境保护和可持续发展的兴趣和关注。"

（4）任务要求：对每个任务设定具体的要求，这可能包括关键观点、数据引证、案例讲述等，也可以包括对该部分风格和语言的特殊要求。例如，"在阐述问题部分，请提供相关统计数据和案例，强调环境保护与可持续发展的紧迫性和重要性。"

（5）输出要求：明确告诉ChatGPT你希望输出的内容是一个按照开场白、主体部分、结论和总结的顺序组织的完整演讲稿，并给出预期的字数或页数。例如，"请生成一份大约1000字的演讲稿，包括开场白、主体部分、结论和总结。"

2. 完整提示词示例

你现在是我的演讲稿撰写师。我是一名环保活动家，准备在一场学术研讨会上发表演讲，主题是"可持续发展与环境保护"。我的核心观点是环境保护与可持续发展之间存在紧密关联，我们应该采取行动来实现一个更加可持续的未来。

现在，请帮我写一份演讲稿。我希望在演讲中提供一些深度的科研内容，但又能用通俗易懂的语言表达。我希望在演讲中强调环境保护与可持续发展的重要性，并提供一些具体的解决方案，激发听众的兴趣和行动。

请生成一份大约1000字的演讲稿，并按照开场白、主体部分、结论和总结的顺序进行组织。在开场白中，请设计一个引人入胜的开头，吸引听众的注意力。在主体部分，请提供相关的科研数据、案例和观点，阐述环境保护与可持续发展之间的紧密关联。在结论部分，请强调听众的重要作用，并鼓励他们采取行动。最后，请给出一个简洁而感人的总结。谢谢你的帮助！

3. 生成的演讲初稿示例

尊敬的听众们：

大家好！我感到非常荣幸能够在这场学术研讨会上与大家分享关于可持续发展与环境保护的重要议题。作为一名热衷于环保事业的活动家，我希望通过今天的演讲，向大家阐述环境保护与可持续发展之间的紧密关联，并提供一些具体的解决方案，激发大家的兴趣和行动。

让我们从一个事实开始。你知道吗？每年全球约有 800 万吨的塑料垃圾流入海洋，对海洋生态系统造成了巨大的破坏。这个数字令人震惊，但它也揭示了环境保护与可持续发展之间的紧密关联。我们的行为对地球的生态系统产生直接影响，而可持续发展旨在确保我们在满足当前需求的同时，不损害未来世代的能力。

让我们来看一些科学数据和案例，以更好地理解环境保护与可持续发展之间的关系。首先，让我们关注气候变化这个全球性的挑战。根据《联合国气候变化框架公约》的报告，全球温室气体排放的增加是导致气候变化的主要原因。这些排放来自人类活动，如燃烧化石燃料、砍伐森林和工业生产。然而，可持续发展的方法可以帮助我们减少这些排放。例如，通过采用清洁能源替代化石燃料，我们可以降低温室气体的排放量，减缓气候变化的速度。

除了气候变化，我们还面临着许多其他环境挑战，如水资源短缺、生物多样性丧失和土壤退化等。这些问题不仅对我们的生活产生直接影响，还对经济系统造成了巨大的压力。例如，水资源短缺已经严重影响了许多地区的农业生产和人类生活。为了解决这些问题，我们需要采取行动，推动可持续的水资源管理和保护生态系统的健康。

那么，我们应该如何行动起来，为实现一个更加可持续的未来做出贡献呢？首先，我们可以从个人生活习惯做起。通过减少能源消耗、垃圾产生和水资源浪费，每个人都可以减轻对环境造成的负担。此外，我们还可以选择购买和支持环保产品与服务，鼓励企业采取可持续的经营模式。

除了个人行为，政府和企业也扮演着至关重要的角色。政府可以通过制定环保政策和法规来推动可持续发展，鼓励企业采取环保措施。同时，企业也应该承担起社会责任，通过减少排放、提高资源利用效率和支持环保项目来推动可持续发展。

最后，我想强调每个人的重要作用。作为听众，你们每个人都可以成为变革的推动者。通过传播环保意识、参与志愿者活动和支持环保组织，我们可以激发更多人的兴趣和行动，共同为可持续发展努力。

在结束之前，让我引用一句名言来总结这场演讲："我们没有继承地球，而是从我们的子孙那里借来的。"我们的行动将直接影响我们子孙的未来。让我们共同行动起来，保护我们的地球，为实现一个更加可持续的未来贡献力量！

谢谢大家的聆听！

第 20 章

周年庆典演讲

本章将深入研究周年庆典的演讲。无论是企业还是组织，周年庆典都是一个重要的里程碑，它不仅是对过去的庆祝和回顾，也是对未来的展望和设想。一场精心策划的庆典演讲可以加强企业或组织的使命感，鼓舞员工或成员的士气，深化与客户、合作伙伴和社会公众的联系。

本章将分为两部分来进行研究，第一部分将探讨如何在企业成立的周年庆典上发表出色的演讲。这种演讲需要在庆祝企业成就的同时，对所有利益相关者表达感谢，并以积极、有力的语言描绘出企业的未来愿景。我们将提供一系列具体的步骤，帮助你撰写一份吸引人的演讲稿，并提供ChatGPT的实际应用例子，以指导你如何在撰写过程中利用人工智能。

第二部分将深入研究如何在组织机构成立的周年庆典上发表动人的演讲。不同于企业演讲，这种演讲更加注重强调组织的成立宗旨、概述过去的挑战与成就，以及展现对未来的规划和期待。我们还将提供一套详细的撰写指南，利用ChatGPT为你在演讲稿撰写过程中提供有力的支持。

希望这一章的内容能为你在周年庆典演讲中提供有力的指导和帮助，无论是在企业场合还是在组织机构中。

20.1 企业成立周年庆典演讲

企业成立周年庆典演讲，通常由企业的高级领导或特邀嘉宾在重大庆典活动中发表，标志着该企业的成长和持久。这是一种特殊的演讲类型，其核心是庆祝、回顾、展望和激励。

这种演讲的首要目标是庆祝企业的成就，并对那些对企业成功做出贡献的员工、合作伙伴、客户及其他利益相关者表示感谢。它回顾了企业过去一年或更长时间的历程，总结了企业的成就和挑战，同时为了解企业成员从中学到了什么并以此为基础进行反思提供了机会。

此外，演讲还会设定并阐述企业的新目标，分享对企业未来发展的期望和计划。这种展望不仅提供了一个方向，还激发了员工和合作伙伴为实现共同的目标而努力。

通过回顾历史和展望未来，演讲同时传达并强调了企业的核心价值观和使命，进一步增强了企业文化。这是企业将自己的身份和价值观向所有利益相关者传达的重要方式。

最后，企业成立周年庆典演讲也是提升企业形象的有效方式，能够增强公众，特别是潜在客户、潜在员工和投资者对企业的认知和好感度。总的来说，这种演讲旨在庆祝企业的历史，明确其愿景，并激发所有利益相关者对未来的积极期待。

1. 撰写演讲稿的步骤

（1）角色设定：将 ChatGPT 设定为"企业周年庆典演讲稿撰写师"的角色，让其提供专业、富有感情的语言表达及深度的企业发展内容解析。

（2）提供上下文：向 ChatGPT 提供详细的背景信息，如企业的历史背景、成立的原因、主要的业务范围，以及庆典的规模等。例如，"我们是一家创新型科技公司，今年是我们公司成立的第十年，我们将举办一场大型庆典来庆祝这一重大时刻。"

（3）创建任务：将整个演讲稿撰写过程分解成若干个任务，如撰写开场白、企业历程回顾、未来展望等，并为每个任务设置具体的指示。例如，

"请撰写一个充满感激和庆祝气氛的开场白，引起听众对企业发展的关注。"

（4）任务要求：对每个任务设定具体的要求，这可能包括关键成就、挑战、企业价值观，也可以包括对该部分风格和语言的特殊要求。例如，"在企业历程回顾中，请使用具体事例来描述企业的主要成就和挑战。"

（5）输出要求：明确告诉ChatGPT你希望输出的内容是一个按照开场白、企业历程回顾、未来展望和致谢的顺序组织的完整演讲稿，并给出预期的字数或页数。例如，"请生成一份大约1000字的演讲稿。"

2. 完整提示词示例

你现在是我的企业周年庆典演讲稿撰写师。我们是一家专注于AI技术的创新型科技公司，今年是我们公司成立的第十年。为了庆祝这一重大时刻，我们将举办一场大型庆典。我希望在庆典上进行一次公开演讲，主题是"十年路，携手前行"。我的核心观点是感谢所有员工、合作伙伴、客户和其他利益相关者对公司的贡献，回顾我们的成就和挑战，以及展望我们的未来。

现在，请帮我撰写一份演讲稿。我希望在演讲中使用具体事例来描绘我们的主要成就和挑战，表达我们的感激之情，并以激动人心的语言描绘我们的未来愿景。我希望这个演讲稿既能传达到内部员工，也能触动我们的合作伙伴、客户和潜在投资者。

请生成一份大约1000字的演讲稿，并以标准的演讲稿格式进行组织，包括开场白、企业历程回顾、未来展望和致谢。

3. 生成的演讲初稿示例

尊敬的员工、合作伙伴、客户和潜在投资者们：

大家好！我感到非常荣幸能够站在这个舞台上，与各位共同庆祝我们公司成立的第十个周年。在这个特殊的时刻，我想与大家分享一些关于我们公司的故事，回顾我们的成就和挑战，并展望我们的未来。

十年前，我们创立了这家专注于AI技术的创新型科技公司，当时只有一小群激情四溢的年轻人。我们怀揣着对技术的热爱和创新的梦想，开始了我们的创业之旅。回首过去的十年，我们走过了一条充满艰辛和挑战的道路，但也取得了令人瞩目的成就。

首先，我要感谢我们的员工，是你们的辛勤工作和无私奉献，才让我们的公司得以茁壮成长。从最初的几人团队到如今的庞大组织，你们的智慧和努力是我们成功的关键。正是你们的创意和勇气，推动了我们在 AI 技术领域中的突破和创新。我们的产品和解决方案正在改变人们的生活，为各行各业带来了巨大的变革。

其次，我要感谢我们的合作伙伴，是你们与我们携手合作，共同实现了许多重要的里程碑。我们与各大科技公司、研究机构和学术界建立了紧密的合作关系，共同探索 AI 技术的前沿。你们的支持和信任是我们不断前进的动力，我们将继续加强合作，共同推动 AI 技术的发展。

同时，我要感谢我们的客户和潜在投资者，是你们对我们的信任和支持，让我们能够实现可持续的增长。你们是我们成功路上的重要伙伴，我们将继续努力提供卓越的产品和服务，满足你们的需求，并为你们创造更大的价值。

在过去的十年里，我们面临了许多挑战和困难。市场的竞争激烈，技术的发展变化莫测。但正是这些挑战激发了我们的潜能，让我们不断进步。我们坚持不懈地追求技术创新，不断改进我们的产品和解决方案。我们的团队克服了一个又一个的难题，取得了令人瞩目的突破。正是这种坚持和勇气，让我们在 AI 技术领域中保持了领先地位。

展望未来，我们将继续坚持创新和卓越的理念。我们相信，AI 技术将在未来的世界中发挥更加重要的作用。我们将继续投入更多的资源和精力，推动 AI 技术的发展和应用，为人类创造更美好的未来。我们将继续与合作伙伴紧密合作，共同探索 AI 技术的边界。我们将继续关注客户的需求，提供更加智能、高效的解决方案。我们相信，通过我们的努力和创新，我们能够实现更多的突破和成功。

最后，我要再次向所有员工、合作伙伴、客户和潜在投资者们表达最诚挚的感谢。正是你们的支持和信任，让我们能够走到今天。我们承诺，我们将继续努力，不断创新，为你们提供更好的产品和服务。让我们携手前行，共同迎接未来的挑战和机遇！

谢谢大家！

20.2 组织机构成立周年庆典演讲

组织机构成立周年庆典演讲通常在组织的纪念活动上由领导者或特邀嘉宾进行。这种演讲的目的既是为了庆祝和回顾组织自成立以来的成就，表彰为此做出贡献的成员，同时也是一个反思和学习的机会，回顾组织过去面临的挑战和解决问题的经验。

此外，展望未来也是演讲的重要部分，演讲者通常会分享对未来的看法，设定新的目标和计划，为组织的成员和利益相关者提供明确的方向。同时，这也是一个激励和鼓舞人心的机会，通过分享成功的故事、传递积极的信息、设定具有挑战性的目标，激发组织成员继续为实现组织的愿景而奋斗。

组织机构成立周年庆典演讲还是建立和强化组织与其各个利益相关者关系的重要机会。演讲者可以借此机会向成员、合作伙伴、捐助者和公众传达感谢，分享组织的价值观，并邀请他们在未来继续支持和参与组织的事业。总的来说，这种演讲是庆祝过去、展望未来、激发士气和建立连接的重要方式，对于任何组织的发展都至关重要。

1. 撰写演讲稿的步骤

（1）角色设定：将ChatGPT设定为"周年庆典演讲稿撰写师"的角色，让其提供包含组织历史、成就和未来愿景的语言表达。

（2）提供上下文：向ChatGPT提供详细的背景信息，如组织的基本信息、庆典的主题、预期的听众等。例如，"我们的非营利组织即将迎来五周年庆典，我们希望在此次庆典上回顾过去的成就和挑战，同时展望未来。主要的听众包括我们的员工、志愿者、合作伙伴和捐助者。"

（3）创建任务：将整个演讲稿撰写过程分解成若干个任务，如撰写开场白、主体部分、结论等，并为每个任务设置具体的指示。例如，"请撰写一个引人入胜的开场白，突出我们组织的成立宗旨和过去的成就。"

（4）任务要求：对每个任务设定具体的要求，这可能包括关键观点、数据引证、案例讲述等，也可以包括对该部分风格和语言的特殊要求。

例如，"在主体部分，请使用一些实际的例子来描述我们的主要成就，同时需要引用一些具体的数据。"

（5）输出要求：明确告诉 ChatGPT 你希望输出的内容是一个按照开场白、主要内容、结论和致谢的顺序组织的完整演讲稿，并给出预期的字数或页数。例如，"请生成一份大约 1000 字的演讲稿。"

2. 完整提示词示例

你现在是我的周年庆典演讲稿撰写师。我们的非营利组织即将迎来五周年庆典，主题是"携手前行，共创未来"。我希望在此次庆典上回顾过去的成就和挑战，同时展望未来。主要的听众包括我们的员工、志愿者、合作伙伴和捐助者。

现在，请帮我写一份演讲稿。我希望在演讲中突出我们的成立宗旨、总结过去五年的主要成就、介绍我们面临的挑战，以及未来的发展规划。我希望演讲中包含一些实际的例子和数据，使其更具说服力。

请生成一份大约 1000 字的演讲稿，并按照开场白、主要内容、结论和致谢的顺序进行组织。

3. 生成的演讲初稿示例

尊敬的各位员工、志愿者、合作伙伴和捐助者：

大家好！我很荣幸站在这里，与大家共同庆祝我们非营利组织的五周年庆典。庆典的主题是"携手前行，共创未来"，这恰如其分地概括了我们的使命和愿景。在这个特殊的时刻，我想与大家一起回顾过去五年的成就、面临的挑战，以及我们的未来发展规划。

首先，我想强调我们组织成立的初衷。五年前，我们共同创办了这个组织，以解决社会中存在的问题，并为那些需要帮助的人提供支持和资源。我们的宗旨是为社区创造一个更美好的未来，通过携手合作、共同努力，实现这一目标。

在过去的五年里，我们取得了许多令人骄傲的成就。我们的团队不断努力，为社区提供教育、医疗、环境保护和社会公益等方面的支持。通过我们的努力，许多困难群体得到了帮助，许多生命得到了改变。让我举一个例子：我们在教育领域中开展的项目帮助了数百名贫困学生获得了高质量的教育资源，为他们打开了更广阔的未来之门。

然而，我们也面临了一些挑战。社会问题的复杂性和严重性使我们的工作变得更加艰巨。我们必须面对资源有限、社会意识不足及与其他组织的合作等挑战。但是，正是这些挑战激励着我们不断进步，寻找创新的解决方案，以更好地回应社会的需求。

展望未来，我们有着明确的发展规划。首先，我们将继续加强我们与志愿者、合作伙伴和捐助者之间的合作关系，以共同实现我们的使命。其次，我们将不断提升我们的项目质量和效果，确保我们的工作能够真正改变人们的生活。我们还将加强社会意识的宣传，促使更多的人关注和参与到社会公益事业中来。

为了实现这些目标，我们需要您的支持和参与。您的捐助和志愿工作对我们来说至关重要。只有通过我们的共同努力，我们才能够真正影响社区的发展，并为更多的人带来希望和机会。

最后，我要衷心感谢所有为我们组织付出努力的人。感谢我们的员工，你们的辛勤工作和奉献精神是我们取得成就的基石。感谢我们的志愿者，你们的无私奉献使我们的项目得以顺利进行。感谢我们的合作伙伴，是你们的支持和合作让我们能够更好地发展。感谢我们的捐助者，是你们的慷慨解囊让我们能够实现我们的使命。

让我们携手前行，共同创造一个更美好的未来！谢谢大家！

第 21 章

社会热点问题演讲

在我们的生活中，社会热点问题无疑是一个不可忽视的部分。它们反映了我们的社会现状，影响着我们的生活，甚至也塑造着我们的价值观。因此，对社会热点问题的理解和讨论，对于我们来说是非常重要的。而在这个过程中，公开演讲无疑是一个重要的手段，它提供了一个平台，让我们可以分享观点、提出问题，甚至是倡导改变。那么，如何能更好地在公开场合中讨论社会热点问题，以及如何能提高我们的演讲质量呢？本章将对此进行详细的探讨。

本章将分为两部分来进行研究，第一部分将探讨如何进行出色的专家解读演讲。我们将分析这种特殊形式的演讲的基本元素，如何深入剖析事件的背景、因果关系和可能的后果，以及如何引导听众从更广泛的角度看待事件。此外，我们还将讨论如何利用ChatGPT来帮助撰写专家解读的演讲稿，使你在准备过程中更加得心应手。

第二部分将研究如何进行有效的当事人发言。不同于专家解读，当事人的发言更注重向公众传达其立场、解释其行为、塑造其形象，并试图影响公众舆论。因此，我们将探讨如何在公开场合有效地表达你的观点和情况、如何借助演讲来回应公众关切，以及如何通过演讲来推动公众对话，促进社会的理解与和解。

希望这一章的内容能为你在未来的社会热点问题演讲中提供一些有用的指导和帮助。

21.1 社会热点事件中的专家解读

社会热点事件中的专家解读是由一个或多个行业专家深入分析并阐述当前引起广泛关注和讨论的社会事件。与其说是单纯提供信息，不如说这类演讲的核心目标是解析复杂的事件，使听众能够更全面、更深入地理解事件的各个方面。其主要目标是通过深入剖析事件的背景、因果关系和可能的后果，帮助听众在社会热点事件上有更深入的理解。

同时，专家解读演讲也提供了多元视角和深度洞察，引导听众从更广泛的角度看待事件，跳出媒体或单一来源的报道带来的局限。此外，专家的深度解读可以为公众提供更加科学、专业的视角，引导公众对热点事件的讨论走向更加深入、全面的方向，并帮助公众形成更为理性、全面的观点。专家对社会热点事件的演讲主要是为了提供深度的理解、促进公众的认识和讨论，以及塑造更全面的观点。

1. 撰写演讲稿的步骤

（1）角色设定：将ChatGPT设定为"社会事件专家解读演讲稿撰写师"的角色，让其提供深度的社会事件解析及具有说服力的语言表达。

（2）提供上下文：向ChatGPT提供详细的背景信息，如演讲者的专业背景、热点事件、核心观点及预期的听众等。例如，"我是一名社会学者，准备在即将举行的社会论坛上进行一次公开演讲。我的主题是'数字化时代的个人隐私问题'，主要的听众是社会学者和媒体。"

（3）创建任务：将整个演讲稿撰写过程分解成若干个任务，如撰写开场白、主体部分、结论等，并为每个任务设置具体的指示。例如，"请撰写一个引人入胜的开场白，引起听众对个人隐私问题的关注。"

（4）任务要求：对每个任务设定具体的要求，这可能包括关键观点、数据引证、案例讲述等，也可以包括对该部分风格和语言的特殊要求。例如，"在开场白中，请使用一些真实的例子来描述数字化时代个人隐私的威胁。"

（5）输出要求：明确告诉ChatGPT你希望输出的内容是一个按照开场白、主要内容、结论和致谢的顺序组织的完整演讲稿，并给出预期的字数或页数。例如，"请生成一份大约 1000 字的演讲稿。"

2. 完整提示词示例

你现在是我的社会事件专家解读演讲稿撰写师。我是一名社会学者，准备在即将举行的社会论坛上向社会学者和媒体进行一次公开演讲。演讲的主题是"数字化时代的个人隐私问题"。我的核心观点是，随着科技的进步，个人隐私问题变得日益突出，我们需要找到更有效的方式来保护个人隐私。我希望在演讲中引用一些实际案例、阐述隐私问题的严重性，以及提出一些有效的防护措施。

现在，请帮我写一份演讲稿。我希望在演讲中引用一些科学研究结果、加入一些形象的比喻和例子使听众更容易理解，以及提出一些实际可行的解决策略。这个演讲稿需要能被社会学者、政策制定者，以及对隐私问题感兴趣的普通公众所理解。

请生成一份大约 1000 字的演讲稿，并以标准的演讲稿格式进行组织，包括开场白、主要内容、结论和致谢。

3. 生成的演讲初稿示例

尊敬的社会学者、媒体代表们，大家好！

首先，我要感谢这次社会论坛的主办方，给予我这个机会在这个重要的平台上发表演讲。我今天的演讲主题是"数字化时代的个人隐私问题"。随着科技的迅猛进步，我们的个人隐私面临着前所未有的挑战。在这个信息爆炸的时代，我们的个人数据正以惊人的速度被收集、存储和分析，而我们对此往往毫无察觉。今天，我将向大家展示泄露个人隐私问题的严重性，并提出一些实际可行的解决策略。

让我们首先来看一些科学研究结果。根据最近的一项研究，平均而言，一个人每天在互联网上留下超过 2.5 千字的数字足迹。这些数字足迹包括社交媒体活动、在线购物记录、搜索历史等。这些数据被广告商、科技公司和政府机构广泛收集和利用，以推送个性化广告、改善产品和服务，甚至进行监控和操纵。

这种广泛的数据收集和利用给我们的个人隐私带来了巨大的威胁。让我给大家举一个例子。想象一下，你正在考虑购买一辆新车，于是你在互联网上搜索了一些相关信息。接下来的几天里，你发现你的社交媒体上充斥着关于汽车销售和汽车贷款的广告。这是巧合吗？当然不是。你的搜索历史被广告商用来定向投放广告，这是他们获取你的个人数据的一种方式。这种个性化广告可能看起来很方便，但它背后的代价是你的隐私权被侵犯。

除了个性化广告，泄露个人隐私问题还涉及更为严重的后果。近年来，我们听到了许多关于数据泄露和身份盗窃的报道。大型科技公司和政府机构的数据库被黑客攻击，数百万人的个人信息被曝光。这些信息包括我们的姓名、地址、社会保险号码，甚至是我们的银行账户信息。这种数据泄露对个人和社会造成了巨大的危害，我们的财务安全、身份安全和个人尊严都受到了威胁。

面对这些问题，我们需要采取一些实际可行的解决策略来保护个人隐私。首先，我们需要加强个人数据的保护措施。科技公司和政府机构应该采取更加严格的安全措施，确保我们的个人数据不会被黑客攻击和滥用。此外，我们也需要加强保护个人隐私意识的培养。我们应该教育公众如何保护自己的个人信息，例如设置强密码、定期更换密码、不轻易透露个人信息等。

另外，我们也需要制定更加严格的隐私保护法律和政策。这些法律和政策应该规范数据收集和使用的行为，保护个人隐私不受侵犯。同时，我们需要加强监管机构的监督和执法力度，确保这些法律得到有效执行。

最后，我们需要推动技术创新，寻找更加隐私友好的解决方案。例如，加密技术可以帮助我们保护个人数据的安全性，区块链技术可以提供去中心化的数据存储和管理方式，保护个人数据不被滥用。

在结束之前，我想再次强调个人隐私问题的重要性。我们每个人都有权享受隐私，并且应该对自己的个人数据有更大的控制权。只有通过共同努力，我们才能在数字化时代找到平衡，既能享受科技带来的便利，又能保护个人隐私。

感谢主办方的邀请，感谢各位的聆听！让我们共同努力，为保护个人隐私而奋斗！谢谢大家！

21.2 社会热点事件中的当事人发言

在谈论社会热点事件中的当事人发言时，主要指的是在公共事件、社会争议或任何其他被广泛关注的事件中，那些直接或间接涉及的个人或团体发表的公开演讲。这些事件可能涉及多种主题，包括政治、经济、文化、科技、环境等。当事人可能是政府官员、企业领袖、社会活动家、专家学者，甚至是普通公民。

社会热点事件中的当事人发言的主要目标可能有所不同，具体取决于发言人的身份和事件的性质。例如，政府官员可能通过演讲来传达政策信息、回应公众关切或引导公众舆论。企业领袖可能通过演讲来塑造品牌形象、阐述公司立场或影响投资者信心。社会活动家或专家学者则可能通过演讲来倡导特定的理念或政策、传播专业知识或揭露社会问题。

社会热点事件中的当事人发言在许多方面都起着重要作用。首先，它为当事人提供了一个阐述观点、回应公众舆论的机会。其次，它可以帮助公众更好地理解事件的复杂性，提供多元的视角和解读。最后，通过这种形式的交流，可以推动公众对话，促进社会的理解与和解。

总的来说，社会热点事件中的当事人发言是一种在社会争议和公共事务中，各方当事人向公众传达其立场、解释其行为、塑造其形象，并试图影响公众舆论的方式。它是一种复杂的、多元的、富有挑战性的演讲类型，需要发言人具备良好的沟通技巧和深度的洞察力。

1. 撰写演讲稿的步骤

（1）角色设定：将 ChatGPT 设定为"社会热点事件演讲稿撰写师"的

角色，让其提供针对特定事件的观点阐述及富有说服力的语言表达。

（2）提供上下文：向 ChatGPT 提供详细的背景信息，如演讲者的身份、涉及的社会热点事件、主要立场及预期的听众等。例如，"我是一名公司 CEO，面临的热点事件是我公司最近的数据泄露事件。我的主要听众是公司员工、投资者及公众。"

（3）创建任务：将整个演讲稿撰写过程分解成若干个任务，如撰写开场白、主体部分、结论等，并为每个任务设置具体的指示。例如，"请撰写一个真诚且引人入胜的开场白，向听众表明我们对事件的重视。"

（4）任务要求：对每个任务设定具体的要求，这可能包括关键观点、应对策略、责任承担等，也可以包括对该部分风格和语言的特殊要求。例如，"在开场白中，我希望能明确承认我们的错误，并且给出我们为解决这个问题所采取的步骤。"

（5）输出要求：明确告诉 ChatGPT 你希望输出的内容是一个按照开场白、主要内容、结论和致谢的顺序组织的完整演讲稿，并给出预期的字数或页数。例如，"请生成一份大约 1000 字的演讲稿。"

2. 完整提示词示例

　　你现在是我的社会热点事件演讲稿撰写师。我是一家大型科技公司的 CEO，最近我们公司遭遇了一起重大的数据泄露事件。我需要对公司员工、投资者及公众进行一次公开演讲，承认我们的错误，解释发生这种情况的原因，并明确我们为解决这个问题和防止类似事件再次发生所采取的措施。

　　我希望在演讲中明确传达我们对这个问题的重视，同时也要展示我们有解决这个问题的决心和能力。我需要使用专业但不冷漠的语言，尽可能减少技术术语，让所有的听众都能理解。我希望能获得他们的理解和支持。

　　请为我生成一份大约 1000 字的演讲稿，按照标准的演讲稿格式进行组织，包括开场白、主要内容、结论和致谢。

3. 生成的演讲初稿示例

尊敬的员工、投资者和公众朋友们：

大家好，我是这家大型科技公司的CEO。今天，我站在这里，向大家公开承认我们公司所遭遇的一次重大数据泄露事件。我深知这对我们的公司、员工和你们所有人来说都是一个巨大的打击，我要向你们表达我们最深切的歉意。

首先，我想明确地告诉大家，我们对这个问题非常重视。数据泄露事件是极其严重的，我们深感责任重大。我们承认我们的错误，我们没有做到保护你们的个人信息和数据安全。我们对此深感羞愧，并对给你们带来的不便和担忧表示由衷的歉意。

让我向大家解释一下发生这种情况的原因。我们的公司一直致力于创新和技术的发展，但在这个过程中，我们可能忽视了数据安全的重要性。我们对保护数据的措施没有达到应有的标准，这给黑客入侵提供了机会。我们深感痛心，我们没有尽到作为一家科技公司的责任，保护你们的信息免受任何风险。

然而，我要向大家保证，我们已经采取了一系列的措施来解决这个问题，并且确保类似事件不再发生。首先，我们正在与专业的数据安全团队合作，对我们的系统进行全面审查和升级，以确保它们具备最高的安全性。我们将加强对员工的培训，提高他们的安全意识，以防止未经授权的访问和数据泄露。此外，我们还将加强内部监控和审计机制，以及建立更加严格的数据保护政策和流程。我们将投入更多资源和精力来确保你们的数据安全。

我知道，这些措施只是开始，我们还有很长的路要走。但我向大家保证，我们将全力以赴，不遗余力地解决这个问题，并确保你们的信任能够重新建立起来。我们将向你们及时通报事件的进展，并接受外部专业机构的审查和监督，以确保我们的行动得到公正评估。

最后，我要衷心感谢你们对我们公司的支持和理解。我们深知，这次事件使你们对我们的信任造成了严重的冲击，但我希望你们能够相信我们有解决这个问题的决心和能力。我们将竭尽全力，恢复你们对我们的信任，并确保你们的数据安全。

在这个过程中，我们将不断向你们汇报进展情况，并接受你们的反馈和建议。我们相信，只有通过透明和开放的沟通，我们才能够共同应对这个挑战，并确保我们的公司能够更加强大和可靠。

　　谢谢大家的聆听和理解。让我们携手努力，共同迈向一个更加安全和可信赖的未来。

　　谢谢！

第 22 章

企业内部演讲

在工作中，我们需要进行各种形式的演讲，以分享我们的工作成果，解决问题，提出新的想法和方案。而这种演讲的质量，无疑会影响我们的工作效果和效率。那么，如何提高工作演讲质量呢？本章将进行详细的探讨。

本章将分为两部分来进行研究，第一部分将探讨如何在企业内部管理会议上进行出色的部门负责人报告。我们将分析这种特殊形式的演讲的基本元素，以及如何在其中有效地表达你的工作成果、解决问题和提出发展计划。此外，我们还将讨论如何利用ChatGPT来帮助撰写工作报告，让你在准备过程中更加得心应手。

第二部分将研究如何进行一次令人印象深刻的员工代表发言。与部门负责人报告相比，员工代表发言更多的是关于表达员工的意见和需求，以及传达公司的信息给员工群体。因此，我们将探索如何将复杂的工作情况用简单易懂的方式表达出来，以及如何引发听众的思考和行动。

希望这一章的内容能为你在未来的工作演讲中提供一些有用的指导和帮助。

22.1　企业内部管理会议上的部门负责人报告

　　企业内部管理会议上的部门负责人报告是一种演讲形式，旨在向组织内的其他成员，特别是高层管理人员和同级部门负责人，介绍部门的工作、成果、挑战和发展计划。这种类型的演讲具有明确的目标，以确保组织内各个部门之间的沟通、协调和合作，同时推动整个企业的整体目标和战略的实现。

　　这种演讲通常由各个部门的负责人在定期或特定的管理会议上进行，他们作为自己部门的代表，需要向高层管理者和其他部门展示他们的业务表现和计划。这样的报告可以包括部门的运营状况、业绩指标、项目进展、资源需求、市场趋势、竞争情况及员工培训和发展等方面的信息。

　　这种类型的演讲的主要目标是促进跨部门的合作与理解，增进各个部门之间的沟通与协作，以实现整个企业的战略目标。通过部门负责人的报告，高层管理人员可以更好地了解各个部门的情况，评估企业的整体表现，并提供必要的指导和资源支持。

　　此外，部门负责人的报告还可以帮助激发团队成员的积极性和士气，分享最佳实践和成功经验，推动业务创新和改进。通过这种演讲，负责人可以建立自己在组织中的领导地位和影响力，树立自己部门的形象，并与其他关键干系人建立良好的关系。

　　总之，企业内部管理会议上的部门负责人报告是一种重要的沟通和管理工具，旨在促进组织内部各个部门之间的合作、理解和协调，同时支持整个企业的战略目标的实现。这种演讲形式对于组织的有效运营和发展至关重要。

1. 撰写演讲稿的步骤

　　（1）角色设定：将 ChatGPT 设定为"企业内部管理会议上的部门负责人报告撰写助手"的角色，让其提供相关演讲稿的内容和结构建议。

　　（2）提供上下文：向 ChatGPT 提供详细的背景信息，包括你作为部门负责人的身份、公司名称、管理会议的日期和地点等。例如，"我是 XYZ

公司的市场部负责人，即将在下周的管理会议上向高层管理者和其他部门负责人做报告。"

（3）创建任务：将整个演讲稿撰写过程分解成若干个任务，如开场致辞、部门工作总结、挑战与解决方案、发展计划等，并为每个任务设置具体的指示。例如，"请撰写一个引人注意的开场致辞，向听众介绍自己和部门的重要性。"

（4）任务要求：对每个任务设定具体的要求，这可能包括关键信息的涵盖、数据分析、业绩亮点、问题解决思路等。例如，"在部门工作总结中，请重点强调我们在过去一个季度取得的具体业绩，并使用数据支持。"

（5）输出要求：明确告诉 ChatGPT 你希望输出的内容是一个按照开场致辞、市场部门工作总结、挑战与解决方案、发展计划和结束语的顺序组织的完整演讲稿，并给出预期的字数或页数。例如，"请生成一份大约1000字的演讲稿。"

2. 完整提示词示例

> 你现在是我的企业内部管理会议上的部门负责人报告撰写助手。我是XYZ公司的市场部负责人，即将在下周的管理会议上向高层管理者和其他部门负责人做报告。
>
> 请帮我撰写一份演讲稿，以向听众介绍市场部门的工作情况、成果、挑战和发展计划。我希望在演讲中强调市场部门在推动销售增长、市场份额扩大和品牌推广方面的重要性。
>
> 具体要求如下。
>
> （1）开场致辞：请撰写一个引人注意的开场致辞，向听众介绍我和市场部门的重要性，以激发听众的兴趣和关注。
>
> （2）市场部门工作总结：请重点强调过去一个季度市场部门取得的具体业绩，包括销售增长情况、市场份额提升及品牌推广活动的成效，并使用相关数据支持。
>
> （3）挑战与解决方案：请提及市场部门在工作中遇到的主要挑战，并介绍我们采取的解决方案和策略，以展示市场部门的应对能力和创新性。

（4）发展计划：请提出市场部门未来的发展计划和目标，包括新市场的开拓、市场调研的加强、产品创新等方面，以展示市场部门的远景和发展方向。

（5）结束语：请总结演讲内容，强调市场部门在实现公司整体目标中的重要性，并表达对未来合作的期望和感谢之意。

请生成一份大约 1000 字的演讲稿，并按照开场致辞、市场部门工作总结、挑战与解决方案、发展计划和结束语的顺序进行组织。谢谢！

3. 生成的演讲初稿示例

尊敬的高层管理者、各位部门负责人：

大家好！我是 XYZ 公司的市场部负责人，今天非常荣幸能够在这个重要的管理会议上向大家介绍市场部门的工作情况、成果、挑战和发展计划。作为市场部门的负责人，我深知市场部门在推动销售增长、市场份额扩大和品牌推广方面的重要性。在接下来的演讲中，我将为大家呈现市场部门的辉煌成就和未来的发展方向。

首先，让我用一句话概括市场部门的重要性：市场部门是公司成功的关键推动力。作为市场部门，我们致力于为公司创造增长机会、拓展市场份额和提升品牌价值。过去一个季度，我们取得了令人瞩目的成绩。

在销售增长方面，市场部门取得了显著的进展。我们实施了一系列创新的市场营销策略，通过针对不同目标群体的定制化推广活动，成功吸引了大量新客户。根据最新数据，我们的销售额在过去一个季度增长了 15%，超过了行业平均增长率。这一成绩的取得离不开市场部门团队的辛勤努力和精湛技巧。

同时，我们在市场份额提升方面也取得了令人欣喜的成果。通过市场调研和分析，我们深入了解了竞争对手的策略和市场趋势，并针对性地调整了我们的市场定位和产品策略。这些努力帮助我们在激烈的市场竞争中脱颖而出，市场份额提升了 8%。这是我们团队与合作伙伴紧密合作的结果，他们的支持和奉献是我们取得成功的关键。

品牌推广活动是市场部门的重要任务之一，我们在这方面也取得了显著的成效。通过精心策划和执行富有创意的品牌推广活动，我们成功提升了公司品牌的知名度和美誉度。根据调查数据，我们的品牌认知度在过去一个季度提升了 12%，并且有更多的潜在客户对我们的产品表达了浓厚的兴趣。

当然，在取得这些优异成绩的过程中，我们也面临了一些挑战。市场竞争的加剧、新兴技术的快速发展及消费者需求的不断变化，都对我们的工作提出了新的要求。然而，我们始终坚信挑战并不可怕，因为我们拥有一支充满应对能力和创新精神的团队。

为了应对这些挑战，我们采取了一系列解决方案和策略。首先，我们加强了与其他部门的合作与沟通，形成了一个高效的跨部门团队，共同应对市场变化带来的挑战。其次，我们加大了市场调研的力度，不断了解客户需求的变化和市场趋势的演变，以便及时调整我们的市场策略。此外，我们还鼓励团队成员参加行业会议和培训，不断提升专业知识和技能，以适应快速变化的市场环境。

展望未来，市场部门有着广阔的发展空间和无限的潜力。我们将继续开拓新市场，寻找增长机会。同时，我们将加强市场调研，深入了解客户需求，为产品创新提供有力支持。我们还将加强与合作伙伴的合作，共同推动品牌推广和市场份额的提升。我们相信，通过这些努力，市场部门将继续为公司的成功贡献力量。

最后，我想强调市场部门在实现公司整体目标中的重要性。市场部门不仅仅是一个支持部门，而是公司成功的关键推动力。我们的工作直接影响着公司的销售业绩、市场地位和品牌形象。因此，我衷心希望各位部门负责人能够与市场部门保持密切合作，共同实现公司的战略目标。

在结束之前，我要对市场部门的团队成员表示衷心的感谢和赞赏。正是你们的努力、智慧和团队合作精神，才使市场部门取得了如此出色的成绩。我相信，在未来的合作中，我们将继续携手共进，创造更加辉煌的明天！

谢谢大家！

22.2 员工代表发言

员工代表发言是指在公司会议、培训活动、庆祝活动或其他工作场所事件中，被选出的员工代表为了表达员工群体的想法和立场而发表的演讲。这种类型的演讲通常具有双向沟通的目的，它不仅向公司领导层或其他听众传达员工的意见和需求，同时也有可能将公司的信息反馈给员工群体。

这类发言的目标多种多样。首先，员工代表发言可能是为了提出改进建议、关注员工福利或解决员工面临的问题。这是一个重要的机会，员工可以通过此方式与公司领导层进行对话，从而改善工作环境，提高工作效率。

其次，员工代表发言可以是为了表达对公司策略、决策或行为的支持或反对。员工代表可以代表所有员工，表达对公司未来发展的看法、对公司文化的理解，以及对公司决策的反馈。

最后，员工代表发言也可以是为了加强员工之间及员工与管理层之间的联系。员工代表可以借此机会分享成功的案例，激励同事，也可以表达对困难和挑战的关心，共享解决问题的经验，从而增强团队凝聚力。

总之，员工代表发言是一个能反映员工声音、推动公司改进、增强团队凝聚力的重要平台。

1. 撰写演讲稿的步骤

（1）角色设定：将 ChatGPT 设定为"员工代表发言稿撰写师"的角色，让其提供有针对性的表述及与员工日常经验相符的语言表达。

（2）提供上下文：向 ChatGPT 提供详细的背景信息，如发言者的职位、演讲场合、主要议题及预期的听众等。例如，"我是一名软件开发部门的员工代表，即将在年度员工大会上进行发言。我的主题是'增强团队协作，提升项目执行效率'，主要的听众是公司领导和我的同事们。"

（3）创建任务：将整个演讲稿撰写过程分解成若干个任务，如撰写开场白、主体部分、结论等，并为每个任务设置具体的指示。例如，"请撰写一个引人入胜的开场白，引起听众对团队协作和项目执行效率问题的关注。"

（4）任务要求：对每个任务设定具体的要求，这可能包括关键观点、数据引证、案例讲述等，也可以包括对该部分风格和语言的特殊要求。例如，"在开场白中，请使用一些真实的团队工作场景来描述团队协作对项目执行效率的影响。"

（5）输出要求：明确告诉 ChatGPT 你希望输出的内容是一个按照开场白、主要内容和结论的顺序组织的完整演讲稿，并给出预期的字数或页数。例如，"请生成一份大约 800 字的演讲稿。"

2. 完整提示词示例

你现在是我的员工代表发言稿撰写师。我是一名软件开发部门的员工代表，即将在我们公司的年度员工大会上进行发言。演讲的主题是"增强团队协作，提升项目执行效率"。我的核心观点是我们需要更好的协作，才能提高项目的执行效率。

现在，请帮我写一份演讲稿。我希望在演讲中引用一些实际的工作场景、使用一些引人深思的问题使听众更容易关注，以及提出一些实际可行的团队协作策略。这个演讲稿需要能被公司的领导及我的同事们所理解。

请生成一份大约 800 字的演讲稿，并以标准的演讲稿格式进行组织，包括开场白、主要内容和结论。

3. 生成的演讲初稿示例

尊敬的领导、亲爱的同事们：

大家好！我很荣幸能在这个年度员工大会上作为软件开发部门的员工代表，与大家分享关于增强团队协作、提升项目执行效率的主题。在这个快节奏、竞争激烈的软件开发行业中，团队协作是我们取得成功的关键所在。

首先，让我们回顾一下我们在过去的项目中遇到的一些实际工作场景。大家是否有过这样的情况：团队在一个项目上投入了大量时间和精力，但最终却没有达到预期的成果。这可能是因为我们没有充分发挥团队协作的优势。团队协作不仅仅意味着每个人都能在自己的领域做出贡献，更重要的是我们要懂得如何将各种技能和专长结合起来，形成一个高效的整体。

那么，如何才能实现更好的团队协作呢？让我们思考一些引人深思的问题: 我们是否充分了解彼此的工作方式和需求? 我们是否清楚每个人在项目中的角色和责任? 这些问题的答案直接关系到我们能否高效的协作。在这个快节奏的行业中, 沟通是至关重要的。我们应该建立一个开放、透明的沟通渠道, 让每个人都能分享自己的想法和意见。

另一个关键问题是如何合理分配任务和资源。我们是否充分利用了每个人的技能和潜力? 是否有人承担了过多的工作量, 而其他人却闲着? 这种不平衡会导致项目执行效率的下降。我们应该根据每个人的能力和兴趣来分配任务, 确保每个人都能充分发挥自己的价值。

除了以上提到的问题, 我还想分享一些实际可行的团队协作策略。首先, 我们可以建立一个共享知识库, 将项目中的经验和教训进行整理和分享。这样可以避免重复工作, 提高效率。其次, 我们可以定期组织团队建设活动, 加强团队之间的互动和信任。团队合作不仅仅发生在项目中, 更是一种文化和价值观的传承。

在结束之前, 让我们再次回顾一下我们的核心观点: 我们需要更好的协作, 才能提高项目的执行效率。通过充分了解彼此的工作方式和需求、合理分配任务和资源, 以及采取实际可行的团队协作策略, 我们可以打造一个高效、协作的团队, 取得更好的成果。

谢谢大家的聆听! 让我们共同努力, 增强团队协作, 提升项目执行效率!

第 23 章

人生经验分享演讲

在生活中，我们经历过无数的挑战和困难，也获得了独特而宝贵的人生经验。这些经验，当它们以语言的形式传达出来，不仅能让我们反思自己，也能为他人提供重要的参考和启示。因此，人生经验分享演讲，自然就成了我们的讨论主题。本章将深入探讨这个课题。

本章将分为两部分来进行研究，第一部分将重点关注个人的人生经验分享在公开演讲中的应用。我们将讨论如何通过个人故事、经历和洞见的分享，以及如何建立与听众的情感连接，激发听众的共鸣，从而实现演讲的目标。此外，我们还将讨论如何使用 ChatGPT 来帮助撰写此类演讲稿，让你在准备过程中更加得心应手。

第二部分将深入探讨励志演讲的概念和实践。我们将介绍如何用引人深思的故事和观念，激发听众的内在潜力，鼓励他们克服困难，实现自我提升。此外，我们还将提供一些具体的步骤和示例，以帮助你理解如何撰写一场精彩的励志演讲。

希望这一章的内容能帮助你理解人生经验分享演讲的重要性，掌握撰写此类演讲稿的技巧，为你的公开演讲之路提供一些有价值的指导。

23.1 公开演讲中个人的人生经验分享

在公开演讲中，个人的人生经验分享是一种具有深远影响力的演讲类型。与其他演讲形式不同，这种演讲致力于通过真诚地讲述个人经历、故事和洞见来鼓舞和启发听众。它旨在为听众提供一种与演讲者建立情感连接的机会，同时使他们从演讲者的亲身经历中获得智慧和启示。

个人的人生经验分享演讲的目标是通过直接、坦诚的讲述，为听众带来深入思考和情感共鸣的体验。它不仅仅是一个关于个人的故事，更是一次与听众建立共情和共鸣的机会。这种演讲形式鼓励演讲者以自己的独特视角来探索人生的旅程，包括成功、失败、挑战和成长。通过分享自己的亲身经历，演讲者能够激发听众内心深处的情感，并激发他们积极面对生活的勇气和动力。

此类演讲的定义在于强调个人与听众之间的情感联系和共鸣。与政府官员的政策演讲或投资者的市场演讲不同，个人的人生经验分享演讲更侧重于与听众分享演讲者在个人成长、学习和逆境中所获得的经验和教训。通过传达自己的人生观、价值观和智慧，来启发听众思考他们自己的生活，并激励他们追求个人成长、心灵奋斗和积极向前的态度。

因此，个人的人生经验分享演讲是一种独特而强大的形式，通过倾听演讲者的故事和见解，听众能够获得智慧、洞察力和动力，以应对他们自己生活中的挑战，并追求更加充实、有意义的人生。

1. 撰写演讲稿的步骤

（1）角色设定：将 ChatGPT 设定为"个人人生经验分享演讲稿撰写助手"的角色，让其提供具有启发性、情感共鸣和深度思考的演讲内容。

（2）提供上下文：向 ChatGPT 提供详细的背景信息，包括你作为演讲者的身份、演讲的场合和目标听众等。例如，"我是一名成功的企业家，准备在一次大型创业峰会上进行一次公开演讲。我的主题是'从失败到成功：创业者的成长之路'，主要的听众是初创企业的创始人和潜在创业者。"

（3）创建任务：将整个演讲稿撰写过程分解成若干个任务，如撰写开场白、分享主要经历、总结教训等，并为每个任务设置具体的指示。例如，"请撰写一个引人入胜的开场白，以吸引听众的注意力，并介绍你的创业经历。"

（4）任务要求：对每个任务设定具体的要求，这可能包括关键经历、转折点、教训和洞见等，也可以包括对该部分风格和语言的特殊要求。例如，"在分享主要经历时，请强调你在创业过程中面临的困难和挑战，并讲述你是如何克服它们的。"

（5）输出要求：明确告诉 ChatGPT 你希望输出的内容是一个按照开场白、主要经历、教训总结和结尾致谢的顺序组织的完整演讲稿，并给出预期的字数或页数。例如，"请生成一份大约 1000 字的演讲稿，以启发听众，分享我的人生经验和心得。"

2. 完整提示词示例

> 你现在是我的个人人生经验分享演讲稿撰写助手。我是一名成功的企业家，准备在即将举行的一次大型创业峰会上向创业者们进行一次公开演讲。演讲的主题是"从失败到成功：创业者的成长之路"。我的目标是通过分享我的创业经历和心得，激发听众的动力和创业热情。
>
> 现在，请帮我写一份演讲稿。我希望在演讲中突出强调我在创业过程中面临的困难和挑战，并分享我是如何克服它们并最终取得成功的。我希望这个演讲能够启发听众，激发他们的创业热情，并给他们带来一些实用的建议和思考。
>
> 请生成一份大约 1000 字的演讲稿，并按照开场白、主要经历、教训总结和结尾致谢的顺序进行组织。在主要经历部分，请重点突出我在创业过程中的转折点和重要经历，并讲述我是如何从失败中学习、成长并最终取得成功的。谢谢！

3. 生成的演讲初稿示例

尊敬的各位创业者：

非常荣幸能够站在这个舞台上，与你们分享我的创业经历和心得。今天，我将向大家讲述一个关于从失败到成功的故事——一个创业者的成长之路。我希望通过这个故事，激发你们内心的动力和创业热情，并带给你们一些实用的建议和思考。

首先，让我们回到过去。当我刚刚踏入创业的旅程时，我充满了梦想和热情，相信自己的创意将会改变世界。然而，现实很快将我从梦境中唤醒。我遇到了无数的困难和挑战，几乎每一步都伴随着失败和打击。

我记得当时的一次重大转折点是在我第一次尝试创业失败后，我投入了大量的时间和精力，但最终项目没有取得成功。这次失败让我感到沮丧和失望，我开始怀疑自己的能力和决策。然而，我意识到失败并不是终点，而是一个学习和成长的机会。

我开始审视自己的失败，寻找其中的教训。我深入分析了项目的问题和原因，并从中吸取了宝贵的经验。我意识到我在市场调研和商业模式上犯了一些错误，这导致了项目的失败。于是，我决定重新审视我的方法和策略，并重新规划我的创业之路。

这个经历教会了我一个重要的教训：要敢于面对失败，并从中学习。创业路上充满了不确定性和风险，我们不可能一帆风顺。但是，当我们能够从失败中吸取教训，改进自己的方法和策略，我们就能够朝着成功迈进。

接下来的几年里，我经历了更多的挑战和转折点。有时，困难让我陷入低谷，让我怀疑自己的选择。但是，每一次挫折都成了我成长的机会。我学会了坚持和适应，我学会了从失败中找到新的方向和机会。

我还记得当我最终取得成功的那一刻。那是我经过多年努力后，推出了一款创新产品，并获得了市场的认可和优秀的销售业绩。这个时刻让我明白，成功并非一蹴而就，而是来自不断的努力和坚持。

通过这段创业之路，我得到了很多宝贵的经验和教训。首先，要有坚定的目标和信念。创业是一条漫长而曲折的道路，只有坚定的目标和信念才能让我们在困难中坚持下去。其次，要敢于冒险和接受挑战。创业就是冒险，只有勇于面对挑战，我们才能够突破自己，取得成功。最后，要善于学习和适应。创业是一个不断学习和成长的过程，我们要保持开放的心态，不断学习新知识和技能。

在结束之前，我想向你们致以诚挚的感谢。感谢你们的聆听和支持。我希望我的故事能够激发你们内心的激情和动力，让你们相信自己的梦想，并勇敢地追逐它们。创业之路充满了困难和挑战，但只要我们勇敢面对，从失败中学习，最终就一定能够取得成功！

　　谢谢大家！

23.2 励志演讲

　　励志演讲是一种特殊类型的公众演讲，其主要目标是激发听众的内在潜力，鼓励他们克服困难，追求卓越，并实现自己的目标。这种演讲以深入人心的故事、实例和引人深思的观念为主，旨在激发听众的内在力量，促使他们思考生活的意义，并鼓励他们朝着理想的方向前进。

　　励志演讲不仅仅是为了传递信息或分享观点，更重要的是为了产生持久和深远的影响。这种影响可能表现为听众对自我可能性的新认识、对生活的新理解，或者是对改变现状的新决定。这种演讲的力量在于其有能力引导听众重新认识与理解自己和世界，并鼓励他们从中找到力量，勇敢面对生活的挑战。

　　总之，励志演讲的目标是唤醒、鼓舞和激励听众。通过讲述故事、分享经验和表达情感，激发听众积极的情绪，帮助他们找到改变生活的力量和决心。虽然每场励志演讲的主题和内容可能各不相同，但所有的励志演讲都有一个共同的目标，那就是激发每个人的潜力，帮助他们成为更好的自己。

1. 撰写演讲稿的步骤

　　（1）角色设定：将 ChatGPT 设定为"励志演讲稿撰写师"的角色，让其以第一人称的角度提供富有感染力和引人深思的演讲内容。

　　（2）提供上下文：向 ChatGPT 提供详细的背景信息，如演讲者的个人经历、演讲主题、核心观点及预期的听众等。例如，"我是一位从事教育工作多年的教师，准备在教育论坛上进行一次公开演讲。我的主题是'坚韧不拔的毅力如何帮助我们克服生活中的困难'，主要的听众是教师和家长。"

（3）创建任务：将整个演讲稿撰写过程分解成若干个任务，如撰写开场白、主体部分、结论等，并为每个任务设置具体的指示。例如，"请撰写一个引人入胜的开场白，引起听众对坚韧不拔的毅力的关注。"

（4）任务要求：对每个任务设定具体的要求，这可能包括关键观点、个人故事、感人事例等，也可以包括对该部分风格和语言的特殊要求。例如，"在主体部分，请使用一个或两个关于毅力的个人故事来鼓舞听众。"

（5）输出要求：明确告诉 ChatGPT 你希望输出的内容是一个按照开场白、主要内容、结论和致谢的顺序组织的完整演讲稿，并给出预期的字数或页数。例如，"请生成一份大约 800 字的演讲稿。"

2. 完整提示词示例

> 你现在是我的励志演讲稿撰写师。我是一名有着丰富教育经验的教师，准备在即将举行的教育论坛上进行一次公开演讲。演讲的主题是"坚韧不拔的毅力如何帮助我们克服生活中的困难"。我的核心观点是，无论在学习上还是在生活中，只有具备坚韧不拔的毅力，我们才能克服困难，实现我们的目标。主要的听众是教师和家长。
>
> 现在，请帮我写一份演讲稿。我希望在演讲中引用一些关于毅力和坚韧的科学研究，加入一些我在教学过程中遇到的学生的故事，以及提出一些如何培养和提升毅力的建议。这个演讲稿需要能被教师、家长及学生所理解。
>
> 请生成一份大约 800 字的演讲稿，并以标准的演讲稿格式进行组织，包括开场白、主要内容、结论和致谢。

3. 生成的演讲初稿示例

> 尊敬的教师和家长们：
>
> 大家好！我感到非常荣幸能够在这个教育论坛上与各位分享我的观点和经验。今天，我将与大家探讨一个关于生活中的困难和成功的重要主题：坚

韧不拔的毅力。我相信，只有具备坚韧不拔的毅力，我们才能克服困难，实现我们的目标。

科学研究已经证明了毅力在个人成就中的重要性。一项针对大学生的研究表明，毅力是预测学术成就的关键因素之一。而另一项关于职业成功的研究发现，毅力比智力和天赋更能够决定一个人的职业发展。这些研究结果表明，毅力是实现成功的不可或缺的品质。

在我的教学生涯中，我遇到过许多学生面临困难时展现出的坚韧不拔的毅力。我记得有一位学生，他在数学方面一直遇到困难，但他从不放弃。他经常加班加点的练习，寻求帮助，而最终，他成功地克服了困难，取得了优异的成绩。这个故事告诉我们，当我们面对挑战时，只要拥有毅力，就能够战胜困难，取得成功。

那么，如何培养和提升毅力呢？首先，我们需要树立明确的目标。一个明确的目标能够激发我们的动力，并使我们更容易坚持下去。其次，我们应该制定可行的计划和策略。通过分解目标、制定具体的步骤，我们可以更好地管理时间和资源，并逐步实现我们的目标。此外，我们还应该培养积极的心态。困难和挫折是不可避免的，但我们可以选择如何看待它们。将困难视为成长的机会，相信自己的能力，我们就能更好地应对挑战。

教师和家长在培养学生毅力方面发挥着重要的作用。我们可以给予学生支持和鼓励，帮助他们建立自信心，并提供适当的挑战和反馈。同时，我们也要教导他们如何面对挫折和失败，鼓励他们从中学习，并坚持努力。通过为学生创造一个积极、支持和鼓励的环境，我们能够帮助他们培养坚韧不拔的毅力，为未来的成功打下坚实的基础。

在结束之前，我想向所有在我教育生涯中遇到的学生表示衷心的感谢。你们的坚韧和毅力不仅给予了我无尽的启示，也为我的教学工作增添了无穷的动力。同时，我也要感谢在座的各位教师和家长，感谢你们对学生们的支持和关爱。

在这个充满挑战的世界中，坚韧不拔的毅力是我们克服困难、实现目标的关键。让我们共同努力，培养并提升毅力，为学生们的未来铺就坚实的道路。谢谢大家！